Informatik-Fachberichte 201

Herausgeber: W. Brauer
im Auftrag der Gesellschaft für Informatik (GI)

Angelika M. Kotz

Triggermechanismen in Datenbanksystemen

Springer-Verlag
Berlin Heidelberg New York
London Paris Tokyo

Autor

Angelika M. Kotz
Forschungszentrum Informatik an der Universität Karlsruhe
Haid-und-Neu-Straße 10-14, D-7500 Karlsruhe 1

CR Subject Classification (1987): H.2, I.2.4

ISBN-13: 978-3-540-50743-7 e-ISBN-13: 978-3-642-74414-3
DOI: 10.1007/978-3-642-74414-3

CIP-Titelaufnahme der Deutschen Bibliothek.
Kotz, Angelika M.:
Triggermechanismen in Datenbanksystemen / Angelika M. Kotz. – Berlin; Heidelberg; New York; London; Paris; Tokyo: Springer, 1989
(Informatik-Fachberichte; 201)
Zugl.: Karlsruhe, Univ., Diss. u. d. T.: Kotz, Angelika M.:
Triggermechanismen zur Wahrung der Konsistenz von Entwurfsdaten in Datenbanksystemen
ISBN 3-540-50743-4 (Berlin ...) brosch.
ISBN 0-387-50743-4 (New York ...) brosch.
NE: GT

Softcover reprint of the hardcover 1st edition 1989

Druck- und Bindearbeiten: Weihert-Druck GmbH, Darmstadt
2145/3140-543210 – Gedruckt auf säurefreiem Papier

Vorwort

Das vorliegende Buch gibt meine Dissertation wieder, die unter dem Titel "Triggermechanismen zur Wahrung der Konsistenz von Entwurfsdaten in Datenbanksystemen" von der Fakultät für Informatik der Universität Karlsruhe angenommen wurde. Sie entstand während meiner Tätigkeit als wissenschaftliche Angestellte am Forschungszentrum Informatik in Karlsruhe, im Umfeld des Projekts DAMASCUS. Ziel dieses Projekts ist es, ein Datenbanksystem als integrierende Komponente eines VLSI-Entwurfssystems zu entwickeln.

Bei den vielfältigen Arbeiten im Projektrahmen tauchte als eine sehr wichtige Frage diejenige nach der Konsistenterhaltung des Datenbestandes auf. Wie kann gewährleistet werden, daß die verwalteten Datenobjekte den zahlreichen technologischen, physikalischen und projektorganisatorischen Randbedingungen der betrachteten Umwelt genügen? Wie kann an zentraler Stelle eine Kontrolle darüber ausgeübt werden, daß die Entwurfsergebnisse später als Produkte das gewünschte Verhalten aufweisen? Damit ergab sich der Anstoß für die vorliegende Abhandlung unmittelbar aus den Erfahrungen der täglichen Arbeit, eine glückliche Randbedingung, die nicht hoch genug eingeschätzt werden kann.

Bei genaueren Untersuchungen stellte sich rasch heraus, daß für das betrachtete Anforderungsspektrum bislang keine zufriedenstellenden Lösungen zur Verfügung standen. Die bereits seit längerem existierende Idee der Triggermechanismen wies zwar in die gewünschte Richtung, erforderte jedoch eine grundsätzliche Verallgemeinerung und Präzisierung aller relevanten Eigenschaften. Dieses umfassende Konzept herzuleiten, war das Anliegen der Arbeit. Dabei verselbständigte sich der betrachtete Lösungsweg zusehends gegenüber der ursprünglichen Problemstellung und erwies sich als sehr viel allgemeineres Steuerungskonzept, das neben der Konsistenzsicherung in einem wesentlich breiteren Rahmen sinnvoll Anwendung finden kann. Die vorliegende Abhandlung spiegelt diesen Entwicklungsprozeß wider.

Mein Dank gilt an erster Stelle Herrn Professor Lockemann für die fachliche Betreuung der Arbeit und für seine konstruktive Kritik. Trotz seines ausgelasteten Terminkalenders widmete er besonders in der Endphase der Arbeit einen Teil seiner (Frei-)Zeit der gründlichen Durchsicht und Kommentierung des Textes. Herrn Professor Goos möchte ich für die Übernahme des Korreferats danken sowie für einige sehr fruchtbare Hinweise zur persönlichen Arbeitseinteilung.

Ausschlaggebend für das Gelingen der Dissertation war nicht zuletzt die immer gute Arbeitsatmosphäre, zu der zahlreiche Kollegen beigetragen haben. Es ist nicht möglich, an dieser Stelle die Namen all derer aufzuzählen, bei denen ich mich für die Möglichkeiten zu Gedankenaustausch und Diskussion bedanken möchte. Stellvertretend für viele seien hier Jutta Mülle, Klaus Dittrich, Willi Gotthard, Stefan Karl, Peter Liedtke und Günter von Bültzingsloewen genannt. Wichtig waren für mich auch die vielen Studenten, die durch Diplom- und Studienarbeiten sowie als wissenschaftliche Hilfskräfte Ideen und Arbeitszeit beisteuerten. Schließlich gilt mein Dank allen, die mich durch ihre freundschaftliche Anteilnahme in der Freude an der entstehenden Arbeit bestärkt haben. Ganz besonders bedanke ich mich bei meinen Eltern, die durch ihre Fürsorge und durch ihre Unterstützung während des Studiums die unabdingbaren Voraussetzungen für diese Arbeit geschaffen haben.

Karlsruhe, November 1988 Angelika Kotz

Inhaltsverzeichnis

0. Einleitung 1

1. Charakterisierung von Entwurfsumgebungen 4
   - 1.1 Hardwarekonfiguration 4
   - 1.2 Software – Grund- und Anwendungssoftware 6
   - 1.3 Organisatorisches Umfeld 7
   - 1.4 Ablaufstrukturen des Entwurfsprozesses 8
   - 1.5 Datenverwaltung in Entwurfsumgebungen 10

2. Analyse der Konsistenzproblematik in Entwurfsumgebungen 12
   - 2.1 Grundbegriffe der Konsistenz 12
   - 2.2 Konsistenz in klassischen Anwendungen 17
   - 2.3 Konsistenz in Entwurfsumgebungen 20
     - 2.3.1 Charakterisierung der auftretenden Konsistenzregeln 20
     - 2.3.2 Klassifizierung der Konsistenzaspekte in Entwurfsumgebungen 23
     - 2.3.3 Abgrenzung gegenüber herkömmlichen Konsistenzproblemen 24

3. Eignung existierender DB-Mechanismen für die Konsistenzsicherung in Entwurfsumgebungen 27
   - 3.1 Bewertung herkömmlicher Konsistenzmechanismen 28
   - 3.2 Wertung weiterführender Ansätze 32
     - 3.2.1 Semantische Datenmodelle 33
     - 3.2.2 ADT-Ansatz 34
     - 3.2.3 Modifikationen des Transaktionskonzepts 36
     - 3.2.4 Aktive Elemente in Datenbanksystemen 40
       - 3.2.4.1 Abgeleitete Daten 40
       - 3.2.4.2 Trigger 42
   - 3.3 Fazit 44

4. Das Event/Trigger-Konzept 48
   - 4.1 Abgrenzung gegenüber existierenden Triggerkonzepten 48
   - 4.2 Einordnung in einen das DBMS überschreitenden Systemkontext 50
     - 4.2.1 Kommunikation verteilt kooperierender Prozesse 50
     - 4.2.2 Ausnahmebehandlung 51
     - 4.2.3 Dämonen 52
     - 4.2.4 Produktionensysteme 53
   - 4.3 Grundbestandteile des Event/Trigger-Mechanismus (ETM) 54
     - 4.3.1 Ereignisse 54
     - 4.3.2 Aktionen 55
     - 4.3.3 Trigger 56
   - 4.4 Charakterisierung des ETM als Steuerungsmechanismus 57
   - 4.5 Kontextinformation 61
   - 4.6 Ablauforganisation 67
   - 4.7 Kooperation und Konkurrenz 75
     - 4.7.1 Analogie zu geschachtelten Transaktionen 76

4.7.2 Kollateralität und Synchronisation 80
4.7.3 Wiederaufsetzpunkte nach Ausführung getriggerter Aktionen 85
4.7.4 Recovery im ETM 91
4.8 Terminierung 92

5. Geltungsbereiche 99
5.1 Das ETM-Umgebungskonzept 100
5.2 Vererbung zwischen ETM-Umgebungen 102
5.3 Operatoren im Zusammenhang mit ETM-Umgebungen 109
5.4 Beispiele für die Verwendung von ETM-Umgebungen 111

6. Verwendung des ETM am Beispiel des DBMS 115
6.1 Standardereignisse 118
6.2 Event Definition Language (EDL) 122

7. Anwendung des ETM für die Konsistenzsicherung 132
7.1 Grundsätzliche Vorgehensweise 132
7.2 Definition von Konsistenzregeln mithilfe der CDL 134
7.2.1 Parametrisierung von Konsistenzregeln 137
7.2.1.1 Eingabeparameter 137
7.2.1.2 Ausgabeparameter 140
7.2.2 Prüfmodus von Konsistenzregeln 143
7.3 Abbildung von Konsistenzregeln auf ETM-Konstrukte 144
7.3.1 Abbildung funktional definierter Konsistenzregeln 145
7.3.2 Abbildung deklarativ definierter Konsistenzregeln 148

8. Beispiele für die Verwendung des ETM in Entwurfsumgebungen 155

9. Implementierungsaspekte 171
9.1 Datenstrukturen und Zugriffsmethoden 171
9.2 Verwaltung der Aktionen 174
9.3 Durchführung einer konkreten Implementierung 176

10. Wertung und Ausblick 178

Literaturverzeichnis 182

Ereignisse in Ideen umzuwandeln
ist die Funktion der Literatur.
(George Santayana, amerik. Philosoph, 1863-1952)

Ideen in Ereignisse umzuwandeln
ist die Funktion der Programmierung.
(John Shore: Der Sachertorte-Algorithmus, 1985)

0. Einleitung

Rechnergestützte Entwurfsumgebungen stellen Anforderungen an die Verwaltung der zugrundeliegenden Daten, die mit herkömmlichen Datenbankmechanismen nicht oder nur äußerst unzureichend erfüllt werden. Dies ist außer in den typischen Hardware- und Software-Konstellationen in entwurfsunterstützenden Systemen vor allem in den Ablaufstrukturen des Entwurfsprozesses, den dabei manipulierten Objekten und dem organisatorischen Umfeld begründet.

In der vorliegenden Arbeit befassen wir uns mit einem zentralen Aspekt der Datenhaltung in Entwurfsumgebungen, der Konsistenz der Entwurfsdaten. Der Begriff Konsistenz beschreibt in der hier verwendeten Terminologie die Korrektheit eines Datenbestandes in Bezug auf eine Menge von Umweltgesetzmäßigkeiten und vorgebenen Regeln.

Das Datenbankmanagementsystem (DBMS) in seiner zentralen integrierenden Funktion für sämtliche in der Entwurfsumgebung anfallenden Daten ist die geeignete Instanz für die Wahrung der Konsistenz. Es muß Mechanismen bereitstellen, um Konsistenzregeln formal zu beschreiben, sie zu passenden Zeitpunkten zu überwachen sowie ggf. ihre Einhaltung zu erzwingen. Existierende DBMS erbringen diese Leistungen für herkömmliche Anwendungen des betriebswirtschaftlichen und verwaltungstechnischen Bereichs. Diese Anwendungsbereiche sind gekennzeichnet durch Bedingungen, die jeweils wenige, einfach strukturierte Daten betreffen und sich z.B. mit Mitteln der relationalen Algebra vollständig erfassen lassen. Als konsistenzerhaltende Einheiten dienen kurze Transaktionen. Die Konsistenzregeln werden jeweils am Ende einer Transaktion überprüft, bei ihrer Verletzung wird das Rücksetzen der Transaktion erzwungen.

In Entwurfsumgebungen betreffen die Konsistenzregeln dagegen umfangreiche, hierarchisch oder vernetzt strukturierte Datenobjekte und sind vielfach nur algorithmisch faßbar (z.T. in existierenden Prüfwerkzeugen verkörpert). Die Menge der Konsistenzregeln ist wesentlich umfangreicher als in herkömmlichen Anwendungen und muß die Semantik (und Pragmatik) so vielfältiger Bereiche wie physikalischer Gesetzmäßigkeiten, Normungsbestimmungen, technologischer Randbedingungen, Kundenvorgaben, Managementstrategien u.a. umfassen. Eine einfache deklarative Formulierung (etwa auf Basis der Prädikatenlogik 1. Ordnung) ist hierzu nicht ausreichend.

Die Überwachung der Konsistenz in Entwurfsumgebungen muß zu flexibel wählbaren Zeitpunkten erfolgen und kann i.a. nicht fest an das Ende der (häufig sehr langen) Transaktionen gekoppelt werden. Der explizite Eingriff des Anwenders bei der Konsistenzüberprüfung muß unterstützt werden, da Daten in Entwurfsumgebungen überwiegend keine konkreten Sachverhalte der Umwelt, sondern intellektuelle Modelle repräsentieren. Entsprechend flexibel sind auch die Reaktionsmöglichkeiten bei Aufdeckung von Inkonsistenzen auszulegen. Hierbei sind unter anderem Korrekturaktionen – durch den Anwender oder durch automatische Ableitung abhängiger Daten – vorzusehen. Eine besondere Rolle bei der Konsistenzwahrung spielen zudem vorgegebene Verfahrenspläne, die die zulässige Reihenfolge von Entwurfsschritten regeln.

Die genannten Anforderungen können mit herkömmlichen Konsistenzmechanismen in DBMS nicht erfüllt werden. Eine Analyse weiterführender Ansätze der Datenbankforschung zeigt, daß auch diese nur jeweils einen isolierten Ausschnitt des Anforderungskatalogs erfüllen: Semantische Datenmodelle sowie das Konzept benutzerdefinierter abstrakter Datentypen erlauben es, einen Teil der anwendungsspezifischen Konsistenzregeln bereits bei der Datendefinition zu verankern und bei Ausführung von Operatoren automatisch zu erhalten. Die so gewahrten Konsistenzregeln sind jedoch immer statisch und global (z.B. für alle Exemplare eines Typs) gültig. Modellexterne Konsistenzmechanismen lassen sich durch semantisch reichere Datenmodelle keinesfalls ersetzen. Erweiterungen des herkömmlichen Transaktionskonzepts, etwa in Form langer Transaktionen, Schachtelung von Transaktionen oder Transaktionen mit lokalen Vor- und Nachbedingungen, beseitigen z.T. die Nachteile der starren Kopplung von Konsistenzwahrung und Transaktionskonzept, sind jedoch bei weitem nicht umfassend genug.

Ansätze zur Integration aktiver Elemente in DBMS weisen in die Richtung flexibler Reaktionsmöglichkeiten. Besonders das Konzept der Trigger erweist sich als tragfähig, da es erlaubt, Beziehungen zwischen auslösenden Anlässen und gewünschten Reaktionen herzustellen. Bislang existierende Triggerkonzepte in DBMS bieten diese Möglichkeit jedoch nur äußerst eingeschränkt, wobei die Reaktion unmittelbar an eine Datenbankoperation oder einen (einfach beschreibbaren) Zustand der Datenbasis geknüpft wird.

Aus dieser Überlegungen heraus entwickeln wir einen **allgemeinen Event-/Trigger-Mechanismus (ETM)**, der als Grundlage der Konsistenzwahrung eingesetzt wird. Der ETM erlaubt es, Ereignisse zu definieren, die explizit ausgelöst werden und beliebige Aktionen zur Folge haben können. Ein Trigger stellt in diesem Sinne die Verbindung von einem Ereignis zu einer Aktion her. Im Rahmen eines DBMS können Ereignisse beliebige Situationen, d.h. sowohl benutzerdefinierte Situationen der Anwendungsumgebung als auch Situationen innerhalb des DBMS, signalisieren. Durch Einbringen bzw. Entfernen von Triggern können die Reaktionen dynamisch geändert werden. Der ETM stellt also in seiner Grundform einen allgemeinen Steuerungsmechanismus für Programmabläufe dar, der durch die lose Kopplung zwischen auslösender Situation und angestoßener Aktion gekennzeichnet ist. Bei der Konsistenzwahrung dient diese Eigenschaft zur freien Wahl der Prüfzeitpunkte und zur flexiblen Reaktion bei Konsistenzverletzung.

Es ist zu betonen, daß es sich bei dem vorgestellten ETM nicht um einen reinen Datenbankmechanismus handelt. Es liegt vielmehr ein sehr viel umfassenderes Konzept vor, das als Grundmechanismus der Verfahren zur Ausnahme- und Unterbrechungsbehandlung sowie zur Kommunikation lose kooperierender Prozesse einzuordnen ist, indem es diese Verfahren ebenfalls verallgemeinert. In der vorliegenden Arbeit wird der Mechanismus aus der Problemstellung heraus im Zusammenspiel mit dem DBMS betrachtet. In einem umfassenderen System ist der ETM jedoch als ein allgemeiner Basisbestandteil aufzufassen, wobei das **DBMS als einer von mehreren Anwendern des ETM** auftritt.

Aus der Eigenschaft der losen Kopplung zwischen Ereignis und Aktion folgen eine Reihe von zusätzlichen Anforderungen an die Ausgestaltung des Mechanismus, für die in der Arbeit geeignete Lösungen angegeben werden. Es handelt sich dabei um die Parametrisierung der Aktionen, Fragen der Synchronisation und Recovery, die Ablauforganisation bei Auslösung mehrerer Aktionen durch dasselbe Ereignis sowie das Terminierungsproblem für geschachtelte Trigger. Ferner wird der ETM um ein Umgebungskonzept ergänzt, mit dem die Gültigkeit definierter Ereignisse, Aktionen und Trigger eingeschränkt werden kann und das besonders für das organisatorische Umfeld der Entwurfsumgebung geeignet ist.

Entsprechend seiner über das DBMS hinausgreifenden Stellung läßt sich der ETM im Rahmen der Systemarchitektur als eigenständige Komponente einordnen, als dessen Anwender das DBMS auftritt. Ereignisse können dabei sowohl direkt vom Anwender (durch einfache Angabe des Ereignisbezeichners) als auch indirekt von Komponenten des DBMS ausgelöst werden. Besondere Bedeutung kommt dabei den sogenannten Standardereignissen zu, die im DBMS vordefiniert sind und z.B. die Ausführung bestimmter Datenbankoperationen signalisieren. Für Ereignisse, die regelmäßig bei bestimmten Zuständen der Datenbasis ausgelöst werden sollen, können im DBMS sogenannte Dämonen definiert werden. Dies geschieht in einer gesonderten Event Definition Language (EDL), die auf dem ETM aufsetzt und datenmodellspezifisch ausgelegt werden kann. Ein Rahmen für eine derartige EDL wird in der Arbeit dargestellt und an Beispielen vorgeführt.

Ebenso läßt sich auf Basis des ETM eine Sprache zur Definition von Konsistenzregeln realisieren. Ein Rahmen für eine solche Constraint Definition Language (CDL) wird ebenfalls vorgestellt und seine Abbildung auf den ETM beschrieben. Die CDL läßt insbesondere die deklarative *und* die algorithmische Spezifikation von Konsistenzregeln zu. Die Eignung des ETM für die oben erläuterten speziellen Konsistenzanforderungen in Entwurfsumgebungen wird anhand typischer Beispiele nachgewiesen.

Eine Implementierung des Mechanismus hat besonderes Schwergewicht darauf zu legen, daß die Auslösung von Ereignissen – eine i.a. sehr häufige Operation – nur minimalen Aufwand verursacht. Nennenswerte Kosten dürfen nur für tatsächlich ausgeführte Aktionen entstehen. Geeignete Implementierungsmethoden für diesen Zweck werden angegeben. Erfahrungen mit dem ETM liegen aus einer Prototypimplementierung vor.

Die Entwicklung des Event-/Trigger-Mechanismus wurde durch die Konsistenzanforderungen in Entwurfsumgebungen motiviert. Seine Eignung für diesen Zweck wird in der Arbeit gezeigt. Die Einsatzfähigkeit für eine Anzahl weiterer Aufgaben im DBMS wie Berechnung virtueller Attribute, Reorganisation, Herstellung von Snapshots u.a.m. sowie für Aufgaben außerhalb des DBMS folgt unmittelbar aus der Allgemeinheit dieses Steuerungsmechanismus.

1. Charakterisierung von Entwurfsumgebungen

Der Begriff des Entwerfens beschreibt im weitesten Sinn die Konzipierung und Gestaltung von Artefakten, die nachfolgend als Produkte realisiert werden sollen. Der Entwurfsprozeß umfaßt dabei die Lösungsfindung unter gegebenen Randbedingungen und Vorgaben, sowie die Beschreibung des Artefakts als Grundlage für den Produktionsprozeß.

Im Bereich des Entwurfs technischer Produkte wird häufig synonym der Begriff Konstruktion verwendet, wobei dieser Terminus besonders das Zusammenfügen von Teilen zu einem Ganzen betont. "Konstruieren ist ein zielorientierter, darstellender Prozeß der Gestaltung von Teilfunktionen und deren Zusammensetzung zur Gesamtfunktion." "Im Konstruktionsprozeß werden Funktionslösungen gesucht und diese als Funktionsstruktur durch Vorschriften zu ihrer materiellen Realisierung dargestellt und dokumentiert." [SK84].

Unter einer **Entwurfsumgebung** soll im folgenden das gesamte Umfeld des Entwerfens verstanden werden, d.h. Aufgabenstellung, organisatorische und technische Randbedingungen, vorhandene Hilfsmittel, personelle Struktur, typische Ablaufstrukturen und Datenbestände. In Umgebungen zum Entwurf technischer Produkte nach ingenieurwissenschaftlichen Methoden kann auf Rechnerunterstützung heute nicht mehr verzichtet werden, da nur so die Komplexität der gesuchten Lösungen zu beherrschen und eine betriebswirtschaftliche Produktentwicklung zu gewährleisten ist. Für den Prozeß des rechnergestützten Entwerfens oder Konstruierens wird i.a. die Bezeichnung CAD (Computer Aided Design) verwendet.

Die folgende Auflistung nennt wichtige Einsatzbereiche rechnergestützten Entwerfens:

- Konstruktiver Maschinenbau
- Entwicklung elektronischer Schaltungen
- Anlagenplanung
- Bauwesen
- Fahrzeug-/Flugzeug-/Schiffsbau
- Softwareproduktion

Anforderungsanalysen verschiedener Entwurfsbereiche zeigen, daß trotz einer Anzahl individueller Abweichungen wesentliche Gemeinsamkeiten der Entwurfsumgebungen existieren [Loc85]. Im folgenden sollen diese gemeinsamen Charakteristika dargestellt werden. Es wird hierbei auf typische Hardware- und Softwareumgebung, organisatorisches Umfeld sowie auf Ablaufstrukturen und Datenverwaltung eingegangen.

1.1 Hardwarekonfiguration

In der Vergangenheit wurde rechnergestütztes Entwerfen in der Regel auf Einzelrechnerkonfigurationen durchgeführt, d.h. je nach Art und Umfang der bearbeiteten Aufgaben auf Kleinrechnern (oft Ein-Benutzer-Systeme) oder auf Großrechenanlagen im Time-Sharing-Betrieb. Ein Transfer von Daten für rechenintensive Auswertungen von Klein- auf Großrechner erfolgte über externe Speichermedien.

Die Entwicklung im CAD-Bereich geht heute zunehmend zu dezentraler Verarbeitung in Rechnerverbunden. Ermöglicht wird dies durch die rasch wachsende Leistungsfähigkeit von Arbeitsplatzrechnern (Workstations) sowie die Verfügbarkeit von Rechnernetzen. Eine typische Hardware-Konfiguration, die sich in Entwurfsumgebungen durchzusetzen beginnt, ist eine **Server-Client-Architektur**, die einen **zentralen Datenhaltungsrechner** (database server, DHR) und ein Netz von mit ihm sternförmig vernetzten **Arbeitsplatzrechnern** (workstations, APR) umfaßt. Als Erweiterung dieser Architektur können zwischen zentralem Server und Endbenutzersystemen zusätzliche Zwischenebenen etwa in Form sogenannter Bereichsrechner (BR) vorhanden sein, wodurch eine mehrstufige Sternarchitektur entsteht.

Die konstruktive Entwurfsarbeit wird interaktiv auf dem Arbeitsplatzrechner geleistet. Hierbei steht jedem Entwerfer eine Einbenutzerumgebung mit einer privaten Datenbasis zur Verfügung. Auch auf mehrplatzfähigen Systemen (derzeit etwa 2 bis 8 Entwurfsarbeitsplätze pro Arbeitsplatzrechner) werden virtuell Einbenutzersichten mit isolierten Datenbasen realisiert.

Vom Standpunkt der Datenhaltung her betrachtet fällt den Arbeitsplatzrechnern vorwiegend die lokale, zeitlich begrenzte Datenhaltung für die jeweils aktuell dort bearbeiteten Entwürfe bzw. Entwurfsteile zu. Der zentrale Datenhaltungsrechner übernimmt dagegen die langfristige Integration sämtlicher Daten der Entwurfsumgebung. Auf ihm wird im Gegensatz zu den privaten Datenbasen der Arbeitsplatzrechner die öffentliche Datenbasis gehalten. Auf etwaigen Bereichsrechnern werden entsprechend die Daten eines Arbeitsbereichs (z.B. eines Projekts, einer Abteilung o.ä.) mittelfristig lokal verwaltet.

Ein Datenhaltungsrechner selbst besteht in der Regel aus einem System, kann aber auch seinerseits durch ein Netz von Systemen realisiert sein. In letzterem Fall entstehen im Datenhaltungsrechner – unabhängig von der weiteren Konfiguration des Entwurfssystems – die Probleme verteilter Datenbanken.

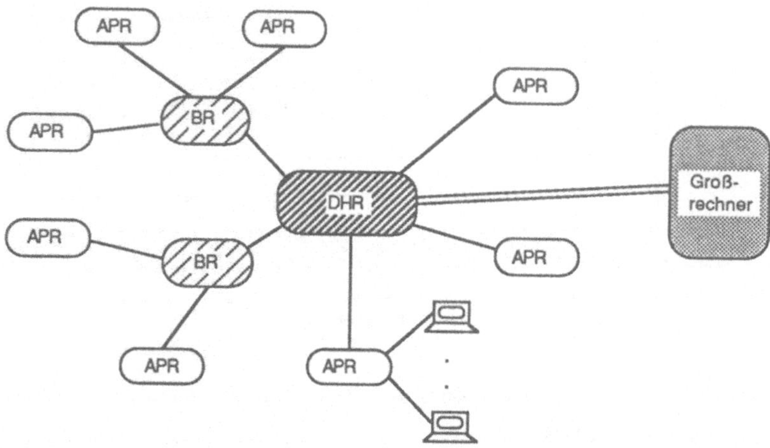

Abb.1-1: Typische Rechnerkonfiguration in Entwurfsumgebungen

Für rechenintensive Aufgaben existiert in der Konfiguration DHR/(BR)/APR häufig zusätzlich die Kopplung zu einem Großrechner, um dorthin rechenintensive Aufgaben zu verlagern. Da die Arbeitsplatzrechner in Zukunft weiterhin an Rechenleistung und Speicherkapazität stark zunehmen werden, geht die Bedeutung der Großrechnernutzung jedoch zurück. Die zunehmende Leistungsfähigkeit der APR hat generell die Auswirkung, daß immer größere

Entwurfseinheiten dort gehalten und bearbeitet werden können. Speziell können auch zunehmend umfangreiche Datenmengen direkt im Hauptspeicher bereitgestellt werden. Abb. 1-1 zeigt eine typische Rechnerkonfiguration.

1.2 Software – Grund- und Anwendungssoftware

Die Grundsoftware eines Entwurfssystems umfaßt im wesentlichen das Betriebssystem mit der Dateiverwaltung. Zukünftig wird ferner ein Datenbanksystem einen unverzichtbaren Bestandteil der Grundsoftware bilden. Im Rahmen der unter 1.1 beschriebenen Rechnerkonfiguration kann zunehmend von einem einheitlichen Betriebssystem ausgegangen werden, auch wenn dies nicht generell vorausgesetzt werden darf. Speziell wird das Betriebssystem auf den Entwurfsrechnern häufig von demjenigen auf einem damit gekoppelten Großrechner abweichen. Als Betriebssystemumgebung auf Arbeitsplatzrechnern gewinnen UNIX bzw. UNIX-Derivate zunehmende Bedeutung.

Entwurfsumgebungen sind in der Regel gekennzeichnet durch die Existenz einer Anzahl von algorithmisch komplexen Programmen oder Programmsystemen, die dem Entwerfer als Werkzeuge an die Hand gegeben werden. Sie werden oft kurz als CAD-Werkzeuge bezeichnet. An der Benutzerschnittstelle wählt der Entwerfer – interaktiv geführt über eine Benutzeroberfläche – aus der Menge ihm zur Verfügung stehender Werkzeuge das jeweils benötigte aus.

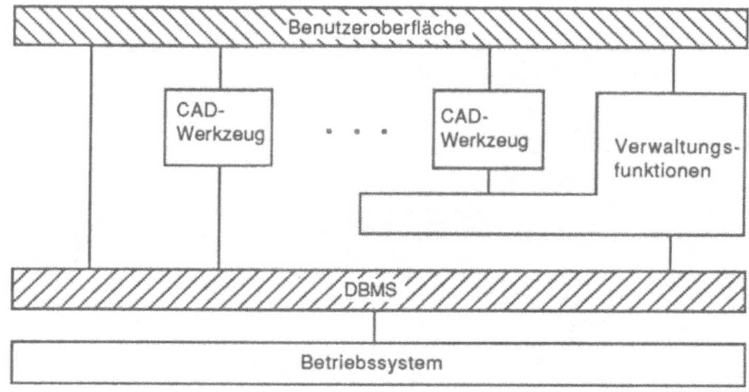

Abb.1-2: Softwarekonfiguration in Entwurfsumgebungen (schematisch)

Die Leistungen, die von CAD-Werkzeugen erbracht werden, können wie folgt grob klassifiziert werden:

1. Direkte Unterstützung der konstruktiven Entwurfsarbeit (Graphiksysteme, Editoren u.ä.)
2. Prüfung des Entwurfs auf Korrektheit (Simulationen, Statikberechnungen, Syntaxanalyse u.ä.)
3. Automatische oder halbautomatische Generierung von Entwurfsdaten (Layoutgenerierung im Schaltungsentwurf, Codeerzeugung in Softwareproduktionsumgebungen u.ä.)

4. Verwaltungsfunktionen (Verwaltung von Bibliotheken, Archivierungsfunktionen, Versions- und Konfigurationsverwaltung u.ä.)

Aus der Sicht der Datenhaltung werfen Punkt 2 und 4 dieser Aufzählung Probleme auf. Es existieren in Entwurfsumgebungen offensichtlich spezialisierte Werkzeuge für Aufgaben, die im weiteren Sinn zu einem integrierten Datenhaltungssystem gehören. Es muß Gegenstand der Forschung sein, inwieweit ein solcher Zustand beibehalten werden soll bzw. welche Aufgaben in die Datenhaltung hineinverlagert werden sollen. Abbildung 1-2 gibt schematisch den typischen Systemaufbau wieder.

1.3 Organisatorisches Umfeld

Entwurfsprozesse realistischer Größenordnung werden i.d.R. im Rahmen eines Projektmanagements und in Zusammenarbeit eines oder mehrerer Teams von Entwerfern durchgeführt. Sie stellen damit auf der organisatorischen Ebene (logisch) verteilte Systeme dar. Das **Projektmanagement** koordiniert die Tätigkeiten der verschiedenen Beteiligten und vergibt allgemeine Vorgaben und Richtlinien. Aus dem Entwurfsprozeß müssen Informationen in aufbereiteter Form an das Management zurückfließen, um eine Überwachung des geplanten Projektfortschritts zu erlauben.

Zum Zweck der **Teamarbeit** kann das Entwurfsobjekt nach zwei Kriterien in Arbeitseinheiten aufgeteilt werden, wobei die beiden Kriterien orthogonal zueinander sind:

- Die einzelnen Entwerfer arbeiten an Teilobjekten, die in der Regel disjunkt sind. Beispiele solcher Teilobjekte sind die verschiedenen Module oder Prozeduren im Softwareentwurf, verschiedene Funktionseinheiten eines Prozessors im Schaltungsentwurf u.a. Wenn ein Entwurfsobjekt die Struktur einer mehrstufigen Hierarchie von Teilobjekten besitzt, kann die Arbeitsteilung auf unterschiedlichen Ebenen dieser Hierarchie durchgeführt werden. Die Integration der einzelnen Teilobjekte ist ebenfalls Aufgabe eines bestimmten Bearbeiters.
- Jeder Entwerfer bearbeitet eine bestimmte Phase des Entwurfsablaufs, wobei nach Abschluß einer Phase das Ergebnis dem Bearbeiter der nächsten Phase zur Verfügung gestellt wird.

Bei der Teamarbeit ist darauf zu achten, daß sich keine unkontrollierten Wechselwirkungen zwischen der Arbeit der einzelnen Bearbeiter ergeben, die zu falschen Entwurfsergebnissen führen. Insbesondere sind vorgegebene Schnittstellen einzuhalten, und mögliche Auswirkungen von Veränderungen müssen den betroffenen Teamkollegen bekannt gemacht werden ("change notification"). Es wird von einer engen Kommunikation innerhalb des Teams ausgegangen, durch die in Konfliktfällen die Abgleichung der Arbeitsergebnisse erreicht werden kann.

Ein weiterer Aspekt des organisatorischen Umfelds ist die Einbettung der Entwurfsumgebung in den umfassenderen Rahmen der Produktfertigung. Hierzu gehören neben dem Produktentwurf die Produktionsplanung und -steuerung, die Arbeitsplanung, die eigentliche Fertigung sowie die Qualitätssicherung. Soweit für die genannten Teilbereiche rechnergestützte Methoden eingesetzt werden, finden die Begriffe PPS (Produktionsplanung und -steuerung), CAP (computerunterstützte Arbeitsplanung), CAM (computer aided manufacturing) und CAQ (computer aided quality assurance) Anwendung. Als gemeinsamer Oberbegriff dient das

Schlagwort CIM (computer integrated manufacturing) [Sch87]. Zwischen der Entwurfsumgebung und den anderen Teilbereichen der CIM-Umgebung bestehen zahlreiche Verbindungen, die sich in der Notwendigkeit des Datenaustauschs widerspiegeln.

1.4 Ablaufstrukturen des Entwurfsprozesses

Ein Entwurfsprozeß beinhaltet im weitesten Sinn immer ein Zusammenfügen von Einzelteilen zu einem Ganzen. Ausgehend von den jeweils als elementar betrachteten Objekten wie Punkten, Standardvolumina, Programmanweisungen etc. werden zunehmend umfassende Strukturen aufgebaut. Entwurfsobjekte sind somit hierarchisch oder netzartig strukturiert, je nachdem ob Teilobjekte nur an einer oder an mehreren Stellen verwendet werden. Speziell kann es zu rekursiver (jedoch nicht zyklischer) Strukturbildung kommen, wenn gleichartige Objekte (z.B. Prozeduren beim Softwareentwurf oder sogenannte Zellen in der Schaltungsentwicklung) auf beliebig vielen Hierarchieebenen als Bestandteile ineinander Verwendung finden.

Ein Entwurfsprozeß gliedert sich in eine Anzahl von Phasen oder Entwurfsschritten, die nach einer vorgegebenen Ablaufvorschrift zu durchlaufen sind, um – auf möglichst effiziente Weise – zu einem korrekten Entwurfsergebnis zu gelangen. Eine solche Ablaufvorschrift für ein Entwurfsverfahren wird je nach Terminologie des Anwendungsgebiet als **Phasenplan** oder **Verfahrensplan** bezeichnet. Der Begriff des Phasenplans wird speziell in der Softwareproduktion, der Begriff Verfahrensplan eher in CAD-Anwendungen wie Schaltungsentwurf oder Maschinenbau verwendet. Wir benutzen nachfolgend die Begriffe Verfahrensplan und Phasenplan synonym.

Der Verfahrensplan legt die Ablaufbeziehungen zwischen den Entwurfsphasen fest, wobei im wesentlichen folgende Möglichkeiten gegeben sind:

- Sequenz
- Paralleler Ablauf
- Selektion von genau einem/mindestens einem aus einer Menge von Ablaufschritten
- Iteration über einen oder mehrere Ablaufschritte

Im Rahmen der Verfahrensabläufe wird der Einsatz der unterschiedlichen Entwurfswerkzeuge geregelt, die sich jeweils einzelnen Entwurfsphasen zuordnen lassen. Darunter befinden sich auch zahlreiche Werkzeuge, die im weitesten Sinne die Konsistenz der Entwurfsdaten überprüfen und/oder erhalten. Hier ist z.B. an die verschiedensten Simulatoren, an Programmpakete zu Statikprüfungen oder an die Syntaxprüfung in Sprachübersetzern bei der Programmentwicklung zu denken.

Bearbeitungsgegenstand und Ergebnis einer Phase ist jeweils das Entwurfsobjekt in bestimmten Darstellungen, wobei in der Entwurfsphase die Transformation der Eingabe- in die Ausgabedarstellung durchgeführt wird. Bezogen auf eine Phase kann die Eingabedarstellung als Spezifikation, die Ausgabedarstellung als die Implementierung dieser Spezifikation betrachtet werden. Die verschiedenen Darstellungsformen des Entwurfsobjekts, die auf verschiedenen Stufen des Phasenplans verwendet bzw. erzeugt werden, bezeichnen wir im folgenden – wie in verschiedenen CAD-Anwendungsbereichen üblich – als seine **Repräsentationen**. Auf einer Stufe des Phasenplans können mehrere äquivalente Repräsentationen des Entwurfsobjekts existieren, die sich ineinander überführen lassen. Hier sei z.B. an Kanten-, Flächen- und Volumenmodelle im konstruktiven Maschinenbau gedacht. Eine Reihenfolgebeziehung der

Entwurfsphasen impliziert eine Abhängigkeit der betroffenen Repräsentationen. Ein Rücksetzen auf einen früheren Punkt eines sequentiellen Ablaufs hat beispielsweise zur Folge, daß alle nach diesem Punkt erzeugten Repräsentationen potentiell inkorrekt werden.

Typisch für den Entwurfsprozeß ist die Entwicklung verschiedener Alternativen zu einem Entwurfsobjekt bzw. einer seiner Repräsentationen. Diese Alternativentwürfe sollen als **Varianten** bezeichnet werden. Varianten werden als Oberbegriff für verschiedene Sachverhalte verwendet:

1. Zu einer Spezifikation soll eine Produktfamilie mit unterschiedlichen Leistungsprofilen oder mit variierenden Merkmalen entwickelt werden. Als Beispiel sei hier an die Entwicklung einer Standard- und einer Hochleistungsvariante gedacht oder an die Anpassung an nationale Standards der belieferten Länder. Im konstruktiven Maschinenbau existiert speziell der Begriff der Variantenkonstruktion zur Beschreibung einer Entwurfsmethode, bei der parametrisierbare Komplexteile zum Aufbau von Varianten eingesetzt werden.
2. Während des Entwurfs werden vom gleichen oder von verschiedenen Entwerfern versuchsweise alternative Entwicklungswege beschritten, von denen schließlich das beste Endergebnis ausgewählt oder die Ergebnisse geeignet kombiniert werden.

In Entwurfsumgebungen sind nicht nur die jeweils aktuellen Daten von Interesse, sondern auch die zeitliche Vorgeschichte der Entwurfsdaten, die **Entwurfshistorie**. Der Entwerfer will frühere Entwurfsentscheidungen nachvollziehen und gegebenenfalls auf frühere Zustände seiner Arbeit zurücksetzen können. Auch die Entwicklung neuer Varianten von solchen zurückliegenden Zuständen aus ist wünschenswert. Für Varianten einerseits und zeitlich lineare Entwicklungszustände im Verlauf der Entwurfsgeschichte andererseits wird auch der Oberbegriff **Versionen** verwendet.

Nach Abschluß eines Entwurfs bzw. eines Teilentwurfs wird eine **Freigabe** des Entwurfsergebnisses, d.h. eines Entwurfs(teil-)objekts mit allen seinen Varianten oder einer einzelnen Variante durchgeführt. Danach steht das freigegebene Entwurfsergebnis für die gesicherte Weiterverwendung zur Verfügung. Freigabe eines Entwurfsergebnisses besagt, daß derjenige, der dieses Ergebnis verwendet, von bestimmten zugesicherten Annahmen über dessen Stabilität ausgehen kann. Die Strategien können dabei anwendungsabhängig unterschiedlich sein. Im einfachsten Fall ist die nachträgliche Veränderung freigegebener Entwurfsergebnisse generell verboten, es können lediglich neue Varianten von diesen erzeugt werden. Andere Vorgehensweisen sehen vor, bei nachträglichen Änderungen die Verwender der freigegebenen Teile zu informieren und/oder die Veränderungen direkt an den Verwendungsstellen sichtbar zu machen.

Bei der Freigabe ist es notwendig, **Schnittstelle** und **Implementierung** eines Entwurfsteils zu unterscheiden. Die Schnittstelle kann beispielsweise von nachträglichen Veränderungen ausgenommen werden, während dies für die Implementierung nicht der Fall ist. Ferner kann eine Freigabe der Schnittstelle auch schon erfolgen, bevor die Implementierung des Entwurfsteils abgeschlossen ist.

Nach der Freigabe von Einzelergebnissen ist schließlich das Gesamtobjekt geeignet zu konfigurieren. Bei einer solchen **Konfiguration** werden die zugehörigen Varianten der Repräsentationen bzw. Unterobjektkonfigurationen ausgewählt, die gemeinsam das Gesamtsystem bilden sollen.

Die **typischen Arbeitseinheiten** in Entwurfsumgebungen sind verhältnismäßig lang im Vergleich zu Arbeitsumgebungen z.B. im betriebswirtschaftlichen oder im Verwaltungsbereich. Ein als Einheit zu betrachtender Arbeitsschritt ist oft erst nach Tagen oder Wochen abgeschlossen. In Hinblick auf die Arbeit mit Rechnerunterstützung kann folglich eine Arbeitseinheit mehrere Sitzungen überspannen.

Der typische Entwurfsvorgang läuft nach der Methode von Versuch und Irrtum ab. Anfängliche Entwurfsentscheidungen werden häufig revidiert, die Annäherung an das Entwurfsergebnis erfolgt in einer Reihe von Iterationen. Im Laufe des Entwurfsprozesses werden nach und nach hierarchische oder vernetzte Objektstrukturen aufgebaut, auf ihre Eignung überprüft und gegebenenfalls verändert. Die Entwurfsdatenbasis ist zu Beginn der Entwurfsarbeit leer bis auf vordefinierte Elemente (z.B. Standardvolumina im konstruktiven Maschinenbau, Standardzellen im Schaltungsentwurf) und technologische Daten. Während des Entwurfsprozesses wird die Datenbasis Schritt für Schritt aufgebaut und enthält am Ende das Entwurfsergebnis in seinen verschiedenen Repräsentationen und Varianten, die gewählte(n) Konfiguration(en) sowie die Entwurfsgeschichte.

Abschließend muß angemerkt werden, daß Verfahrenspläne in der Praxis oft nicht strikt erzwungen, sondern dem Entwerfer als Richtlinie an die Hand gegeben werden. Die Reihenfolge, in der Repräsentationen erzeugt werden, kann variieren. Ggf. wird nur für eine Teilmenge der Repräsentationen die Existenz unbedingt gefordert. In diesem Fall ist es aber zumindest wünschenswert, daß der Entwerfer durch entsprechende Rückmeldungen auf Verstöße gegen den Verfahrensplan explizit hingewiesen wird.

1.5 Datenverwaltung in Entwurfsumgebungen

Bei CAD-Systemen, wie sie in der Vergangenheit üblich waren, setzen die CAD-Werkzeuge direkt auf der Dateiverwaltung auf. Ergebnisse eines CAD-Werkzeugs werden auf Dateien abgelegt, die wiederum als Eingabe für ein oder mehrere weitere CAD-Werkzeuge fungieren. Da die einzelnen CAD-Werkzeuge individuelle Schnittstellenformate besitzen, sind häufig zusätzliche Transformationen zwischen den Aus- und Eingabedateien notwendig.

Wie in Anwendungen des administrativ-betriebswirtschaftlichen Bereichs bereits lange bekannt, zeigen sich auch in Entwurfsumgebungen erhebliche Nachteile einer solchen Datenverwaltung. Durch einen Datenbankansatz gewinnt man folgende Leistungen:

- Datenintegration mit einheitlicher Schnittstelle für alle Werkzeuge
- Logische und physische Datenunabhängigkeit der Anwendungsprogramme
- Vermeidung von Redundanz
- Sicherheit der Daten vor Zerstörung
- Schutz vor unautorisierten Zugriffen
- Geeignete Synchronisation im Mehrbenutzerbetrieb
- Überwachung und Gewährleistung der Datenkonsistenz

Bereits der Einsatz herkömmlicher Datenbanksysteme (DBMS) in Entwurfsumgebungen bringt einen gewissen Gewinn gegenüber der Dateiverwaltung. Trotzdem erweisen sich diese herkömmlichen DBMSe noch als sehr unzureichend für die speziellen Anforderungen der

Entwurfsanwendungen [Sid80]. Bedingt durch die völlig andersartigen Datenstrukturen und die abweichende Arbeitsweise in Entwurfsumgebungen werden Neuentwicklungen sogenannter **Entwurfsdatenbanksysteme (EDBMS)** notwendig.

Datenobjekte im Bereich von Entwurfsdatenbanksystemen sind komplex strukturiert und weisen vielfältige Abhängigkeiten auf. Typisch für die Struktur von Entwurfsobjekten sind der hierarchische oder auch azyklisch vernetzte Aufbau aus Komponentenobjekten, sowie die Globalstruktur mit Repräsentationen, Versionen und Konfigurationen. Bei der Modellierung einer Entwurfsanwendung treten besonders häufig Mengen- und Listenstrukturen auf, lange unstrukturierte Datenfelder sind ein weiteres typisches Merkmal. Traditionelle Datenmodelle können die Anforderungen, die sich hieraus ergeben, nicht oder zumindest nicht mit der nötigen Effizienz erfüllen. Es existieren daher eine Reihe von Ansätzen, geeignetere Datenmodelle zu entwickeln – entweder durch Erweiterungen bestehender Modelle oder in Form neuer problemangepaßter Modelle.

Entwurfsumgebungen befinden sich häufig in einer dynamischen Entwicklung, die durch neue Technologien, Verfahrensänderungen, weiterentwickelte Entwurfswerkzeuge u.ä. bedingt ist. Entsprechend häufig sind die Veränderungen sowohl struktureller als operationaler Art, die sich auf die Datenbestände auswirken. Neben den strukturellen Problemen gibt es in Entwurfsumgebungen vielfältige Gesetzmäßigkeiten, die erfüllt sein müssen. Hierzu gehören beispielsweise physikalische Gesetze, vorgegebene Standardisierungen und Normen sowie Kundenvorgaben und Managemententscheidungen. Das Datenbanksystem als zentrale integrierende Basis des CAD-Systems ist die geeignete Instanz, um die Kontrolle über sämtliche Regelungen hinsichtlich der Datenkonsistenz auszuüben.

Im folgenden Kapitel wird die spezielle Konsistenzproblematik innerhalb von Entwurfsumgebungen charakterisiert und gegenüber den Konsistenzproblemen in klassischen Datenbankanwendungen abgegrenzt.

2. Analyse der Konsistenzproblematik in Entwurfsumgebungen

Im folgenden wird zunächst eine Klärung des Begriffs Konsistenz sowie der damit in Zusammenhang stehenden Terminologie vorgenommen. Insbesondere wird der Semantikbegiff im Datenbankbereich als Grundlage der Konsistenz präzisiert. Im Anschluß daran wird die Konsistenzproblematik, wie sie sich in herkömmlichen Datenbankanwendungen darstellt, kurz charakterisiert. Schließlich werden die besonderen Konsistenzanforderungen in Entwurfsumgebungen analysiert und die Unterschiede zu klassischen Konsistenzproblemen aufgezeigt.

2.1 Grundbegriffe der Konsistenz

Der Begriff Konsistenz wird im folgenden aus dem Begriff der **Semantik** heraus entwickelt. Im Gegensatz zum Bereich der Programmiersprachen, wo die Begriffe Syntax und Semantik seit langem etabliert und allgemeingültig definiert sind, ist im Bereich der Datenbanksysteme bzw. in verwandten Gebieten wie Wissensrepräsentation und Systembeschreibungssprachen keine vergleichbar einheitliche formale Grundlage vorhanden. In der Literatur finden sich im wesentlichen drei Vorgehensweisen, den Semantikbegriff in Datenbank- bzw. verwandten Systemen formal zu fassen. Diese drei Ansätze werden im folgenden beschrieben und auf ihre Verwendbarkeit als Grundlage des hier benötigten Konsistenzbegriffs untersucht.

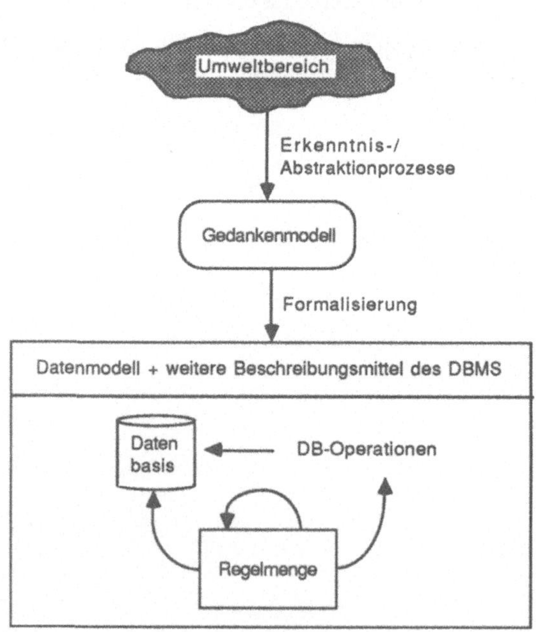

Abb.2-1: Abbildungsprozeß zwischen Umwelt und Datenbanksystem

Bei den Betrachtungen wird zugrundegelegt, daß die Beschreibung eines Umweltausschnitts in einem Datenbanksystem gemäß Abb.2-1 als mehrstufiger Abbildungsprozeß aufgefaßt werden kann:

In einem ersten Schritt wird durch einen Erkenntnis- und Abstraktionsprozeß ein Gedankenmodell des interessierenden Umweltbereichs gewonnen. Der Abbildungsschritt zwischen dem Umweltbereich und einem Gedankenmodell ist technisch nicht faßbar und kann letztendlich nur durch reale Tests und Beobachtungen einer Plausibilitätsprüfung unterzogen werden. Wir nehmen im folgenden stets an, daß das Gedankenmodell korrekt, d.h. isomorph zur Umwelt ist und daher mit dieser gleichgesetzt werden kann.

In herkömmlichen Datenbankanwendungen werden in der Datenbasis die in der Umwelt tatsächlich existierenden (konkreten oder abstrakten) Sachverhalte nachvollzogen. In Entwurfsumgebungen werden demgegenüber Objekte neu "erdacht", d.h. es wird ein gedankliches Modell von Objekten geschaffen, die (bis auf fertiggestellte Entwürfe) in der Umwelt noch keine Entsprechung besitzen. Das Gedankenmodell nimmt diese Objekte gewissermaßen vorweg, d.h. es beinhaltet alle Gesetzmäßigkeiten und Randbedingungen, denen sie genügen müssen, und beschreibt damit nicht nur die tatsächlich existenten, sondern die Menge aller potentiell möglichen derartigen Objekte.

Durch einen nachfolgenden Formalisierungsschritt, auch als Datenbankentwurf bezeichnet, wird das gedankliche Modell auf das Datenmodell und die übrigen Beschreibungsmittel abgebildet, die das DBMS zur Verfügung stellt. (Der Datenbankentwurf gliedert sich intern in weitere Stufen wie konzeptuellen und logischen Datenbankentwurf, was hier jedoch nicht näher betrachtet werden soll.) Innerhalb des Datenbanksystems unterscheiden wir die Datenbasis, die die Primärdaten oder Fakten enthält, einerseits sowie eine Menge von Regeln andererseits. Auf die Datenbasis wird mittels DB-Operationen eingewirkt. Die Regeln beschreiben Gesetzmäßigkeiten, die für die Datenbasis, die DB-Operationen sowie ggf. rekursiv für die Regelmenge selbst gelten. Der Begriff Regel wird hierbei in umfassendem Sinn für alle Formalisierungen von Gesetzmäßigkeiten verwendet, die sowohl mögliche statische Zustände als auch dynamische Abläufe betreffen können.

Die drei Ansätze zur Bildung des Semantikbegriffs in Datenbanken stellen sich in diesem Rahmen wie folgt dar:

Die erste Art der Semantikdefinition setzt bei **Datenmodellen und Datenbanksprachen** an. Hierbei werden die bekannten **Semantikbeschreibungsverfahren für Programmiersprachen** übertragen auf Sprachen zur Definition und Manipulation von Datenbanken. Durch diese Methode wird die Semantik der Datenstrukturen sowie der Operationen und Operationssequenzen (Transaktionen) auf diesen Strukturen erfaßt. [Lam85] gibt einen ausführlichen Überblick und wendet speziell das formale Semantikbeschreibungsverfahren VDM (Vienna Development Method) auf ein rekursives Datenmodell an.

Im Zusammenhang mit der Präzisierung des Konsistenzbegriffs ist diese Betrachtung der Semantik jedoch nicht ausreichend, da sie das in der Datenbasis repräsentierte Umweltmodell nicht einbezieht und keine zusätzlichen Regeln berücksichtigt, denen der Datenbasisinhalt genügen muß. Die Semantik des DB-Inhalts kann nur indirekt über die Semantik der bisher durchgeführten Manipulationsoperationen erfaßt werden.

Der zweite Ansatz eines Semantikbegriffs ist nicht direkt im Bereich Datenbanksysteme, sondern bei den Systembeschreibungssprachen angesiedelt. Dort wird die denotationale Semantik von Programmiersprachen zur sogenannten **Systemsemantik** [Bou88] erweitert. Idee der Systemsemantik ist es, auf den Elementen einer Sprache S explizit eine Bedeutungsfunktion zu definieren ("Semantics is introduced by means of a model, consisting of a meaning function m mapping elements of S into elements of a domain of interest D, which is the set of possible meanings ($m \in S \rightarrow D$)." [Bou88]). Die Interpretationsdomäne kann hierbei aus mathematischen Gebilden ebenso wie aus physischen Objekten (z.B. digitalen oder analogen Schaltungen) bestehen. Einer Sprache können mehrere verschiedene Bedeutungsfunktionen zugeordnet werden, die unterschiedliche Bedeutungsaspekte wie Struktur, Verhalten, Leistung, Kosten usw. erfassen.

Obwohl für funktionale Systembeschreibungssprachen konzipiert läßt sich dieser Semantikbegriff auch auf Datenbanksysteme übertragen, da eine Datenbasis einschließlich der zugehörigen Regeln eine spezielle Form der Systembeschreibung ist. Eine verwandte Art des Semantikbegriffs findet sich im Bereich der Wissensrepräsentation [Bra79]. Den Konzepten einer Wissensrepräsentation wird folgendermaßen Bedeutung zugeordnet: ein Individualkonzept "denotiert" eine Individualelement der Umwelt, welches widerum eine Ausprägung eines sogenannten generischen Konzepts ist. Die "Denotation" kann als Bedeutungsfunktion aus der Menge der Individualkonzept in die Menge der Individualelemente aufgefaßt werden.

Der Konsistenzbegriff läßt sich auf der Systemsemantik wie folgt aufbauen. Sei S die Sprache, die Datenbasisinhalte beschreibt, D die repräsentierte Umweltdomäne, $m: S \rightarrow D$ eine Bedeutungsfunktion. Dann gilt

DB ist konsistent <---> m(DB) definiert und zulässiger Umweltzustand

Die Konsistenz eines Zustandsübergangs der Datenbasis läßt sich auf diese Weise allerdings nicht beschreiben. Außerdem erfaßt dieser Konsistenzbegriff nicht, wie formal gewährleistet bzw. nachgewiesen werden kann, daß m(DB) ein korrekter Umweltzustand ist.

Der dritte Semantikbegriff basiert auf einer **modelltheoretischen Sicht eines Datenbanksystems** [Fro86] [GMN84]. Hierbei wird davon ausgegangen, daß die Datenbasis DB und die in ihr beschriebenen Umweltstrukturen U (genauer das Gedankenmodell dieser Umwelt) isomorph sind. Ferner existiert eine Regelmenge S von wohlgeformten Formeln einer Sprache L, wobei L

- eine Konstante für jede Entität in DB
- ein Prädikat für jede Relation in DB

enthält (Relation ist hier nicht im engen Sinne des Relationenmodells zu verstehen).

S wird als die Menge der (eigentlichen, nicht-logischen) Axiome einer Theorie T aufgefaßt. Die Semantik von S ist durch eine Interpretation in Elementen von DB gegeben.

Der klassische Konsistenzbegriff der Logik angewandt auf die Theorie T besagt, daß in T keine widersprüchlichen Aussagen der Art P und $\neg$ P ableitbar sind. Dieser Konsistenzbegriff ist als Randbedingung eines korrekten Datenbankentwurfs durchaus von Bedeutung, hier interessiert jedoch ein Konsistenzbegriff, der sich nicht auf die Axiome der Theorie T sondern auf DB als Interpretation von T bezieht. Die Konsistenz einer Datenbasis wird wie folgt definiert:

DB als Interpretation von S ist konsistent <---> DB Modell von T

Während die Regelmenge in herkömmlichen Datenbanken nur Konsistenzregeln (einschließlich der Regeln der im Schema definierten Typen) umfaßt, können in deduktiven Datenbanken sowohl Konsistenz- als auch Deduktionsregeln darin auftreten. Im letzteren Fall stellt DB nur ein unvollständiges Modell von T dar [Fro86], das unter Anwendung der Deduktionsregeln zu einem vollständigen Modell erweitert werden kann. Regeln können sich sowohl auf den statischen DB-Inhalt als auch auf das dynamische Verhalten beziehen.

Natürlich stellt auch der Umweltbereich U eine Interpretation von T dar, wobei durch Datenbankentwurf sicherzustellen ist, daß U Modell von T. Aus Sicht des DBMS kann jedoch nur gewährleistet werden, daß DB Modell von T ist. Wir unterscheiden hierfür die Bezeichnungen:

Konsistenz im Sinne des DBMS

DB konsistent im Sinne des DBMS <---> DB Modell von T

Vollständige Konsistenz:

DB vollständig konsistent <---> DB Modell von T **und**
U Modell von T **und**
U zu DB isomorphe Umweltstruktur

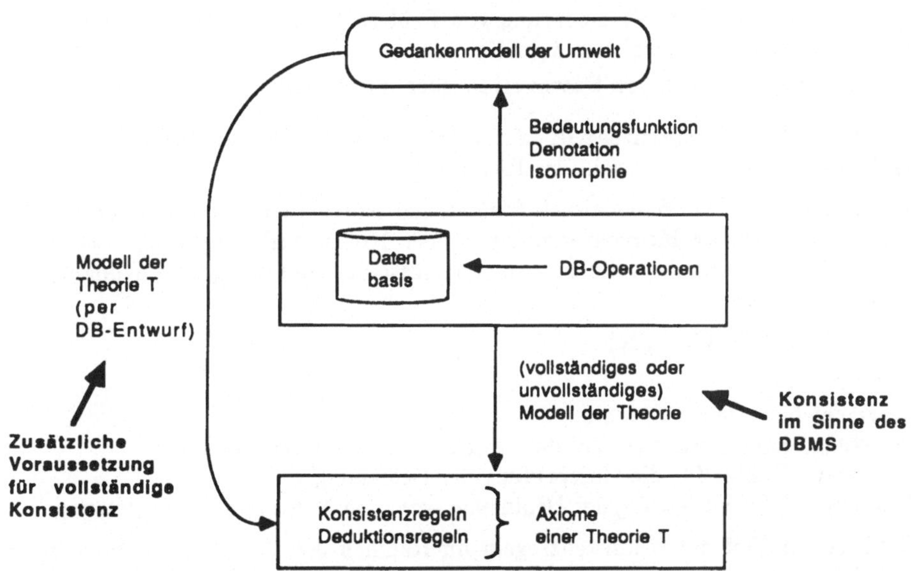

Abb.2-2: Modelltheoretische Einordnung des Konsistenzbegriffs

Konsistenz im Sinne des DBMS beschreibt die Tatsache, daß alle Gesetzmäßigkeiten, die dem DBMS mit den dort vorhandenen Beschreibungsmitteln bekanntgemacht worden sind, auf dem jeweils aktuellen Datenbestand eingehalten werden. Die Umweltgesetzmäßigkeiten können insoweit automatisch gewährleistet werden, wie sie durch Datenmodell und weitere formale Beschreibungsmittel des DBMS ausdrückbar sind. Die Ausdrucksmächtigkeit (und damit der Anteil ableitbarer inkorrekter Modelle) variiert stark in Abhängigkeit davon, welche Modellierungs- und Beschreibungsmittel an der Schnittstelle des DBMS angenommen werden. Das Relationenmodell erlaubt hier z.B. einen weitaus geringeren Ausdrucksspielraum als neuere Modellierungsansätze, die in Kap.3.2.1 zur Sprache kommen.

Vollständige Konsistenz beschreibt die Tatsache, daß ein gedankliches Modell der Umwelt korrekt im Datenbanksystem repräsentiert wird. Voraussetzung hierfür ist zum einen die Konsistenz im Sinne des DBMS, wie eben beschrieben, sowie zusätzlich der korrekte Entwurf der Regelmenge (U Modell von T per Konstruktion der Regelmenge). Wichtige Voraussetzung für vollständige Konsistenz ist, daß die Beschreibungsmittel des DBMS die Formalisierung aller in der Umwelt relevanten Regeln gestatten.

Beim Konsistenzbegriff ist folglich zu unterscheiden zwischen dem Ziel – der vollständigen Konsistenz – und dem, was unterstützt und gewährleistet werden kann – der Konsistenz im Sinne des DBMS. Im folgenden wird von dem zweiten, engeren Aspekt des Konsistenzbegriffs asugegangen. Abb.2-2 skizziert die modelltheoretische Definition des Konsistenzbegriffs im Überblick.

Der Konsistenzbegriff, wie er hier Verwendung findet, wird gegenüber dem Oberbegriff **Integrität** wie folgt abgegrenzt. Der Integritätsbegriff umfaßt laut [SS83] drei Aspekte:

- Semantische Integrität: Korrektheit der Daten und Zulässigkeit von Operationen.
- Operationale Integrität: Verhinderung von Fehlern bei Mehrbenutzerbetrieb durch korrekte Synchronisation paralleler Zugriffe.
- Recovery: Verhinderung von Datenverlust oder -zerstörung.

Der hier verwendete Konsistenzbegriff betrachtet weder die **operationale Integrität** noch die **physische Konsistenz** (Aspekt der Recovery).

Die Anforderungen an die Widerspruchsfreiheit und Korrektheit der Daten werden in Form einer Anzahl sogenannter **Konsistenzregeln** oder Konsistenzbedingungen ausgedrückt. In [SS83] wird folgende formale Definition einer Konsistenz- oder Integritätsbedingung gegeben, die sich dort zwar nur

$$\mathbf{I} = (\mathbf{O}, \mathbf{C}, \mathbf{A}, \mathbf{R})$$

mit

O: Menge der betroffenen Objekte
C: Bedingung, deren Erfülltsein auf der Objektmenge gefordert wird
A: Auslösender Faktor für die Überprüfung der Bedingung
R: Reaktion auf die Verletzung der Bedingung bzw. den Versuch einer Verletzung

Im DBMS ist ein Teil der Konsistenzregeln im Rahmen des Datenmodells formalisiert, das die Möglichkeiten zur Strukturierung der Daten und zum operationalen Umgang mit ihnen festlegt. Jedes Datenmodell beinhaltet mehr oder weniger mächtige Konstrukte, um bereits im Datenbasisschema Aussagen über Regeln der modellierten Umweltstrukturen und damit über die Datenkonsistenz zu verankern. Dieser Konsistenzanteil wird als **modellimmanente Konsistenz** bezeichnet. Dem gegenüber steht im DBMS derjenige Anteil der Konsistenz, der sich nicht auf der Ebene des Datenmodells ausdrücken läßt. Er wird auch als **modellexterne Konsistenz** bezeichnet. Der Anteil der modellexternen Konsistenz wächst bei sehr allgemein verwendbaren Datenmodellen, er kann dagegen durch die Wahl geeigneter problemangepaßter Datenmodelle gesenkt werden. Wo nicht anders erwähnt, werden die

Begriffe Konsistenz und Konsistenzregel nachfolgend nur für die nicht modellimmanent formulierten Anteile verwendet.

Unter dem Begriff **Konsistenzsicherung** sollen alle Mechanismen bzw. Aufgaben zusammengefaßt werden, die für die Wahrung der Konsistenzregeln notwendig sind. Im einzelnen umfaßt die Konsistenzsicherung die Teilaufgaben:

Konsistenzbeschreibung:
Es müssen Beschreibungsmittel zur expliziten Definition von Konsistenzregelungen vorhanden sein. Hierbei müssen alle Komponenten der Regel, d.h. betroffene Objekte, zu erfüllende Bedingung, Kriterien für den Überprüfungszeitpunkt, sowie Reaktionen bei Konsistenzverletzung definierbar sein.

Konsistenzüberwachung:
Es muß überwacht werden, ob die beschriebenen Konsistenzregeln in der Datenbasis eingehalten werden; Inkonsistenzen müssen lokalisiert werden.

Konsistenzerhaltung:
Konsistenzerhaltung bedeutet, daß ein konsistenter Datenbasiszustand stets wieder in einen konsistenten Zustand überführt wird. Zu diesem Zweck müssen entweder alle Operationen, die zu Inkonsistenzen führen würden, zurückgewiesen werden, oder unmittelbar nach Auftreten von inkonsistenten Zuständen müssen Maßnahmen ergriffen werden, die die Konsistenz wieder herbeiführen (siehe nächster Punkt).

Konsistenzerzeugung:
Dieser Begriff faßt alle Maßnahmen zusammen, die dazu dienen, aus einem inkonsistenten einen konsistenten Zustand zu erzeugen. Dies kann automatisch oder halbautomatisch in Interaktion mit dem Benutzer stattfinden. Konsistenzerzeugung ist ein mögliches Mittel der Konsistenzerhaltung.

2.2 Konsistenz in klassischen Anwendungen

In klassischen Anwendungen stellt die Unterstützung der Konsistenzsicherung einen wesentlichen Vorteil des Datenbankansatzes dar. Die Integration aller Daten durch ein Datenbanksystem, d.h. die damit verbundene Redundanzvermeidung und zentrale Kontrolle sind wesentliche Voraussetzungen der Datenkonsistenz.

Es wurden eine Reihe von Klassifizierungen der auftretenden Konsistenzaspekte unternommen. In [Reu87] wird daraus ein gemeinsames Klassifizierungsschema mit fünf Aufteilungskriterien abgeleitet, das im folgenden kurz vorgestellt und als Grundlage für die Betrachtung der typischen Konsistenzprobleme in klassischen Anwendungen herangezogen werden soll. Dem Klassifizierungsschema zufolge lassen sich Konsistenzbedingungen nach folgenden Gesichtspunkten unterscheiden:

1. *Klassifizierung nach den Abbildungsebenen eines DBMS*

   Nach dieser Klassifizierung werden jeder Schicht in der Abbildungshierarchie eines Datenbanksystems bestimmte Konsistenzbedingungen zugeordnet. Die Bedingungen der drei unteren Ebenen (Speicherzuordnungsstrukturen, Seitenzuordnungsstrukturen und Speicherungsstrukturen) fallen dabei in den Bereich der hier nicht betrachteten physischen

Konsistenz. Auf der Ebene der logischen Zugriffspfadstrukturen sind die Bedingungen angesiedelt, die die korrekte Abbildung der modellimmanenten Konsistenz sicherstellen (strukturelle Datenintegrität). Auf der Ebene der logischen Datenstrukturen treten schließlich die eigentlichen anwendungsbezogenen Konsistenzbedingungen auf.

2. *Klassifizierung nach betroffenen Datenobjekten*

   Je nach den betroffenen Datenobjektmengen lassen sich – geordnet nach zunehmendem Aufwand bei der Konsistenzwahrung – unterscheiden:

   - Konsistenzbedingungen auf einzelnen Attributen
   - Konsistenzbedingungen auf mehreren Attributen einer Datenobjektausprägung
   - Konsistenzbedingungen auf mehreren Ausprägungen eines Datenobjekttyps
   - Konsistenzbedingungen auf mehreren Ausprägungen verschiedener Datenobjekttypen

3. *Klassifizierung nach Überprüfungszeitpunkt*

   Hier lassen sich sogenannte **unverzögerte** und **verzögerte** Bedingungen voneinander abgrenzen. Unverzögerte Bedingungen müssen zu jedem Zeitpunkt in der Datenbasis gültig sein, d.h. es darf keine Operation zugelassen werden, die eine solche Bedingung verletzt. Verzögerte Bedingungen können bzw. müssen in der Datenbasis nicht zu jedem Zeitpunkt erfüllt sein. Hierzu gehören insbesondere alle Bedingungen über mehreren Datenobjektausprägungen, die nicht innerhalb einer Operation, sondern nur durch Operationssequenzen wiederhergestellt werden können.

4. *Klassifizierung nach Art der Überprüfbarkeit*

   Es werden **Zustandsbedingungen** und **Übergangsbedingungen** unterschieden. Zustandsbedingungen beziehen sich auf einen bestimmten Datenbasiszustand, sie sind einer rein statischen Überprüfung zugänglich. Übergangsbedingungen beziehen sich dagegen auf konsistente Abfolgen von Datenbasiszuständen, sie sind nur dynamisch anhand der Operationen prüfbar.

5. *Klassifizierung nach Anlaß der Überprüfung*

   Es wird unterschieden zwischen Bedingungen, die anläßlich verändernder DB-Operationen bzw. -Operationsfolgen überprüft werden müssen, und solchen Bedingungen, deren Überprüfung aus anderen Anlässen zu erfolgen hat. Zur zweiten Klasse zählen speziell zeitliche Bedingungen, die z.B. den Eintritt eines bestimmten DB-Zustands nach Ablauf einer gegebenen Zeitspanne fordern.

Betrachtet man die traditionellen DB-Anwendungen hinsichtlich der vorgestellten Bedingungsklassen, so lassen sich folgende Aussagen machen:

zu 1. In klassischen Datenmodellen, wie sie für die herkömmlichen Anwendungen Verwendung finden, ist der Anteil der modellimmanenten Konsistenz vergleichsweise gering. Die hier gewährleistete strukturelle Konsistenz [SW85] bezieht sich auf die Bereiche

- Typintegrität
- Schlüsselintegrität

Neben dem vom Datenmodell unterstützten Konsistenzanteil gibt es in klassischen Anwendungen i.a. zusätzlich noch eine Reihe von Konsistenzbedingungen im eigentlichen Sinn. Sie lassen sich deklarativ etwa im Rahmen der relationalen Algebra oder durch Prädikatenlogik 1.Ordnung beschreiben. Die Anzahl der Prädikate bleibt i.a. überschaubar. Allerdings bieten zahlreiche der ***kommerziell verfügbaren*** Datenbanksysteme keine oder nur wenig Unterstützung für die Formulierung und Überwachung der modellexternen Konsistenz. In der Praxis verbleibt also auch in klassischen Anwendungen vielfach ein großer Anteil der Konsistenzprüfung außerhalb des DBMS in Anwendungsprogrammen.

zu 2. Es überwiegen die Konsistenzbedingungen auf einfacheren Datenobjekten, d.h. solche mit geringerem Sicherungsaufwand. Selbst die Bedingungen über Ausprägungen verschiedener Typen bleiben einfach handhabbar, wofür im wesentlichen folgende Eigenschaft der betrachteten Anwendungen verantwortlich ist: es existieren nur vergleichsweise wenige verschiedene Typen, die jeweils eine große Anzahl von Ausprägungen besitzen. Konsistenzregeln beziehen sich folglich in klassischen Anwendungen jeweils nur auf eine sehr kleine Zahl unterschiedlicher Typen.

zu 3. Unverzögerte und verzögerte Bedingungen besitzen in den traditionellen Anwendungen etwa gleich große Bedeutung. Die verzögerten Bedingungen lassen sich i.a. durch Folgen von relativ wenigen Operationen wiederherstellen, d.h. die erzwungenen Verzögerungen sind vergleichsweise kurz. Längere Verzögerungen sind nicht erforderlich, werden aber bisweilen aus Aufwandsgründen für weniger wichtige Konsistenzbedingungen gewählt (Abarbeitung von aufwendigen Prüfroutinen zu Zeiten geringer Systembelastung.)

zu 4. In klassischen Anwendungen ist der Anteil der Zustandsbedingungen hoch, d.h. der statische Anteil der Konsistenzprüfung relativ groß.

zu 5. Bedingungen in herkömmlichen Anwendungen werden zum überwiegenden Teil aufgrund verändernder DB-Operationen oder -operationsfolgen überwacht. Andere Anlässe der Überprüfung spielen eine untergeordnete Rolle.

Aus den vorangegangenen Bemerkungen folgt für eine typische Konsistenzregel

$$\mathbf{I = (O, C, A, R)}$$

in herkömmlichen Anwendungsbereichen:

Betroffene Objekte O:

Die Objekte besitzen einfache Struktur, betroffen sind häufig nur eine einzelne Objektausprägung oder Ausprägungen weniger unterschiedlicher Typen.

Bedingung C:

C ist deklarativ als prädikatenlogischer Ausdruck 1.Ordnung oder mit vergleichbaren Formalismen beschreibbar. Statische Bedingungen sind vorherrschend.

Auslösender Faktor für die Überprüfung A:

Die Überprüfung läßt sich meist an einzelne Datenbasisoperationen bzw. an das Ende kurzer Operationsfolgen koppeln. Charakteristisch sind kurze Verzögerungen.

Reaktion auf Konsistenzverletzung R:

Die Reaktion auf Inkonsistenzen ist starr geregelt durch Verbot der verursachenden DB-Operation bzw. Rücksetzen der Operationsfolge.

Die Menge der für einen modellierten Umweltausschnitt existierenden Konsistenzregeln {I} ist in klassischen Anwendungen vergleichsweise statisch, d.h. nur seltenen Änderungen unterworfen.

2.3 Konsistenz in Entwurfsumgebungen

2.3.1 Charakterisierung der auftretenden Konsistenzregeln

Aus den hierarchischen und vernetzten Objektstrukturen, den vielfältigen Beziehungen zwischen Objekten sowie den zahlreichen Umweltgesetzmäßigkeiten in Entwurfsanwendungen resultieren sehr hohe Anforderungen an die Datenkonsistenz. Die Anzahl der auftretenden Konsistenzregeln ist gegenüber herkömmlichen Datenbankanwendungen sehr viel höher. Die einzelne Regel betrifft wesentlich mehr Datenelemente, die ihrerseits intern beliebige Unterstrukturen besitzen können. Viele Aspekte der Konsistenz sind nur algorithmisch faßbar. Durch Entwicklung geeigneter semantischer Modelle kann der Anteil der Konsistenz, der bereits im Modell ausgedrückt werden kann, stark erhöht werden. Allein die Verwendung problemangepaßter Modelle reicht allerdings nicht aus, um alle Konsistenzprobleme im Entwurfsbereich abzudecken. Das hat folgenden Gründe:

- Der Entwurfsbereich stellt eine äußerst dynamische Umgebung dar, nicht zuletzt in Hinblick auf die Datenkonsistenz. Konsistenzregeln verändern sich weitaus häufiger als in herkömmlichen Anwendungen. Außerdem können die jeweils gültigen Regeln mit der Technologie, dem Projekt und sogar dem einzelnen Entwerferteam variieren. Versucht man, alle Konsistenzaussagen bereits bei der Modellierung zu berücksichtigen, so werden die Schemata ausgesprochen instabil und erfordern häufige Schemaänderungen.
- Im Schema verankerte Konsistenzregeln können immer nur auf Typebene definiert sein, exemplarspezifische Regelungen lassen sich hierdurch nicht erfassen.
- Bei der Modellierung der Objektstrukturen und der zahlreichen Abhängigkeiten zwischen Objekten werden Schemata entsprechend mächtiger Modelle sehr groß; die automatische Zusicherung aller im Schema verankerten Konsistenzregeln wird extrem aufwendig. Nur bei vergleichsweise einfachen oder regelmäßigen Strukturen ist ein solches Vorgehen praktikabel.
- Der Anteil verzögerter Konsistenzregeln ist im Entwurfsbereich sehr hoch, wobei das Ausmaß der Verzögerung dynamisch im Verlauf des Entwurfs bestimmt wird. Dieser umfangreiche Konsistenzanteil kann nicht statisch im Datenmodell erfaßt werden.

Es ist daher in Entwurfsanwendungen nötig, semantische Modelle zu kombinieren mit geeigneten Mechanismen zur Sicherung des weiterhin hohen modellexternen Konsistenzanteils.

Die Konsistenzprobleme in Entwurfsanwendungen sollen anhand der vier Komponenten einer Konsistenzregel

$$\mathbf{I} = (\mathbf{O}, \mathbf{C}, \mathbf{A}, \mathbf{R})$$

untersucht werden:

Betroffene Objekte (O)

Die betroffenen Objekte in Entwurfumgebungen besitzen, wie bereits erläutert, einen **mehrstufig hierarchischen oder vernetzten inneren Aufbau**. Konsistenzregeln betreffen oft sehr viele Teilobjekte, z.B. alle Komponenten eines Gesamtobjekts mit ihren Verbindungen zueinander. Die betroffenen Objekte können vielen verschiedenen Typen angehören.

Der typische Aufbau von Entwurfsobjekten bewirkt neben der großen Anzahl und hohen Komplexität der Konsistenzregeln ein weiteres Problem: Konsistenz des gesamten Entwurfsobjekts unter Berücksichtigung aller Repräsentationen und Konfigurationen, auch als **globale Konsistenz** zu bezeichnen, kann strenggenommen erst am Ende des gesamten Entwurfsprozesses erreicht sein. Während des Entwurfsvorgangs kann das Datenbanksystem nur eine schrittweise, aber gezielte Hinführung zur angestrebten globalen Konsistenz der Entwurfsdaten leisten. Es treten eine Reihe von Zwischenstadien auf, die dadurch gekennzeichnet sind, daß jeweils ein vergleichsweise abgeschlossener Teil der Entwurfsdaten bereits konsistent ist, sogenannte **lokale Konsistenz** aufweist. Hierbei kann insofern eine Hierarchie beobachtet werden, als der Entwurfsweg über niedrigere Einheiten lokaler Konsistenz zu umfassenderen lokal konsistenten Einheiten führt. Die stufenweise Erfüllung der lokalen Konsistenz führt schließlich zur globalen Konsistenz des Entwurfsobjekts.

Selbst die lokale Konsistenz auf niedrigster Ebene kann im Entwurfsdatenbanksystem über lange Zeiträume verletzt sein. Entsprechend inkonsistente Daten müssen folglich in der Datenbasis zugelassen werden, wobei jedoch die einmal erreichte Konsistenz erhalten bleiben soll bzw. nur auf ausdrückliche Anforderung hin wieder verletzt werden darf. Diese Anforderungen lassen sich aus der Arbeitsweise in Entwurfsumgebungen auch wie folgt begründen: Entwurfsobjekte entstehen durch Konstruktion, d.h. durch schrittweisen Aufbau, dem entspricht eine **konstruierende Konsistenzsicherung**, die Erhaltung der bislang erreichten Konsistenz, kontrolliertes Rücksetzen auf einen früheren Konsistenzstand und stufenweise Konsistenzerzeugung zuläßt.

Bedingung (C)

Für die auftretenden Konsistenzregeln ist eine deklarative Formulierung in Form logischer Prädikate nur zum Teil praktikabel. Häufig liegen die Konsistenzaussagen operational, d.h. in Form von Algorithmen vor. Solche Algorithmen sind im Entwurfsbereich in großer Zahl vorhanden (Simulatoren, Verifikationsalgorithmen usw.) und müssen bei Einsatz eines Entwurfsdatenbanksystem integriert bzw. zentral kontrolliert werden.

Eine spezielle Art von Konsistenzregelungen in Entwurfsumgebungen steht in Zusammenhang mit einem vorgegebenen Verfahrensplan (**Verfahrensablaufkonsistenz**). Durch entsprechende Bedingungen ist sicherzustellen, daß auf Objekte, die einen bestimmten Bearbeitungszustand erreicht haben, nur ganz bestimmte Entwurfswerkzeuge angewendet werden dürfen. Überwachung der Verfahrensablaufkonsistenz ist eine wesentliche Voraussetzung, die Konsistenz der Entwurfsdaten gezielt herbeizuführen. Sie stellt somit einen zentralen Punkt innerhalb der Konsistenzsicherung dar. Hierher gehört insbesondere auch die Einbeziehung der oben erwähnten externen Prüfwerkzeuge.

Auslösefaktor (A)

Der Zeitpunkt, zu dem eine Konsistenzprüfung stattfinden soll, d.h. ein bestimmtes Maß an Konsistenz erwartet wird, ist nicht allgemein automatisch feststellbar. Er läßt sich in vielen Fällen nicht direkt an DB-Operationen oder Operationssequenzen auf bestimmten Daten koppeln. Häufig bestimmt der Benutzer diesen Zeitpunkt selbst, und zwar entweder explizit oder indirekt durch Erreichen eines bestimmten Entwurfsstadiums (z.B. Beenden eines graphischen Editierprozesses).

Bestimmte Auslösefaktoren stehen in Zusammenhang mit den Aspekten Teamarbeit und verteilte Hardwarekonfiguration. Innerhalb eines Teams wird von den einzelnen Beteiligten an im wesentlichen disjunkten Teilobjekten gearbeitet, die in bezug auf das Gesamtobjekt lokale Konsistenz aufweisen müssen. Zum Zeitpunkt der Integration dieser Teilergebnisse fällt i.a. eine umfangreiche Konsistenzprüfung an, aber auch bereits während der Arbeit ist es oft notwendig, Einflüsse und Abhängigkeiten zwischen den Teilentwürfen aufzudecken und so entstehende Inkonsistenzen zu verhindern. In einer verteilten Rechnerarchitektur aus zentralem Datenhaltungsrechner und einem Netz von Arbeitsplatzrechnern muß auf den Arbeitsplatzrechnern jeweils die lokale Konsistenzsicherung für die dort aktuell gehaltenen Daten durchgeführt werden. Auf dem Datenhaltungsrechner ist dagegen die Konsistenz der integrierten Gesamtdatenbasis, also letztlich die globale Konsistenz, zu sichern, wobei dem Zeitpunkt des Wiedereinlagerns von Objekten in die zentrale Datenbasis wesentliche Bedeutung für die Konsistenzüberwachung zukommt.

Reaktion (R)

Ebenso flexibel wie der Zeitpunkt der Konsistenzprüfung muß auch die Reaktion auf Konsistenzverletzungen festlegbar sein. Es ist in der Regel nicht tragbar, umfangreiche Arbeitsergebnisse durch Rücksetzen auf weit zurückliegende Aufsetzpunkte zu vernichten. Oft reichen eine Markierung der inkonsistenten Daten sowie eine Meldung an den Benutzer aus, dem die weiteren Schritte zur Konsistenzherstellung überlassen werden, andernfalls kommen als Reaktion beliebige Prozeduren mit eingebetteten DB-Operationen infrage. Die Reaktionsmöglichkeiten müssen insbesondere geeignet sein, längerfristige Inkonsistenzen zu tolerieren, ohne daß dabei ein bereits erreichtes Maß an Konsistenz unkontrolliert verloren geht.

Charakteristisch ist ferner, daß die Menge der Konsistenzregeln {I}, die für einen modellierten Ausschnitt in der Entwurfsumgebung gelten, häufigen Änderungen unterworfen sein kann. Bedingt durch technologische Weiterentwicklung, neue Entwurfswerkzeuge, geänderte Strategien des Projektmanagements usw. kommen Regeln dynamisch hinzu, entfallen oder müssen in einem oder mehreren ihrer Parameter modifiziert werden.

Die vorangegangene Analyse der Konsistenzproblematik trifft in ihren wesentlichen Punkten auf beliebige Entwurfsumgebungen zu. Abschließend werden hier die wichtigsten Charakteristika, aus denen die speziellen Konsistenzanforderungen resultieren, zusammengefaßt:

- hierarchische und vernetzte Objektstrukturen,
- vielfältige Umweltgesetzmäßigkeiten,

- Mehrfachverwendung vordefinierter Elemente,
- konstruierende Arbeitsweise,
- Einsatz umfangreicher Entwurfswerkzeuge,
- vorgegebene Ablaufreihenfolge der Entwurfsphasen,
- hohe Dynamik,
- hoher Benutzeranteil an Konsistenzentscheidungen,
- gestalterischer Spielraum des Entwerfers.

2.3.2 Klassifizierung der Konsistenzaspekte in Entwurfsumgebungen

Für den Bereich der Entwurfsumgebungen existieren verschiedene Ansätze zur Klassifizierung von Konsistenzregeln.

In [Kat83] wird eine Klassifizierung nach den wichtigsten Beziehungen innerhalb und zwischen Objekten vorgenommen. Dies führt zu einer Einteilung in drei Klassen (teilweise nur heuristisch prüfbarer) Konsistenzregeln:

- **Konformitätsbedingungen:**
  Diese beziehen sich auf die Konsistenz zwischen Spezifikation (im engeren Sinne Schnittstellenbeschreibung) und Implementierung eines Objekts,
- **Kompositionsbedingungen:**
  Sie betreffen eine Objektkonfiguration, d.h. die korrekte Zusammensetzung von Komponentenobjekten zum Gesamtobjekt,
- **Äquivalenzbedingungen:**
  Diese besagen, daß zwischen bestimmten Objekten Äquivalenz gefordert wird.

In [NH82] werden Konsistenzregeln nach der Lokalität ihrer Gültigkeit klassifiziert:

- **Lokale Konsistenzregeln** beziehen sich jeweils auf eine einzelne Repräsentation eines Entwurfsobjekts, sie müssen in jeder Version dieser Repräsentation gültig sein. Als Beispiel ist hier an die Entwurfsregeln innerhalb der Layout-Repräsentation einer Schaltung zu denken.
- **Globale Konsistenzregeln** beziehen sich dagegen auf die Globalstruktur des Entwurfsobjekts, sie beschreiben Abhängigkeiten zwischen verschiedenen Repräsentationen bzw. Versionen verschiedener Repräsentationen. Z.B. werden die Abhängigkeiten zwischen Layout und Logik einer Schaltung durch globale Konsistenzregeln beschrieben.

Allgemeinere Klassifikationskriterien, die sich nicht ausschließlich an der Struktur von Entwurfsobjekten orientieren, finden sich in [BCV86]. Hier werden drei Unterscheidungsmerkmale aufgeführt:

- Klassifizierung in **Typbedingungen und Instanzbedingungen**: Typbedingungen gelten für sämtliche Exemplare eines Typs, Instanzbedingungen dagegen nur für einzelne Exemplare. Eine Zwischenstellung nehmen solche Bedingungen ein, die für eine definierte Teilmenge des Typs (eine Unterklasse) gültig sein müssen.

- Klassifizierung in **verletzbare und unverletzbare Bedingungen**: Diese Unterscheidung beschreibt, ob eine Bedingung Ausnahmen zuläßt oder nicht.
- Klassifizierung in **wertbezogene und strukturelle Bedingungen**: Wertbezogene Bedingungen beziehen sich auf Werte, die Attribute annehmen dürfen (Einschränkung des Wertebereichs, Fremdschlüsselbedingungen). Strukturelle Bedingungen betreffen dagegen den Aufbau eines Objekts aus Teilobjekten (Komponentenanzahl, Anordnung der Komponenten u.ä.).

Die genannten Klassifizierungsschemata sind nicht umfassend, geben jedoch Anhaltspunkte dafür, welche Arten von Konsistenzregeln durch Konsistenzmechanismen in Entwurfsumgebungen abgedeckt werden müssen.

2.3.3 Abgrenzung gegenüber herkömmlichen Konsistenzproblemen

Die folgenden Tabellen 2-1a und 2-1b zeigen anhand der wesentlichen Kriterien die Unterschiede der Konsistenzprobleme zwischen klassischen und Entwurfsanwendungen auf.

	Klassische Anwendungen	Entwurfsanwendungen
Komplexität der Regeln	niedrig	(sehr) hoch
Lokalität von Konsistenzregeln	keine Unterscheidung zwischen lokalen und globalen Regeln	lokale und globale Regeln, vielfache Abstufung
Auslösung der Überprüfung	automatisch bei Durchführung einer DB-Operation oder am Ende einer Operationssequenz (kurze Verzögerungen)	häufig durch Benutzer bzw. Anwendungsprogramm gesteuert (lange Verzögerungen)
Reaktion auf Konsistenzverletzung	einheitlich, starr, i.a. Zurückweisen bzw. Rücksetzen der Aktion	vielfältig, flexibel, beliebige Prozeduren

Tab.2-1a: Gegenüberstellung der Konsistenzprobleme in klassischen und Entwurfsanwendungen

	Klassische Anwendungen	Entwurfsanwendungen
Tolerierung von Inkonsistenzen	- nur während kurzer Operationssequenzen - längerfristig aus Aufwandsgründen	- über lange Zeiträume hinweg - bedingt durch den Entwurfsprozeß
Formulierung von Konsistenzregeln	deskriptiv durch Prädikate	deskriptiv und prozedural
Definitionszeitpunkt	statisch zur Zeit der Schemadefinition	Statisch bei Schemadefinition und dynamisch im DB-Betrieb
Veränderlichkeit von Konsistenzregeln	niedrige Dynamik	hohe Dynamik
Betroffene Objekte	Wenige Objekttypen, Objekte einfach und einheitlich strukturiert	Viele Objekttypen, Objekte hierarchisch strukturiert
Integration der Konsistenzprüfung in das DBMS	Ist-Zustand: Verlagerung ins Anwendungsprogramm Soll-Zustand: Volle Integration in das DBMS	Soll-Zustand: Optional Prüfwerkzeuge weiterhin extern. aber: Zentrale Kontrolle im DBMS
Spezielle Probleme der Anwendungsbereiche		Teamarbeit, Verfahrensabläufe

Tab.2-1b: Gegenüberstellung der Konsistenzprobleme in klassischen und Entwurfsanwendungen (Fortsetzung)

Wie die Analyse der Konsistenzproblematik in Entwurfsumgebungen gezeigt hat, bestehen erhebliche Unterschiede zu den herkömmlichen Konsistenzproblemen im administrativ-betriebswirtschaftlichen Bereich. Charakteristika wie die Dynamik der Entwurfsumgebung, die dort typischen Ablaufstrukturen, die Lokalität von Konsistenzregeln u.a. lassen erwarten, daß vom Datenbanksystem andersartige Mechanismen für die Konsistenzsicherung bereitgestellt werden müssen als in klassischen Anwendungen.

Im folgenden Kapitel wird untersucht, wieweit existierende Konsistenzmechanismen die Anforderungen in Entwurfsumgebungen erfüllen bzw. worauf ihre Unzulänglichkeiten beruhen. Neben den "klassischen" Konsistenzmechanismen werden weitergehende Konzepte auf modellinterner und modellexterner Ebene betrachtet, die entweder für die Konsistenzsicherung entwickelt wurden oder neben anderen Leistungen auch zur Konsistenzsicherung beitragen. Diese Konzepte werden auf ihre Eignung für die verschiedenen Anforderungen untersucht.

3. Eignung existierender DB-Mechanismen für die Konsistenzsicherung in Entwurfsumgebungen

In Entwurfsumgebungen ist, wie in Kap.2 erläutert, eine voll automatisierte Konsistenzsicherung ausgeschlossen. Die Steuerung durch den Benutzer ist unverzichtbar. Ferner existieren algorithmisch komplexe Anwendungsprogramme, deren spezielle Aufgabe es ist, die Entwurfsdaten auf ihre Konsistenz hinsichtlich bestimmter Gesetzmäßigkeiten zu überprüfen. Es wäre jedoch falsch, aus diesen Tatsachen den Schluß zu ziehen, daß die Konsistenzsicherung keiner Unterstützung durch das Datenbanksystem bedarf, das Gegenteil trifft zu. Gerade weil Entwurfsanwendungen durch besonders weitreichende Konsistenzregeln charakterisiert sind, müssen hier die Möglichkeiten der zentralen Konsistenzkontrolle innerhalb des Datenbanksystems genutzt werden. Die Forderung, dem Benutzer Entscheidungen und Aktionen hinsichtlich der Konsistenzsicherung zu überlassen, ist zu verbinden mit der Forderung, ihn hierbei zentral zu unterstützen. Er muß Informationen über den bisher erreichten Konsistenzzustand sowie über die für ihn relevanten Entscheidungen und Aktionen anderer Benutzer erhalten. Die Effektivität und Effizienz der Benutzerentscheidungen wird durch eine zentrale Koordination an der Stelle, an der sämtliche Daten zusammenlaufen, wesentlich erhöht. Die existierenden Prüfprogramme sind zwar sehr mächtige Werkzeuge, decken aber jedes für sich betrachtet nur jeweils einen isolierten Teilbereich der Datenkonsistenz ab. Erst durch zentrale Überwachung der Prüfergebnisse und Koordination ihres Ablaufs wird umfassende Konsistenzsicherung betrieben.

Wesentlich bei der Konsistenzsicherung im Entwurfsbereich ist, daß es sich dabei sowohl um ein inhaltliches Problem der Datenbasis handelt als auch um ein formales strukturelles Problem. Konsistenz betrifft hier nicht nur die im Datenbasisinhalt unmittelbar sichtbaren Aspekte, wie etwa die Werte einzelner Attribute. Vielmehr sind auch all die Eigenschaften von Interesse, die erst bei einer "Ausführung" des in der Datenbasis beschriebenen Entwurfsergebnisses (eines physischen Systems oder eines Programms) zum Tragen kommen. Die inhaltlichen Strukturen müssen hierzu zusammen mit den entsprechenden Operationen und Ablaufstrukturen betrachtet werden. Im einzelnen resultieren aus den geschilderten Konsistenzproblemen des Entwurfsbereichs und der Notwendigkeit, diese im Entwurfsdatenbanksystem möglichst weitgehend zu unterstützen, Folgende Forderungen an die Konsistenzmechanismen:

- Die Konsistenzmechanismen müssen eine **Differenzierung nach globaler und lokaler Konsistenz** erlauben. Die globale Konsistenz aller Entwurfsdaten soll über beliebige Zwischenstufen lokaler Konsistenz kontrolliert erreicht werden. Hierbei wirken die Erhaltung der bereits erreichten Konsistenz und die Erzeugung der noch zu erreichenden Konsistenz zusammen.

- Der Zeitpunkt der Konsistenzüberwachung muß flexibel aufgrund unterschiedlicher Kriterien wählbar sein. Es soll prinzipiell zu beliebigen Zeitpunkten die anwendergesteuerte Auslösung von Konsistenzprüfungen stattfinden können (**dynamische Konsistenzüberwachung**). Zusätzlich soll es möglich sein, bestimmte Konsistenzprüfungen an Standardzeitpunkte, z.B. Anfang/Ende einer Datenbankoperation oder einer Operationssequenz, oder an bestimmte Datenbasiszustände zu koppeln. Als ein wesentlicher Zeitpunkt der Konsistenzsicherung ist in Entwurfsumgebungen die Wiedereinlagerung (Checkin) von Entwurfsobjekten in die zentrale Datenbasis zu berücksichtigen.

- Die **Reaktionen auf Konsistenzverletzungen** müssen **frei definierbar** sein. Infrage kommen hier nicht nur das Zurückweisen der Aktion, die die Konsistenzverletzung bewirkt, sondern weitaus häufiger korrigierende Operationen auf der Datenbasis, Meldungen an bzw. Interaktion mit dem Benutzer u.ä.
- Konsistenzregeln müssen sowohl durch logische Prädikate als auch durch Angabe eines Prüfalgorithmus spezifizierbar sein (**deskriptive und prozedurale Definition**). Der Prüfalgorithmus muß hierbei ein Boole'sches Ergebnis liefern und sollte sowohl Datenbankzugriffe als auch Kontrollstrukturen höherer Programmiersprachen umfassen können.
- Im Gegensatz zu traditionellen Datenbanksystemen können die Parameter der Konsistenzregeln vielfach nicht fest im EDBMS verankert werden, sondern müssen zur Laufzeit eingebracht bzw. modifiziert werden. Hierfür sind geeignete Schnittstellenmechanismen notwendig (**dynamische Konsistenzbeschreibung**).
- Die Konsistenzmechanismen müssen es erlauben, weitreichende **Abhängigkeiten innerhalb von Entwurfsobjekten**, speziell auch zwischen verschiedenen Repräsentationen dieser Objekte, zu überwachen. Dies ist in Entwurfsumgebungen ein zentrales Problem, bei dem gelegentlich auf heuristisches Wissen zurückgegriffen werden muß.
- Im Rahmen der Mechanismen muß die **Verfahrensablaufkonsistenz** sichergestellt werden. Dazu müssen Verfahrensabläufe im System beschrieben und – bezogen auf die aktuellen Entwurfsobjekte – überwacht werden können. Bei Verletzungen der Verfahrensablaufkonsistenz sind Reaktionsmöglichkeiten vorzusehen, die die Realisierung unterschiedlicher Managementstrategien erlauben. Hierbei reicht die Bandbreite von sehr restriktiven Strategien, die keine Abweichung von vorgegebenen Verfahrensabläufen erlauben, bis hin zu freizügigen Strategien, bei denen der Entwerfer nur durch Rückmeldungen mit Empfehlungscharakter geleitet wird.
- In Hinblick auf die **Teamarbeit** innerhalb von Entwurfsprojekten sind ebenfalls Konsistenzmechanismen bereitzustellen. Potentielle Auswirkungen der Manipulationen an einem Teil des Entwurfsobjekts auf Teile, die von anderen Teammitgliedern bearbeitet werden, müssen unter Kontrolle gehalten werden. Die Teammitglieder sind mit Informationen zu versorgen, die die Koordinationsprozesse in der Gruppe unterstützen.

3.1 Bewertung herkömmlicher Konsistenzmechanismen

In administrativ-betriebswirtschaftlichen Anwendungen wird ein gewisser Anteil der strukturellen Konsistenz modellintern im Rahmen der herkömmlichen Datenmodelle abgedeckt. Für Entwurfsanwendungen ist der Konsistenzanteil, der in den gängigen Datenmodellen (Relationen-, Netzwerkmodell ...) abgedeckt werden kann, nur äußerst gering. Durch die Entwicklung mächtigerer Datenmodelle (Erweiterung existierender Modelle, semantische Datenmodelle, strukturell objektorientierte Modelle, operationale Modellierungsansätze) wird versucht, einen höheren Anteil der strukturellen Konsistenz der Entwurfsdaten modellintern zu erfassen (hierzu siehe Kap.3.2). Aus bereits genannten Gründen bleibt jedoch trotz Verwendung derartiger Modelle der modellexterne Konsistenzanteil bedeutend.

Es werden daher im folgenden die Mechanismen analysiert, die in existierenden DBMS zur Sicherung der modellexternen Konsistenz dienen. Dabei werden die vier Aufgabenbereiche der Konsistenzsicherung betrachtet:

1. Konsistenzbeschreibung:

Konsistenzregeln entsprechen (eingeschränkten) prädikatenlogischen Ausdrücken erster Ordnung über den Datenbasiselementen. Sie gelten jeweils für sämtliche Ausprägungen eines Typs, d.h. sie sind typ-, nicht exemplarspezifisch. Als konkretes Beispiel sollen die zur Erweiterung des SQL-Standards vorgeschlagenen Konsistenzbeschreibungsmittel [Dat87] dienen. Diese Beschreibungsmittel umfassen Prüfbedingungen für einzelne Relationen sowie die Definition der referentiellen Integrität. Eine Prüfbedingung schränkt die Wertebereiche von Attributen innerhalb eines Tupels ein, wie etwa im folgenden Beispiel.

Beispiel 3-1:

```
CREATE TABLE angestellter
             (name     : char(30), . . . .,
              position : char(20),
              gehalt   : int)
              CHECK (angestellter.position <> 'projektleiter' OR
                     (angestellter.gehalt >= 8000 AND
                      angestellter.gehalt <= 12000))
```

Die referentielle Integrität ist als ein wesentlicher Bestandteil des relationalen Modells anzusehen. Grundidee dabei ist, Referenzen zwischen Relationen, d.h. genauer zwischen deren Tupeln, herzustellen und deren Gültigkeit automatisch zu überwachen. Mittel dazu sind als Fremdschlüssel deklarierte Attribute, deren Wertebereich genau die jeweils existierenden Primärschlüssel einer anderen (oder auch derselben) Relation umfaßt. Bsp. 3-2 zeigt die wechselseitigen Referenzen zwischen den Relationen **angestellter** und **abteilung**.

Beispiel 3-2:

```
CREATE TABLE abteilung
             (abt_nr  : char(5), . . . .,
              manager : char(10),
PRIMARY KEY (abt_nr))
FOREIGN KEY (manager) REFERENCES angestellter


CREATE TABLE angestellter
             (name    : char(30),
              pers_nr : char(10),
              abt     : char(5), . . . .,
PRIMARY KEY (pers_nr))
FOREIGN KEY (abt) REFERENCES abteilung
```

Das DBMS stellt sicher, daß die referentielle Integrität beim Löschen, Ändern bzw. Einfügen entsprechender Tupel immer gewahrt bleibt. Für das Systemverhalten bei die Referenz verletzenden Operationen gibt es verschiedene Optionen – vom Ablehnen der Operation über das Einsetzen von Null- bzw. Default-Werten bis zum kaskadierenden Löschen aller Tupel, die abhängige Fremdschlüssel enthalten.

Erst in jüngerer Zeit wird auch in kommerziell verfügbaren relationalen DBMS versucht, die genannten Erweiterungen von SQL hinsichtlich der Konsistenzbeschreibung zu realisieren. In diesem Zusammenhang kann hier etwa das System EMPRESS genannt werden, das Erweiterrungen der genannten Art enthält.

2. Konsistenzüberwachung:

In [Reu87] werden die verschiedenen Vorgehensweisen bei der Überwachung von Konsistenzregeln dargestellt. Es wird unterschieden zwischen Methoden zur Übersetzungszeit (Programmodifikation durch einen Vorübersetzer) und Laufzeitmethoden. Als Laufzeitmethoden finden 'Query-Modification' und Überwachung im Rahmen eines Transaktionskonzepts Anwendung. Sowohl die Verwendung des Übersetzungsansatzes als auch die Veränderung von DB-Operationen bieten nur eine rein statische, wenig flexible Konsistenzüberwachung, sie sollen daher hier nicht weiter betrachtet werden.

Die Konsistenzüberwachung im Rahmen des Transaktionskonzepts erlaubt die verzögerte Prüfung von Konsistenzregeln. Diese ist notwendig für alle Bedingungen, die nicht durch eine einzelne DB-Operation, sondern nur durch eine Folge von Operationen aufrechterhalten werden können. Der Anteil solcher Bedingungen ist umso größer, je weniger Konsistenzobjekte (die von einer Konsistenzregel betroffenen Elemente) mit Zugriffsobjekten (den von einer DB-Operation bearbeiteten Elementen) identisch sind. Wenn z.B. DB-Operationen jeweils einen Datensatz verändern (Zugriffsobjekt = einzelner Satz), Konsistenzregeln jedoch Zusammenhänge zwischen mehreren Sätzen beschreiben (Konsistenzobjekt = Satzmenge), so ist die einzelne DB-Operation als Auslösefaktor der Konsistenzüberwachung völlig ungeeignet.

Als Einheit der Konsistenzüberwachung wird daher die DB-Transaktion gewählt. Eine Transaktion wirkt als Klammerung einer Folge von DB-Operationen. Der Transaktionsbegriff existiert auch außerhalb des Datenbankbereichs, er bezeichnet in datenverarbeitenden Systemen allgemein eine Arbeitseinheit, die von einer bestimmten Abstraktionsebene aus als atomar angesehen wird, d.h. eine separate Kontrollsphäre. Speziell in Datenbanksystemen wird die Transaktion traditionell charakterisiert durch vier grundlegende Eigenschaften:

Atomizität: Eine Transaktion wird als unteilbare Operation auf der Datenbank behandelt. Sie wird entweder vollständig durchgeführt oder bleibt vollkommen ohne Wirkung. Eine nur teilweise Ausführung der Transaktion ist ausgeschlossen. In diesem Zusammenhang wird häufig auch von der "Alles oder nichts"-Eigenschaft einer Transaktion gesprochen.

Dauerhaftigkeit: Es wird garantiert, daß sich korrekt beendete Transaktionen dauerhaft auf die Datenbasis auswirken, d.h. daß ihre Wirkung nicht durch Systemfehler nachträglich zerstört wird. Einmal beendete Transaktionen können nur durch explizite

Durchführung inverser Transaktionen (sofern solche existieren) wieder rückgängig gemacht werden.

Isolation: Parallel ablaufende Transaktionen sind voneinander isoliert, so daß jede Transaktion unabhängig von den anderen rückgesetzt werden kann. Zwischenergebnisse einer noch nicht beendeten Transaktion sind für andere Transaktionen nicht sichtbar.

Konsistenz: Jede Transaktion erhält die Konsistenz der Datenbasis aufrecht. Sämtliche Zustandsbedingungen gelten vor und nach der Transaktion, existierende Übergangsbedingungen werden durch die Transaktion erfüllt. Transaktionen stellen gewissermaßen die "Klammer" dar, um Folgen von DB-Operationen zu konsistenzerhaltenden Zustandsübergängen zusammenzufassen.

Aus den genannten Eigenschaften folgt, daß die DB-Transaktion

- die *Recoveryeinheit*
- die *Synchronisationseinheit*

und

- die *Konsistenzeinheit*

im DBMS darstellt.

3. Konsistenzerhaltung:

Wenn die Konsistenzüberwachung durch Vorübersetzung oder Modifikation der DB-Operationen geleistet wird, so ist die Konsistenzerhaltung per Konstruktion gewährleistet, d.h. es werden von vornherein keine DB-Operationen ausgeführt, die zu Inkonsistenzen führen können. Bei der Konsistenzsicherung im Rahmen des Transaktionskonzepts wird bei Inkonsistenzen durch Rücksetzen der die Inkonsistenz verursachenden Transaktion reagiert.

4. Konsistenzerzeugung:

Mechanismen zur automatischen oder halbautomatisch geführten Herstellung von Konsistenz werden im Rahmen herkömmlicher Ansätze kaum angeboten. Die oben erwähnten Mechanismen für die referentielle Integrität in der SQL-Erweiterung – automatisches Einsetzen von Null- oder Default-Werten bzw. kaskadierendes Löschen bei Verletzung der Fremdschlüsseleigenschaft – stellen erste Ansätze zur systemunterstützten Konsistenzerzeugung dar. (Bemerkung: Triggerkonzepte werden bei der hier durchgeführten Untersuchung als weiterführender Ansatz betrachtet und in Kap.3.2.4 behandelt.)

Aus der Analyse geht hervor, daß die herkömmlichen Mechanismen der Konsistenzsicherung aus folgenden Gründen für Entwurfsdatenbanksysteme unzureichend sind:

- Fehlende Differenzierung nach Lokalitätseigenschaften der Konsistenzregeln.
- Starre Kopplung der Konsistenzüberwachung an einzelne DB-Operationen bzw. Transaktionen; keine dynamische Konsistenzüberwachung.

- Keine Berücksichtigung des Ein-/Auslagerns von Objekten.
- Unflexible Reaktion auf Konsistenzverletzung, nur Rücksetzen der Transaktion bzw. Verbot der Operation.
- Rein deklarative Formulierbarkeit von Bedingungen.
- Keine Unterstützung für Verfahrensablaufkonsistenz und Teamarbeit.

Auch unter dem Gesichtspunkt des Leistungsverhaltens sind die herkömmlichen Lösungen nicht befriedigend. Die wenig flexiblen Mechanismen der Konsistenzüberwachung zwingen dazu, sämtliche interessierenden Bedingungen zu definieren und laufend zu überprüfen. Hierbei werden viele Prüfungen durchgeführt, die aus Benutzersicht zum gegebenen Zeitpunkt verfrüht oder irrelevant sind, d.h. der anfallende Aufwand ist im Verhältnis zur tatsächlich benötigten Leistung zu hoch.

Hieraus läßt sich das Fazit ziehen, daß traditionelle Konsistenzmechanismen zwar nicht völlig ungeeignet für Entwurfsumgebungen sind, jedoch in erheblichem Umfang der Erweiterung und Ergänzung bedürfen.

3.2 Wertung weiterführender Ansätze

Es existieren eine Reihe weiterführender Ansätze im DBMS-Bereich, die entweder speziell unter dem Gesichtspunkt der Konsistenzsicherung entwickelt wurden oder die neben anderen Aufgaben auch zur Konsistenzsicherung dienen. Die betrachteten Konzepte beziehen sich sowohl auf den Bereich der modellinternen als auch der modellexternen Konsistenz. Ein Teil der Ansätze wurde nicht speziell für Entwurfsumgebungen konzipiert, weist jedoch Eigenschaften auf, die für Anforderungen solcher Umgebungen geeignet sind.

Im folgenden werden zunächst Konzepte der modellinternen Konsistenz behandelt. Durch **semantische Datenmodelle** und insbesondere die Verwendung des **ADT-Konzepts** in Datenmodellen kann ein wesentlich erhöhter Anteil der anwendungsspezifischen Gesetzmäßigkeiten bereits auf die Modellierung verlagert werden.

Erweiterungen von Konsistenzmechanismen speziell für Entwurfsdatenbanksysteme, die im Anschluß vorgestellt werden, beruhen im wesentlichen auf der Verwendung eines **abgestuften Konsistenzbegriffs** und der **Modifikation des Transaktionsbegriffs**. Es wird zwischen lokaler und globaler Konsistenz unterschieden, das Transaktionskonzept wird dieser Abstufung angepaßt. Die Struktur der Konsistenzregeln spiegelt sich in der Schachtelung von Transaktionen wider. Ferner werden gerichtete Konsistenzabhängigkeiten berücksichtigt.

Schließlich wird der Bereich der **Datenbanksysteme mit aktiven Elementen** behandelt. Hierunter ist zu verstehen, daß im DBMS nicht nur passive Datenstrukturen statisch verwaltet werden, sondern auch aktive Elemente z.B. in Form von Funktionen, Ableitungsregeln oder Verhaltensmodellen eingebracht werden können. Dabei wird speziell auf abgeleitete Daten sowie Triggerkonzepte eingegangen.

3.2.1 Semantische Datenmodelle

Durch Entwicklung neuartiger Datenmodelle wird zunehmend versucht, die Semantik der Anwendungen in den verfügbaren Datenstrukturen und den darauf wirksamen Operatoren zu erfassen. Hierzu wurden zum einen Erweiterungen der traditionellen Modelle vorgenommen [Fis83], [Hay81], [JSW83], [Lor82], [PHH83], [SS83]. Zum anderen wurden spezielle semantische Modelle entwickelt [FV82], [Kat83], [LS83], [MNB83], [Neu83], [Kim85]. Bei neueren Entwicklungen steht das Konzept der Objektorientierung im Vordergrund [DD86], Atw85], [Zdo85]. (Die genannten Zitate stellen jeweils nur eine beispielhafte Auswahl dar.)

In Kap.2.3 wurde bereits dargelegt, weswegen gerade in Entwurfsumgebungen das Datenmodell, auch wenn es eine anwendungsnahe Modellierung erlaubt, weiterhin der Ergänzung durch modellexterne Konsistenzmechanismen bedarf.

- Semantisch mächtige Datenmodelle haben in der stark dynamischen Entwurfsumgebung instabile Schemata zur Folge.
- Die benötigten Schemata werden sehr groß und unübersichtlich.
- Im Datenmodell lassen sich verzögerte Konsistenzregeln nicht erfassen, der dynamische Aspekt (Tolerierung von Inkonsistenzen über unvorhersehbar lange Zeiträume) kann nicht berücksichtigt werden.
- Die modellinterne Konsistenz muß ihrem Wesen nach ständig, d.h. im Prinzip nach jeder Datenbasisoperation, zugesichert sein. Bei hoher semantischer Mächtigkeit wird der Aufwand hierfür unvertretbar groß.

Es zeigt sich bei der Entwicklung semantischer Modelle für den Entwurfsbereich sogar, daß die Forderung nach ständiger Aufrechterhaltung der modellinternen Konsistenz nicht immer erfüllbar ist. Bestimmte im Modell verankerte Bedingungen können nur durch *Folgen von DB-Operationen* gewahrt werden, was durch geeignete Zusatzmechanismen überwacht werden muß. Ein Beispiel ist die Modellierung von Beziehungen mit Rollenattributen der Minimalkardinalität 1 im ER-Modell genannt. Jede "Entität", die sich in der Gegenstandsklasse des entsprechenden Rollenattributs befindet, muß an mindestens einer solchen Beziehung teilnehmen. Diese Forderung kann auf zwei Arten erfüllt werden. Zum einen können beim Erzeugen einer "Entität" direkt alle Beziehungen spezifiziert werden, die bei Entstehen dieser "Entität" ebenfalls erzeugt werden müssen. Der Erzeugungsoperator wird dadurch jedoch sehr überfrachtet. Eine bessere Lösung ist, die Operationen zur Erzeugung der "Entität" und der erforderlichen Beziehungen zu einer Einheit zu klammern, die die modellinterne Konsistenz erhält.

In Hinblick auf die Konsistenzanforderungen in Entwurfsumgebungen sind semantische Datenmodelle wie folgt zu bewerten:

Globale/lokale Konsistenz:

Dieser Aspekt wird durch semantische Datenmodelle i.a. nicht explizit unterstützt. Es existieren zwar Ansätze, die dies versuchen [Neu83]. Die Bereitstellung eines Datenmodells reicht hierzu allein jedoch nicht aus, es muß mit zusätzlichen Konsistenzmechanismen, in [Neu83] z.B. mit geeignet modifizierten Transaktionskonzepten, zusammenwirken.

Dynamische Konsistenzüberwachung:
Die modellinterne Konsistenz ist statisch, d.h. sie muß während des Datenbankbetriebs ständig aufrechterhalten werden. Eine dynamische Überwachung zu beliebigen, ggf. vom Benutzer bestimmbaren Zeitpunkten ist für sie nicht möglich. Tolerierung von Inkonsistenzen und verzögerte Überprüfung sind nicht vorgesehen.

Reaktion auf Konsistenzverletzung:
Verletzungen der modellinternen Konsistenz werden generell verhindert, d.h. es sind nur Operationen zugelassen, die die modellinterne Konsistenz erhalten. Auf Konsistenzverletzungen kann nicht situationsangepaßt, z.B. durch eine bloße Warnung an den Benutzer, reagiert werden.

Formulierung von Bedingungen:
Die meisten semantischen Datenmodelle bieten nur deskriptive Mittel der Modellierung, das Einbringen von Konsistenzregeln in prozeduraler Form ist hiermit nicht möglich (Datenmodelle, die auch prozedurale Elemente beinhalten, werden in Kap.3.2.4 behandelt.)

Dynamische Definition:
Dynamische Definition modellinterner Konsistenzregeln hat Schemaerweiterungen bzw. -änderungen mit allen daraus resultierenden Problemen wie Restrukturierung der Daten usw. zur Folge.

Abhängigkeiten innerhalb von Entwurfsobjekten:
Dieser Aspekt wird von semantischen Datenmodellen besonders gut unterstützt, wobei sich die einzelnen Modelle in der Mächtigkeit ihrer Ausdrucksmöglichkeiten unterscheiden.

Verfahrensablaufkonsistenz:
Die Verfahrensablaufkonsistenz wird von den Datenmodellen nicht direkt unterstützt. Strukturierungsmöglichkeiten des Modells können allerdings Hilfsmittel für die Überwachung von Verfahrensabläufen darstellen. Als Beispiel seien hier der Repräsentations- und der Versionsgraph im Modell von Neumann genannt.

Teamarbeit:
Hierfür bieten semantische Datenmodelle gelegentlich dahingehend Unterstützung, daß verschiedene Benutzer auf unterschiedlichen Versionen arbeiten können.

3.2.2 ADT-Ansatz

Einen operationalen Ansatz zur Konsistenzsicherung auf Datenmodellierungsebene stellt das Konzept der **abstrakten Datentypen** dar. Abstrakte Datentypen ([LZ74]) verdecken die interne Struktur der Daten nach außen und gestatten den Zugriff nur über spezielle Operatoren. Das ADT-Konzept kann auf verschiedene Arten in das Datenmodell eingehen, z.B. auf der Ebene einzelner Attribute (ADT als Wertebereich der Attributdomäne) oder auf der Ebene der modellierten Gegenstände (ADT als 'Entity'-Typ). Im Bereich objektorientierter DBMS wird bei Kombination von strukturierten Objekten und ADT-Ansatz von "verhaltensmäßiger Objektorientierung" [Dit87] gesprochen.

Ein Beispiel für die Verwendung von ADT's als Attributdomänen gibt die Erweiterung des Datenbanksystems INGRES ([SRG83]). Neben den elementaren Grundtypen können durch den Benutzer beliebige ADTs mit ihren Operatoren in das DBMS eingebracht werden. Attribute lassen sich über den benutzerdefinierten Typen auf dieselbe Weise definieren wie über elementaren Typen. Das System bietet hierbei den Definitionsmechanismus an und übernimmt die Verwaltung der definierten Typen. Verhaltensmäßig objektorientierte Ansätze finden sich z.B. im Datenmodell IRIS [DKL86], im Objektverwaltungssystem ENCORE [ZW86] oder im Datenmodell PDM [MD86]. Diese Ansätze verwenden das ADT-Konzept in einer weniger strengen Form, indem sie die Definierbarkeit von ADT-Operatoren mit einer sichtbaren Objektstruktur sowie generischen Objektoperatoren kombinieren.

Der ADT-Ansatz ist gut geeignet für relativ einfache oder regulär strukturierte Daten, weniger gut dagegen für Strukturen mit einer Vielzahl von Abhängigkeiten. Bei letzteren wird die Menge der Operatoren sehr groß, unüberschaubar und instabil.

Der ADT-Ansatz verhält sich gegenüber den Konsistenzanforderungen wie folgt:

Globale/lokale Konsistenz:
Der ADT-Ansatz ist gut geeignet für relativ einfache bzw. regelmäßig aufgebaute Typen. Solche finden sich in aller Regel auf der Ebene der Lokalstrukturen von Entwurfsobjekten. Will man dagegen ein gesamtes Entwurfsobjekt mit seinen globalen Abhängigkeiten als abstrakten Datentyp definieren, so muß dieser eine Vielzahl von Operatoren besitzen. Definition und Verwendung eines solchen ADT's sind aus Sicht des Benutzers wie auch des Systems extrem aufwendig.

Dynamische Konsistenzüberwachung:
Die Konsistenzprüfung und -erhaltung ist in die Operatoren direkt integriert. Eine dynamische Überwachung zu beliebigen Zeitpunkten unabhängig von der Ausführung der Operatoren ist nicht gegeben. Es ist bei einer fest vordefinierten Menge von Operatoren nicht möglich, abhängig von der augenblicklichen Entwurfssituation Inkonsistenzen zu tolerieren oder zu verbieten.

Reaktion auf Konsistenzverletzung:
Beim ADT-Konzept werden Inkonsistenzen durch Aufruf der ADT-Operatoren von vornherein verhindert.

Formulierung von Konsistenzregeln:
Die Konsistenzregeln sind in operationaler Form in den ADT-Operatoren verborgen. Eine direkte deskriptive Beschreibungsmöglichkeit wird nicht zusätzlich angeboten.

Dynamische Definition:
Die dynamische Definition von Konsistenzregeln im Rahmen des ADT-Ansatzes bedeutet i.a. Modifikation existierender Operatoren. Dies stellt nicht nur einen hohen Systemaufwand dar, sondern wirft auch personelle Probleme auf (Operatordefinitionen erfordern i.a. speziell geschulte und privilegierte Systembenutzer).

Abhängigkeiten innerhalb von Entwurfsobjekten:
Für die Modellierung von Abhängigkeiten sind ADT's aus den bereits erwähnten Gründen (Eignung nur für einfachere bzw. reguläre Strukturen) wenig brauchbar.

Verfahrensablaufkonsistenz/ Teamarbeit:

Beide Anforderungen werden durch den ADT-Ansatz nicht berücksichtigt. Sie betreffen speziell Bedingungen zwischen verschiedenen Operatoren (Ablaufreihenfolgen von Operatoren, Integration von Ergebnissen dezentral ausgeführter Operatoren), während das ADT-Konzept nur die Konsistenz innerhalb des einzelnen Operators unterstützt.

3.2.3 Modifikationen des Transaktionskonzepts

Die vorgeschlagenen Modifikationen des Transaktionskonzepts für Entwurfsanwendungen basieren auf fünf Grundsätzen

1. Differenzierung zwischen lokaler und globaler Konsistenz; Transaktionen sind nur Einheiten bzgl. eines **lokalen Konsistenzbegriffs**.
2. Beachtung von **Konsistenzabhängigkeiten** innerhalb von Entwurfsobjekten (abhängige und unabhängige Inkonsistenzen); Transaktionen müssen gewisse Bedingungen bzgl. dieser Abhängigkeiten erfüllen.
3. Erweiterung des Transaktionsbegriffs auf **lange Transaktionen**; Anpassung an deren spezielle Anforderungen.
4. **Schachtelung von Transaktionen** gemäß der Struktur von Entwurfsobjekten und in Hinblick auf Parallelarbeit im Entwerferteam.
5. Erweiterung zu **halbautomatischen Verfahren**.

Die genannten Modifikationen sollen im folgenden anhand exemplarischer Ansätze näher erläutert werden:

Lokale Konsistenzeinheiten

Da umfassende Konsistenz erst am Ende des gesamten Entwurfsprozesses erreicht wird, kann nicht gefordert werden, daß eine Transaktion einen konsistenten Zustandsübergang bzgl. der Gesamtheit aller Konsistenzregeln bildet. Der Transaktionsbegriff wird daher dahingehend abgewandelt, daß Transaktionen Einheiten bzgl. einer **lokalen** Konsistenz darstellen.

In [EL82] und [KE83] wird eine Formalisierung dieses Sachverhalts gegeben. Eine Transaktion wird außer durch ihre Operationen spezifiziert durch eine Menge von DB-Variablen und eine Menge von Konsistenzregeln. Die Variablen sind die von der Transaktion gelesenen bzw. modifizierten Objekte der Datenbasis, die Menge der Konsistenzregeln gliedert sich in Vor- und Nachbedingungen der Transaktion sowie in solche Bedingungen, die während der Transaktion gültig sein müssen.

Jede Transaktion gehört demnach einer Klasse an, die in der folgenden Form spezifiziert wird:

$$T_i : (\{e\}R, \{e\}W, \{c\}^B, \{c\}^D, \{c\}^A)$$

$\{e\}R$, $\{e\}W$: Mengen der gelesenen bzw. potentiell veränderten DB-Entitäten.

$\{c\}^B$, $\{c\}^D$, $\{c\}^A$: Mengen der Konsistenzregeln, die vor/während/nach der Transaktion gelten müssen.

Konsistenzabhängigkeiten

Zwischen Größen der Datenbasis können Abhängigkeiten existieren in dem Sinne, daß die Änderungen einer Größe Änderungen an anderen Größen bedingen. Man spricht hier auch davon, daß der Wert der unabhängigen Variablen einer Konsistenzregel den Wert der abhängigen Variablen der Bedingung bestimmt. Die Abhängigkeit kann durchaus wechselseitig sein, im Entwurfsbereich wird jedoch eine besondere Bedeutung der gerichteten Abhängigkeiten beobachtet.

In [EL82] wird ein Zusammenhang zwischen der gerichteten Konsistenzabhängigkeit und den Vorbedingungen von Transaktionen hergestellt. Durch die Abhängigkeiten der bearbeiteten DB-Variablen wird den Transaktionen eine partielle Ordnung aufgeprägt. Es ist möglich, Transaktionsklassen durch Mengen von Variablen und Bedingungen zu spezifizieren und die Ordnung zwischen den Transaktionen vom DBMS überwachen zu lassen ([KE83]). Durch geeignete Definition von Bedingungen läßt sich hierdurch die Kontrolle der Verfahrensablaufkonsistenz realisieren.

In [Neu83] werden die Abhängigkeiten innerhalb von Entwurfsobjekten durch den Repräsentations- bzw. den Versionsgraphen beschrieben. Diese Strukturen können bei der Konsistenzsicherung gemäß bestimmten Regeln ausgewertet werden. Ein Entwurfsobjekt gilt als **partiell konsistent**, wenn folgende Forderungen erfüllt sind:

- Der Versionsgraph genügt den spezifizierten Abhängigkeiten zwischen den Repräsentationen. Diese Forderung gilt natürlich nur in dem Umfang, in dem der Versionsgraph bereits konstruiert ist.
- Von jeder Version ist bekannt, ob sie konsistent, unabhängig inkonsistent (inkonsistent, aber nur aus konsistenten Versionen abgeleitet) oder abhängig inkonsistent (inkonsistent als Nachfolger inkonsistenter Versionen) ist. Die Markierung der abhängigen Inkonsistenzen muß korrekt sein.

Eine Entwurfstransaktionen ist die Einheit, die die partielle Konsistenz erhält, d.h. sie verletzt nicht die Repräsentationsstruktur und hinterläßt korrekte Zustandsinformation hinsichtlich der (potentiell) noch bestehenden Inkonsistenzen.

Lange Transaktionen

Es existieren Ansätze, auch die langen Transaktionen des Entwurfsbereichs als konsistenzerhaltende Einheiten anzusehen, wobei die ursprünglichen Mechanismen mit geeigneten Modifikationen versehen werden. Im Rahmen der Erweiterung von System R ([HL81], [Lor82]) wird das Transaktionskonzept ebenfalls auf lange Transaktionen, C-Transaktionen (**"conversational transactions"**) genannt, ausgeweitet. C-Transaktionen gelten als atomare Einheiten bzgl. der gemeinsamen Datenbasis (im Gegensatz zu den privaten Datenbasen), und zwar sowohl in Hinblick auf die Synchronisation als auch in Hinblick auf die Konsistenz. Das Checkout bzw. Checkin eines Objekts sowie die Datensicherung werden über herkömmliche kurze Transaktionen abgewickelt.

In [Kat83] werden sogenannte Entwurfstransaktionen (**"design transactions"**) als die Einheiten zur Erzeugung neuer konsistenter Versionen von Entwurfsobjekten eingeführt. Eine solche Entwurfstransaktion besteht aus drei Phasen (Arbeits-, Validierungs- und Beendigungsphase). Während der Arbeitsphase bearbeitet der Entwerfer ein in seine private Datenbasis ausgelagertes Objekt. Während der Validierungsphase werden in

Interaktion mit dem Benutzer alle relevanten Prüfungen, d.h. in der Regel eine Reihe von existierenden Prüfprogrammen, durchgeführt. Zwischen Validierungs- und Arbeitsphase kann beliebig häufig iteriert werden, erst nach erfolgreicher Validierung wird in der Beendigungsphase das Transaktionsergebnis als neue Version verfügbar gemacht. Eine lange Transaktion muß also nicht zurückgesetzt werden, sondern der Entwerfer kann das bearbeitete Objekt innerhalb der Transaktion iterativ korrigieren und in einen konsistenten Zustand überführen.

Ein spezielles Konzept für lange Transaktionen sind die sogenannten **"Sagas"** [GS87]. Zweck dieses Konzepts ist die Erhöhung der möglichen Parallelarbeit bei langdauernden Transaktionen, d.h. die Leistungssteigerung bei einer Menge konkurrierender Transaktionen. Eine Saga ist eine lange Transaktion, die aus einer Folge innerer Transaktionen besteht, wobei jede innere Transaktion die von ihr benötigten Daten unmittelbar bei "commit" nach außen freigibt. Durch Verwendung kompensierender Transaktionen ist es trotzdem möglich, die gesamte Saga als "Alles-oder-Nichts"-Einheit zu behandeln, d.h. ggf. auch vollständig zurückzusetzen. Sagas wurden bislang nicht unter dem Gesichtspunkt erweiterter Konsistenzmechanismen angewendet. Jede innere Transaktion muß wie eine traditionelle Transaktion voll konsistenzerhaltend arbeiten. Eine Abwandlung des Saga-Konzepts auf lokal abgestufte Konsistenz der inneren Transaktionen wäre jedoch ähnlich wie bei geschachtelten Transaktionen (s.u.) denkbar.

Geschachtelte Transaktionen

Eine wesentliche Erweiterung des Transaktionskonzepts geht in Richtung geschachtelter Transaktionen, wie sie auch für die Synchronisation Verwendung finden ([Gra78], [Mos82], [LM86]). Geschachtelte Transaktionen entsprechen der hierarchischen Struktur der bearbeiteten Entwurfsobjekte und der damit verbundenen Konsistenzregeln. In [EL82] wird vorgeschlagen, geschachtelte Transaktionen zu benutzen, um stufenweise einen zunehmenden Grad an Konsistenz herbeizuführen. Der erfolgreiche Abschluß einer umgebenden Transaktion und damit die Zusicherung globalerer Konsistenzregeln ist hierbei abhängig von dem Erfolg der inneren Transaktionen, die lokale Konsistenz gewährleistet.

Nach [BKK85] werden geschachtelte Transaktionen zur Unterstützung der Projekthierarchie und der Teamarbeit verwendet. Die Hierachie der Teilaufgaben innerhalb eines Projekts wird dabei auf eine Transaktionshierarchie abgebildet. Speziell werden die Kooperation innerhalb von Entwerfergruppen ("kooperierende Transaktionen") sowie die Vergabe von Teilaufgaben an andere Gruppen ("client/subcontractor-Transaktionen") unterstützt. Vorabfreigabe von noch nicht abschließend konsistenten Teilobjekten im Rahmen des kooperierenden Teams ist möglich.

Halbautomatische Verfahren

Da das System häufig nicht in der Lage ist, automatisch festzustellen, ob eine Entwurfstransaktion den gewünschten konsistenten Zustand erzeugt hat oder nicht, wird dem Benutzer in solchen Fällen die Entscheidungsmöglichkeit eingeräumt. Entsprechende halbautomatische Verfahren werden explizit vorgeschlagen in [Kat83] und sowie in [NH82] hinsichtlich der globalen Konsistenz.

Die Tabelle Tab. 3-1 zeigt eine vergleichende Wertung der erweiterten Transaktionskonzepte hinsichtlich der Anforderungen an Konsistenzmechanismen. Eine Markierung mit X bedeutet dabei, daß die jeweilige Forderung voll erfüllt wird, eine Markierung mit (X) bezeichnet die teilweise Erfüllung.

	Transaktionen als Einheiten lokaler K.	Abhängige/unabhängige Inkonsistenzen	Lange Transaktionen	Geschachtelte Transaktionen	Halbautomatische Verfahren
Abgestufte Lokalität	X			X	
Dynamische Überwachung					
Benutzergesteuerte Überwachung					X
Frei definierbare Reaktionen					X
Tolerierung von Inkonsistenzen	(X)		X		(X)
Deskriptive und prozedurale Beschreibung					(X)
Dynamische Definition				X	
Abhängigkeiten in Entwurfsobjekten		X			
Verfahrensablaufkonsistenz	(X)	(X)		(X)	
Einbeziehen existierender Prüfwerkzeuge					X
Unterstützung von Teamarbeit				X	

Tab. 3-1: Vergleich erweiterter Transaktionskonzepte hinsichtlich der Konsistenzanforderungen im EDBMS

Mit den geschilderten Erweiterungen des Transaktionskonzepts wird, wie gezeigt, zu gewissen Teilen den Konsistenzanforderungen des Entwurfsbereichs entsprochen. Der bekannte Begriff der DB-Transaktion muß hierzu allerdings so stark abgewandelt werden, daß die Transaktion als ursprüngliche Einheit bzgl. Recovery, Synchronisation und Konsistenz kaum mehr erkennbar ist. Folgende Nachteile seien hier herausgegriffen:

- Es müssen nebeneinander verschiedene Mechanismen angeboten werden, um die herkömmlichen kurzen und die neuartigen langen Transaktionen zu behandeln.
- Es entstehen Transaktionsstrukturen, die aufwendig zu verwalten und für den Benutzer nicht mehr einfach anzuwenden sind.
- Die dynamische Konsistenzüberwachung ist durch die Bindung an eine Transaktionsstruktur eingeschränkt.
- Die Frage, wann und durch wen Transaktionen definiert und durch ihre zugehörigen Variablen und Konsistenzregeln spezifiziert werden, ist nicht geklärt; eine Entscheidung, die hier zu einem einheitlichen, mächtigen Mechanismus führt, wird nicht getroffen und erscheint auch äußerst problematisch.

Diese Überlegungen weisen darauf hin, daß durch den Versuch, Transaktionen weiterhin als Einheiten der Konsistenzsicherung heranzuziehen, das Transaktionskonzept im Entwurfsbereich stark überfrachtet wird. Eine Entkopplung bzw. nur noch lose Kopplung von Transaktion und Konsistenz erscheint als geeignete Lösung.

3.2.4 Aktive Elemente in Datenbanksystemen

Es existieren eine Reihe von Ansätzen, neben der Modellierung und Verwaltung statischer Datenstrukturen auch die Modellierung von dynamischen Aspekten bzw. die Verwaltung von Aktionen durch Datenbanksysteme zu unterstützen. An dieser Stelle können nur einige davon genannt werden.

Ein sehr allgemeines Vorgehen schlägt Stonebraker für das relationale System POSTGRES vor [Sto86]: Hier sind beliebige "registrierte" Prozeduren als Datenbankobjekte vorgesehen, die unter anderem zur Formulierung von POSTQUEL-Anfragen oder zur Definition von Datenfeldern verwendet werden können.

Auch in neueren kommerziellen DBMS bestehen Möglichkeiten zur Verwaltung benutzerdefinierter Prozeduren durch das System. Ein Beispiel ist das relationale DBMS SYBASE [SYB88], in dem der Mechanismus der "stored procedures" speziell auch als Mittel der Konsistenzsicherung angeboten wird. Eine solche gespeicherte Prozedur kann in SYBASE SQL-Anweisungen und Konstrukte einer Kontrollflußsprache umfassen. Der Aufruf erfolgt vom Anwendungsprogramm oder hierarchisch aus einer anderen gespeicherten Prozedur heraus. Als Vorteil des Mechanismus werden Mehrbenutzbarkeit und zentrale Änderbarkeit der Prozeduren sowie ihre durch Vorübersetzung effiziente Ausführung hervorgehoben. Mit Hilfe der gespeicherten Prozeduren lassen sich ferner Trigger definieren (s. Kap. 3.2.4.2).

Die Verhaltensmodellierung auf Basis sogenannter "virtueller Relationen", die sich als Aktionsergebnisse errechnen, wird von Melkanoff/Chen [MC83] vorgeschlagen. Ein weiterführender, regelbasierter Ansatz zur Modellierung von Objekten und deren Verhalten (Methoden und Kontrollstrukturen) wird in [Che86] beschrieben. In einigen Datenmodellen für den Entwurfsbereich ist ebenfalls die Modellierung von Aktionen vorgesehen, z.B. durch das Funktionskonzept im Datenmodell FLOREAL [FV82] oder das Konzept des Anwendungsereignisses im EVENT-Modell nach McLeod et al. [MNB83].

Unter dem Gesichtspunkt der Konsistenzsicherung sollen hier zwei Aspekte der Datenbanksysteme mit aktiven Elementen ausführlicher behandelt werden:

- Abgeleitete Daten und
- Trigger

3.2.4.1 Abgeleitete Daten

Unter abgeleiteten Daten werden solche Daten verstanden, die durch einen funktionalen Zusammenhang aus anderen Daten berechnet werden. Die Konsistenz abgeleiteter Daten in bezug auf die der Berechnung zugrundeliegenden Daten wird per Konstruktion gewährleistet und muß daher nicht durch zusätzliche Konsistenzregeln überwacht werden.

Schon im CODASYL-Datenmodell werden **virtuelle Datenfelder** zugelassen, die mittels einer benutzerdefinierten DB-Prozedur errechnet werden können (IS RESULT-Klausel). Das oben erwähnte Prozedurkonzept in POSTGRES erlaubt die Definition abgeleiteter Attribute durch POSTQUEL-Prozeduren. Die Ableitung **komplexer funktional definierter Daten** wird z.B. in dem objektorientierten DBMS CACTIS [HK86] unterstützt. Dort wird das Prinzip der "aktiven Semantik" verfolgt, wonach jedem Objekt eine Verhaltensspezifikation zugeordnet wird, der entsprechend es aktiv auf Änderungen in anderen Teilen der DB reagiert. Die Implementierung verwendet Techniken attributierter Grammatiken mit inkrementeller Attributauswertung. Zusätzlich werden in diesem Modell Konsistenzregeln als spezielle abgeleitete Attribute mit Boole'schem Attributwert realisiert.

Die Ableitung intensional definierter aus extensional definierten Daten ist die zentrale Eigenschaft **deduktiver Datenbanksysteme**. Die extensional definierten Daten stellen die Fakten dar, aus denen mittels Regelwissen weitere Daten gewonnen werden. In deduktiven Datenbanksystemen werden die Zustands- und Übergangsgesetze (formal: die nicht-logischen Axiome der Theorie 1.Ordnung, als deren Interpretation die Datenbasis aufzufassen ist) nicht ausschließlich als Konsistenzregeln behandelt. Ein Teil dieser Gesetze wird als Ableitungsregeln realisiert (zur Koexistenz beider Regeltypen siehe [NY78]). Die Entscheidung darüber, ob eine Umweltgesetzmäßigkeit durch Ableitungs- oder Konsistenzregel formuliert werden soll, ist beim Datenbankentwurf zu treffen. Kriterien für diese Entscheidung sind in [GMN84] zusammengestellt. Die Grundidee dabei ist, Konsistenzregeln immer dann zu verwenden, wenn indefinite, nicht-funktionsfreie oder negative Klauseln vorliegen oder wenn die Ableitung keine neuen gültigen Fakten produzieren würde.

Daraus ist erkennbar, daß durch abgeleitete Daten immer nur ein Bruchteil der geforderten Konsistenz abgedeckt werden kann. Explizite Konsistenzregeln bleiben auch in herkömmlichen Anwendungen immer notwendig. Ferner hat die Ableitung von Daten für eine Anzahl von Konsistenzregeln in Entwurfsumgebungen den Nachteil der Unflexibilität, der schon für semantische Datenmodelle und das ADT-Konzept festgestellt wurde.

Globale/lokale Konsistenz:
: Abgeleitete Daten können sowohl den lokalen als den globalen Kontext betreffen.

Dynamische Konsistenzüberwachung/Reaktion auf Konsistenzverletzung:
: Die Konsistenz wird statisch per Konstruktion gewährleistet. Konsistenzverletzungen sind dadurch von vornherein ausgeschlossen.

Formulierung von Bedingungen:
: Je nach konkretem Konzept deklarativ (z.B. in Form von Regeln) oder prozedural (z.B. Berechnung von funktionswertigen Attributen).

Dynamische Definition:
: Die dynamische Definition neuer Funktionen oder Ableitungsregeln ist realisierbar.

Abhängigkeiten innerhalb von Entwurfsobjekten:
: Diese können ausgedrückt werden, falls die Beschreibungsmittel des konkreten Ableitungsmechanismus mächtig genug sind.

Verfahrensablaufkonsistenz/ Teamarbeit:
: Durch Ableitung von Daten kann ein — allerdings starrer — Verfahrensablauf erzwungen werden. Ebenso ist es möglich, daß sich die Änderungen eines Entwerfers

automatisch zu den von Teamkollegen bearbeiteten abhängigen Objekten fortpflanzen. Flexible, durch den Benutzer dynamisch gesteuerte Strategien sind nicht möglich.

3.2.4.2 Trigger

Trigger stellen einen weiteres Konzept aktiver Elemente in DBMS dar. Sie sind nicht völlig von den anderen Konzepten der Aktivitätsmodellierung zu trennen, da sie gelegentlich zu deren Realisierung oder in Verbindung mit diesen eingesetzt werden.

Nach [Esw76] wird ein Trigger definiert als "ein vordefinierter Block von Anweisungen, bestehend aus einem Rumpf und einer Bedingung", mit der Bedeutung, daß bei Eintritt der Bedingung der Rumpf zur Ausführung gelangt. Trigger dienen also dazu, die **Beschreibung einer Aktion zusammen mit dem sie auslösenden Anlaß** in das Datenbanksystem einzubringen. Das DBMS sorgt anschließend bei jedem Eintreten des Anlasses automatisch für die Durchführung der Aktion. In gewissem Sinn sind Trigger vergleichbar mit der Ausnahmebehandlung in Programmiersprachen ([Goo75]).

Trigger sind ein allgemeines Konzept, um Datenbanksysteme mit aktiven Elementen zu versehen. Sie können für verschiedenste Aufgaben innerhalb des DBMS wie z.B. Zugriffsüberwachung oder Viewbildung eingesetzt werden. In DBMS für die Prozeßdatenverarbeitung werden Trigger für die Alarmbehandlung und zeitabhängiger Auslösung von Datenbankaktionen vorgeschlagen [FLL85]. In Büroinformationssystemen sind Trigger ebenfalls ein verbreitetes Konzept, um infolge von daten- und/oder zeitabhängigen Bedingungen bestimmte Tätigkeiten der Büroumwelt zur Ausführung zu bringen [BP84] [GT83].

Im Rahmen der Konsistenzsicherung werden Trigger für die automatische Konsistenzerhaltung (bislang nicht für die Konsistenzüberwachung, d.h. für die Triggerung von Prüfroutinen!) verwendet. Bei Änderung von Datenobjekten werden Aktionen ausgelöst, die die Konsistenz abhängiger Datenobjekte durch Folgeänderungen aufrechterhalten.

Der Triggerrumpf kann eine beliebige, i.a. nicht parametrisierbare Prozedur sein, die Kontrollstrukturen und DB-Operationen umfaßt. Trigger können prinzipiell während des Datenbankbetriebs zu beliebigen Zeitpunkten definiert werden. Ferner ist das temporäre (De-)Aktivieren von Triggern möglich.

In den Vorschlägen für Triggerkonzepte, wie sie sich in der Literatur finden, wird demgegenüber die Menge der möglichen Auslöseereignisse stets stark eingeschränkt.

Nach [Esw76] läßt sich die Bedingung eines Triggers einer der folgenden Klassen zuordnen:

- Anfang oder Ende einer DB-Operation,
- Eintritt eines bestimmten DB-Zustands,
- Auftreten eines bestimmten Zustandsübergangs.

Zustände bzw. Zustandsübergänge der Datenbasis werden hierbei durch Prädikate beschrieben.

Andere Triggerkonzepte erlauben zusätzlich z.B. zeitliche Auslösebedingungen oder den Anstoß durch systeminterne Vorgänge [MC83]. Für alle Ansätze gilt jedoch die folgende Aussage:

Die Auslösebedingungen müssen in allen bisher vorgeschlagenen Triggerkonzepten unmittelbar mit Zuständen oder Abläufen innerhalb des Systems verknüpft sein.

Eine – allerdings stark eingeschränkte – Realisierung des Triggerkonzepts findet sich in System R. Hierbei ist als Triggerbedingung ausschließlich die Angabe einer auslösenden DB-Operation (nicht die Angabe einer beliebigen Zustands- oder Übergangsbedingung) erlaubt. Der Triggerrunpf darf ausschließlich aus einer Sequenz von SQL-Anweisungen bestehen. Trigger müssen stets unverzögert ausgeführt werden.

Entsprechendes gilt auch für neuere kommerzielle DBMS wie SYBASE (s.o.). Dort lassen sich gespeicherte Prozeduren durch Einfügen, Löschen oder Ändern von Datenelementen triggern. Die dabei ausgelösten Aktionen können z.B. die referentielle Integrität herstellen, kaskadierende Änderungen durchführen, Transaktionen zurücksetzen oder Meldungen an den Benutzer ausgeben.

Bei der Verwendung des Triggerkonzepts zur Konsistenzerhaltung – wie in der Literatur beschrieben – gelten folgende Aussagen hinsichtlich der Konsistenzanforderungen:

Globale/lokale Konsistenz:

Das Triggerkonzept ist geeignet, lokale und globale Konsistenz zu unterstützen. Ein Grund hierfür ist, daß Trigger durch gezieltes Deaktivieren und Aktivieren lokal ab- bzw. zugeschaltet werden können.

Weiterreichende Unterstützung der lokalen und globalen Konsistenz kann das Triggerkonzept leisten, falls es mit semantisch mächtigen Datenmodellen kombiniert wird. Seien beispielsweise sowohl die Lokalstrukturen als auch die Globalstruktur eines Entwurfsobjekts mit den Abhängigkeiten zwischen Repräsentationen und Versionen durch die semantischen Konzepte im Datenmodell direkt formulierbar. Triggerbedingungen können in einem solchen Fall sowohl über den Lokalstrukturen als auch über der Globalstruktur formuliert werden.

Dynamische Konsistenzüberwachung:

Dynamische Konsistenzüberwachung zu beliebigen Zeitpunkten ist bei Triggerkonzept nach den existierenden Vorschlägen nicht möglich. Getriggerte Folgeaktionen erhalten bei jeder auslösenden DB-Operation automatisch einen konsistenten Zustand (Konsistenz per Konstruktion). Benutzersteuerung ist nur durch (De-)Aktivieren von Triggern gegeben.

Reaktion auf Konsistenzverletzung:

Das Triggerkonzept sieht frei definierbare Triggeraktionen und damit Reaktionen auf Konsistenzverletzung vor. In der Praxis existierender Datenbanksysteme wird diese Eigenschaft allerdings stark eingeschränkt angeboten.

Formulierung von Konsistenzregeln:

Die Definition von Konsistenzregeln ist implizit in der Auslösebedingung und in der konsistenzerhaltenden Triggeraktion enthalten, d.h. die Formulierung der Regel geschieht teilweise in deklarativer, teilweise in prozeduraler Form.

Dynamische Definition:

Dynamische Definition von Triggern ist möglich.

Abhängigkeiten innerhalb von Entwurfsobjekten:
Abhängigkeitsstrukturen in Objekten werden durch Trigger unterstützt, da Aktionen auf abhängigen Objektteilen durch Operationen auf oder Zustände von anderen Objektteilen getriggert werden können.

Verfahrensablaufkonsistenz/ Teamarbeit:
Bei diesem Punkt gilt das für abgeleitete Daten Gesagte analog. Trigger bieten sich darüber hinaus auch für flexible Strategien in diesen Bereichen an, indem Aktionen zu vorgegebenen Anlässen (etwa bei Beendigung eines Bearbeitungsschritts oder bei Fertigstellung eines Unterauftrags) angestoßen werden könnten. Trigger herkömmlicher Art wurden allerdings unter diesen Aspekten nicht betrachtet, d.h. entsprechende Auslösebedingungen sind nicht vorgesehen.

Trigger stellen hinsichtlich einer der Menge aller Anforderungen einen besonders gut geeigneten Ansatz für die Konsistenzsicherung in Entwurfsumgebungen dar. Das Konzept bietet die Vorteile:

- mächtige und flexible Reaktionsmechanismen
- dynamische Definitionsmöglichkeiten
- Unterstützung von Objektabhängigkeiten und Ablaufstrukturen
- deklarativer und prozeduraler Beschreibungsanteil

Ein geeignetes Triggerkonzept muß jedoch in wesentlichen Punkten über die bisher in der Literatur vorgeschlagenen speziellen Ansätze und deren Anwendungsweise bei der Konsistenzsicherung hinausgehen und diese verallgemeinern.

3.3 Fazit

Vorangehend wurden zum einen die traditionellen Mechanismen der Konsistenzsicherung, zum andern weitergehende, für die Konsistenzsicherung relevante Konzepte hinsichtlich ihrer Eignung für die gestellten Anforderungen bewertet. Es hat sich gezeigt, daß die herkömmlichen Konsistenzmechanismen nicht ausreichen, um die gestellten Anforderungen zu erfüllen. Im Vergleich kommen die weiterführenden Ansätze den anzustrebenden Zielen bereits wesentlich näher als die traditionellen Konzepte. Aber auch sie stellen lediglich Lösungen für eingeschränkte Teilaspekte der Anforderungen dar.

- *Semantische Datenmodelle* für den Entwurfsbereich erlauben einen erhöhten Anteil modellinterner Konsistenz. Zusätzliche Konsistenzmechanismen werden durch diese Modelle jedoch keinesfalls überflüssig. Die dynamischen Aspekte der Konsistenzsicherung können im Datenmodell nicht erfaßt werden. Abgesehen davon erfordern semantisch mächtige Konstruktionen im Datenmodell ihrerseits spezielle Zusatzmechanismen zur Erhaltung der modellinternen Konsistenz.

- Der *ADT-Ansatz* ist geeignet, bestimmte Konsistenzregeln in die Schnittstellenoperatoren direkt zu integrieren und damit Konsistenzverletzungen von vornherein auszuschließen. Bei zahlreichen Abhängigkeiten zwischen Datenstrukturen ist der Ansatz jedoch nicht mehr praktisch einsetzbar. Außerdem ist die dynamische Änderung der Menge zu überwachender Konsistenzregeln mit unverhältnismäßig hohem Aufwand verbunden.

- *Erweiterungen des Transaktionskonzepts* stellen jeweils nur partielle Lösungen für Teilprobleme der Konsistenzsicherung im CAD-Bereich dar. Zudem sind die angebotenen Konzepte entweder wenig mächtig mit geringer Benutzerunterstützung (Verwendung langer Transaktionen als Konsistenzeinheit, halbautomatische Verfahren) oder sie stellen eine starke Überfrachtung des Transaktionskonzepts dar (z.B. geschachtelte Transaktionen, Transaktionen als Einheiten bzgl. lokaler Vor- und Nachbedingungen). In letzterem Fall erscheint eine leistungsfähige und benutzerfreundliche Realisierung äußerst fraglich, Aussagen hinsichtlich der praktischen Einsetzbarkeit fehlen.
- *Datenbanken mit aktiven Elementen* erlauben die Integration von verhaltensmäßigen (prozeduralen) Aspekten. Durch Ableitung von Daten (virtuelle DB-Elemente, deduktive Datenbanksysteme ...) wird Konsistenz per Konstruktion garantiert. Auf zusätzliche Konsistenzregeln und Mechanismen zu deren flexiblen Überwachung und Erhaltung kann jedoch nicht verzichtet werden.

  Existierende Triggerkonzepte bieten eine Kombination von variablen Auslösebedingungen und flexiblen Reaktionsmöglichkeiten, beides gute Voraussetzungen für den Einsatz bei der Konsistenzsicherung. In der bisher realisierten bzw. vorgeschlagenen Form fehlt den Konzepten allerdings bei weitem die nötige Allgemeinheit und Mächtigkeit.

Insgesamt betrachtet, **erfüllt keiner der untersuchten Ansätze auch nur annähernd sämtliche Anforderungen der Konsistenzsicherung in EDBMS**, die hier zusammenfassend aufgelistet sind:

- Abgestufte Lokalität der Konsistenzregeln
- Konsistenzüberwachung zu frei wählbaren Zeitpunkten
- Benutzergesteuerte Konsistenzüberwachung
- Frei definierbare Reaktion auf Konsistenzverletzung
- Temporäre Tolerierung von Inkonsistenzen
- Deskriptive und prozedurale Definition von Konsistenzregeln
- Dynamische Definierbarkeit von Konsistenzregeln
- Kontrolle der Verfahrensablaufkonsistenz, Einbeziehung existierender Prüfwerkzeuge.
- Unterstützung der Konsistenz in einem (logisch und physisch) verteilten System (Projekthierarchie, Teamarbeit, Rechnerkonfiguration). Flexible Anpaßbarkeit an sich wandelnde Randbedingungen in diesem System.

In Tabelle 3-2 sind die Ergebnisse der Analysen zu diesen Punkten zusammengestellt (bei den erweiterten Transaktionskonzepten sind nur die Tabellenzeilen markiert, die auf mehr als einen der untersuchten Mechanismen zutreffen, detaillierte Aussagen dazu in Tab.3-1.)

Es wird folglich ein neuer umfassender Konsistenzmechanismus benötigt, der die gesamte Menge dieser Anforderungen erfüllt. Die Leistungen bisheriger Konsistenzmechanismen müssen dabei als Spezialfälle mit abdeckt werden.

Wie Tab.3-2 im Überblick zeigt, weisen die Triggerkonzepte bei der Analyse die meisten positiven Wertungen auf. **In der existierenden Form** fehlen den Triggerkonzepten zwar wesentliche Eigenschaften für die Konsistenzsicherung, sie bieten jedoch die am meisten erfolgversprechenden Ansatzpunkte für Erweiterungen, um auch die noch ausstehenden Anforderungen zu erfüllen. Das Triggerkonzept besitzt nämlich Verwandtschaft mit allgemeineren

Konzepten wie der Unterbrechungsbehandlung auf Hardwareebene, der Ausnahme- oder Ereignisbehandlung in höheren Programmiersprachen sowie Konstruktionen wie 'demons' in Sprachen der künstlichen Intelligenz. Gemeinsam ist allen diesen Methoden, daß sie es erlauben, auf bestimmte Situationen, die zu beliebigen Zeitpunkten eintreten können, in definierter Weise zu reagieren.

	Semantische Datenmodelle	ADT-Ansatz	Erweiterte Transaktionskonzepte	Abgeleitete Daten	Existierende Triggerkonzepte
Abgestufte Lokalität	(X)		(X)	X	X
Dynamische Überwachung					
Benutzergesteuerte Überwachung					
Frei definierbare Reaktionen					(X)
Tolerierung von Inkonsistenzen			(X)		
Deskriptive und prozedurale Beschreibung				(X)	(X)
Dynamische Definition				X	X
Abhängigkeiten in Entwurfsobjekten	X			X	X
Verfahrensablaufkonsistenz	(X)		(X)	(X)	(X)
Einbeziehen existierender Prüfwerkzeuge				(X)	(X)
Unterstützung von Teamarbeit	(X)			(X)	(X)

Tab. 3-2: Vergleich existierender Ansätze hinsichtlich der Konsistenzanforderungen im EDBMS

Der gesuchte umfassende Konsistenzmechanismus kann folglich durch **Erweiterung und Verallgemeinerung der existierenden Triggerkonzepte** gewonnen werden. Um die Konsistenzanforderungen zu erfüllen, muß das verallgemeinerte Konzept die folgenden Eigenschaften besitzen:

1. Ausführung von Aktionen zu flexibel wählbaren Zeitpunkten.
2. Beliebige Festlegung dieser Zeitpunkte, z.B. benutzergesteuert auf explizite Anforderung hin oder bei Eintreten vorgegebener Situationen.
3. Beliebig wählbare Art der Aktionen.
4. Dynamische Definition von Auslösekriterium, Art und Umfang der Aktionen.
5. An- und Abschaltbarkeit von Aktionen.
6. Abhängigkeit der Aktionen vom lokalen Kontext.

In der vorliegenden Arbeit wird ein Mechanismus entwickelt, der die notwendige Verallgemeinerung hinsichtlich der genannten Eigenschaften leistet. Das Verfahren wird als **Event/Trigger-Mechanismus (ETM)** bezeichnet. Wie gezeigt werden wird, erlaubt es der ETM, die Konsistenz der Entwurfsdaten sämtlichen Anforderungen entsprechend zu wahren. Zudem stellt der ETM in einem über die Konsistenzsicherung und das EDBMS hinausgreifenden Kontext einen flexiblen Basismechanismus dar, der wesentlich umfassender einzuordnen ist. Der Mechanismus wird nachfolgend dargestellt.

4. Das Event/Trigger-Konzept

In den vorangehenden Kapiteln wurde die Entwicklung des Event/Trigger-Mechanismus aus den Anforderungen der Konsistenzsicherung im Rahmen eines EDBMS heraus motiviert. Das hieraus entstandene Konzept stellt jedoch **keinen reinen Datenbankmechanismus** dar, sondern einen wesentlich umfassenderen Mechanismus, der in die Klasse der Grundmechanismen für Ausnahmebehandlung, Software-Unterbrechungen und Kommunikation lose gekoppelter Prozesse einzuordnen ist und auch hierfür eine Verallgemeinerung darstellt.

In der vorliegenden Arbeit wird der ETM der Problemstellung entsprechend im Kontext der Konsistenzproblematik behandelt und folglich im Zusammenhang mit dem DBMS betrachtet. In einem umfassenderen System stellt der ETM demgegenüber einen Basismechanimus dar, wobei das DBMS nur als eine Anwenderinstanz des ETM unter vielen auftritt.

Wir nehmen im folgenden zunächst eine Abgrenzung des ETM gegenüber existierenden Triggerkonzepten im Datenbankumfeld vor (Kap.4.1) und geben dann Hinweise auf die Einordnung in den umfassenderen Kontext der Ausnahmebehandlung und ähnlicher Ansätze (Kap.4.2). In Kap.4.3 wird das Event/Trigger-Konzept in seiner Grundform vorgestellt. Dabei wird deutlich, daß das Konzept völlig unabhängig von seinem Verwendungszweck bei der Konsistenzsicherung und auch unabhängig vom DBMS-Umfeld beschrieben werden kann. Es liegt vielmehr ein sehr allgemeiner Steuerungsmechanismus für Abläufe vor. Dessen spezielle Charakteristika werden in Kap.4.4 herausgestellt und daraus resultierende Probleme analysiert. Aus der Problemanalyse werden in den Kapiteln 4.5 bis 4.8 Erweiterungen bzw. die detaillierte Ausgestaltung des Grundkonzepts abgeleitet.

4.1 Abgrenzung gegenüber existierenden Triggerkonzepten

Im folgenden wird deutlich gemacht, in welchem Sinne der hier vorgeschlagene ETM eine Verallgemeinerung existierender Triggermechanismen darstellt und in welchen grundsätzlichen Eigenschaften er sich von ihnen unterscheidet.

Existierende Triggerkonzepte

Bisher vorgeschlagene Triggerkonzepte orientieren sich an der Definition, die von Eswaran [Esw76] aufgestellt wurde.

Ein Trigger ist ein Paar (C, B)

C: Condition
B: Body

mit der Bedeutung, daß bei Eintreten der Bedingung C der Rumpf B zur Ausführung gebracht wird. Als mögliche Triggerbedingungen sind im Konzept von Eswaran die folgenden zulässig:

1. Beginn der Ausführung einer gegebenen DB-Operation,
2. Ende der Ausführung einer gegebenen DB-Operation,
3. Eintreten eines festgelegten DB-Zustands,
4. Auftreten eines bestimmten Zustandsübergangs in der DB.

Der Triggerrumpf ist ein beliebiges ausführbares Modul.

(*Anmerkung:* Bei der Übernahme in System R hat dieses Triggerkonzept einige Einschränkungen erfahren [Cha76]. So muß in der Triggerbedingungen immer die Operation angegeben werden, nach deren Ende die Triggeraktion auszuführen ist (Fall 2.). Zusätzlich kann die Ausführung der Aktion von einer Zustands- oder Zustandsübergangsbedingung abhängig gemacht werden (ON operation IF condition THEN statement). Triggeraktionen müssen ausschließlich aus einer Folge von DB-Operationen bestehen (SQL-statement-list), beliebige Sprachkonstrukte einer höheren Programmiersprache sind nicht zugelassen.)

Auch weitere Triggeransätze im Datenbankbereich orientieren sich an der grundlegenden Definition nach Eswaran. Auslösend für einen Trigger sind immer

- die Ausführung einer genau zu spezifizierenden Datenbankoperation oder
- eine Bedingung über einem oder mehreren Datenbankzuständen.

Die folgenden zwei Beispiele verdeutlichen dies:

Beispiel 4-1: *Triggerung durch DML-Operation (SQL/System R):*

```
DEFINE TRIGGER t1
ON DELETION OF person p
   (DELETE projektmitgliedschaft
    WHERE  mitgliedsname = p.name )
```

Beispiel 4-2: *Triggerung durch Datenbasiszustand (nach Stonebraker [Sto86]):*

```
REPLACE ALWAYS projekt
        (mitarbeiterzahl = COUNT(*) FROM projektmitgliedschaft)
         WHERE
         projektname = projektmitgliedschaft.projektname
```

Event-/Trigger-Mechanismus

Der hier vorgeschlagene ETM stellt eine Verallgemeinerung dieser Konzepte dar.

Ein Trigger ist ein Paar (E, A)

E: Ereignis
A: Aktion

mit der Bedeutung, daß bei Eintreten des Ereignisses E die Aktion A ausgeführt wird.

Worin genau ein Ereignis besteht, wird nicht weiter eingeschränkt. Das Ereignis ist allgemein als ein Indikator für das Eintreten einer bestimmten Situation im einem zeitlichen Ablauf aufzufassen. Es existiert ein Mechanismus, um Ereignisse explizit auszulösen und somit die betreffende Situation anzuzeigen.

Als Triggeraktion ist ganz allgemein ein Modul anzusehen, das zur Ausführung gebracht werden kann. Es muß sich dabei nicht um eine reine Folge von DB-Operationen handeln, vielmehr ist der Aufbau aus Konstrukten einer Wirtssprache **und/oder** DML-Operatoren möglich.

Durch die Einführung des Ereignisbegriffs ist das Konzept sehr viel breiter einsetzbar als die bisher im Datenbankbereich verwendeten Triggermechanismen. Insbesondere *können beliebige Ereignisse, die nicht unmittelbar aus dem Datenbasiszustand bzw. den aktuell ausgeführten DML-Operationen abgeleitet werden können*, von außen eingebracht werden.

4.2 Einordnung in einen das DBMS überschreitenden Systemkontext

Der ETM ist nicht als Datenbankmechanismus im engeren Sinn aufzufassen, sondern als ein sehr viel allgemeinerer Basismechanismus, der einzuordnen ist in die Gebiete

- Kommunikation verteilt kooperierender Prozesse,
- Ausnahmebehandlung / Software-Unterbrechungen,
- Dämonen im Bereich der künstlichen Intelligenz,
- Produktionensysteme

Die Analogien zwischen den genannten Mechanismen bzw. Systemen und dem ETM werden im folgenden kurz aufgezeigt.

4.2.1 Kommunikation verteilt kooperierender Prozesse

Der ETM läßt sich im Sinne eines stark vereinfachten Systems lose kooperierender Prozesse interpretieren. Nach [Wet78] stellen Prozesse aus der Sicht des Ablaufgeschehens abgeschlossene Verwaltungseinheiten dar, die über Prozeßkommunikation miteinander in Verbindung treten. Die Abläufe des ETM können als eine sehr eingeschränkte Art der Kooperation von Prozessen aufgefaßt werden. Aktionen wirken hierbei wie Prozesse, die als Unteraufträge eines anderen Prozesses ablaufen. Zur Ausführung der Aktionen findet eine Kommunikation zwischen dem ereignisauslösenden und dem die Aktion ausführenden Prozeß statt. Die zugehörige Prozeßkommunikation (Notation nach [Wet78]) ist in Abb.4-1 wiedergegeben.

Abb.4-1a zeigt die elementare Form der Kooperation zwischen umgebendem Programm und Aktion im ETM. Die Synchronisationsoperation SENDE(E) entspricht hierbei der ETM-Operation **RAISE E**. Die Synchronisationsoperation WARTE(E) auf Aktionsseite bezeichnet den Start der Aktion als Reaktion auf E. Die Auslösung der Aktionsprozesses durch das Ereignis E erfolgt jedoch nur, wenn ein Trigger T = (E, A) vorhanden ist. Falls kein Trigger zu E existiert, besitzt die Operation SENDE(E) keine korrespondierende Operation WARTE(E). Die Kopplung per WARTE(E) ist also lose und wird jeweils durch die aktuelle Menge von Triggern bestimmt. Falls mehrere Trigger $T_i = (E_i, A)$ existieren, wird A durch entsprechend viele verschiedene Warteoperationen gestartet.

Abb.4-1b zeigt zusätzlich den Fall, daß die Aktion A ein Ergebnis in die auslösende Umgebung zurückliefert, angedeutet durch die Synchronisationsoperationen SENDE(Ergebnis A) und WARTE(Ergebnis A). Dieser Fall wird nicht direkt durch den ETM unterstützt, läßt sich aber dadurch erreichen, daß A die Datenbasis modifiziert und zusätzliche Sperr- und Synchronisationsmechanismen (siehe Kap.4.7) Anwendung finden.

Bemerkung:
Die hier gezeigte Prozeßstruktur dient als rein logische Darstellung, die zunächst nichts über die Nebenläufigkeit von Aktionen oder über die konkrete Implementierung des ETM aussagt. Zu diesen Fragen siehe Kap.4.7 bzw. Kap.9.

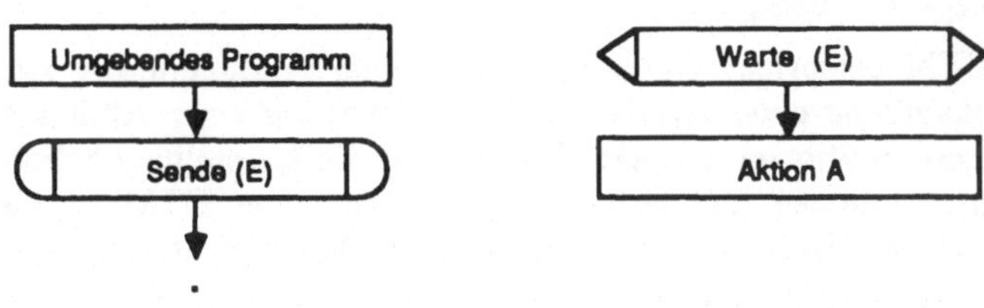

Abb.4-1a: Darstellung des ETM im Sinne der Prozeßkommunikation (Grundkonzept)

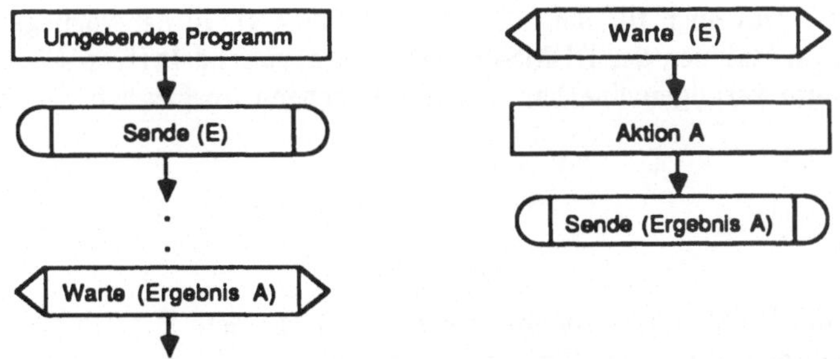

Abb.4-1b: Darstellung des ETM im Sinne der Prozeßkommunikation (Zusatzmechanismen)

Für die Spezifikation und Verifikation von Systemen kommunizierender Prozesse existiert in der Literatur eine breite theoretische Grundlage. Aufbauend auf der von Hoare entwickelten Sprache CSP (communicating sequential processes) [Hoa78] und ähnlichen Sprachen wurden Beweistechniken zur Verifikation paralleler Programmsysteme und zum Nachweis von Eigenschaften kommunizierender Prozesse (Invarianzeigenschaften, Verklemmungsfreiheit, Lebendigkeit ...) entwickelt (siehe z.B [LS84], [MC81]). Betrachtet man den ETM rein unter dem Aspekt einer programmiersprachlichen Aufschreibung, so lassen sich hier Querbezüge herstellen.

4.2.2 Ausnahmebehandlung

Betrachtet man den ETM nicht unter dem Spezifikations- und Verifikationsaspekt, sondern in Hinblick auf die Realisierung, so besteht eine Analogie zu Konzepten der **Ausnahmebehandlung**. Spezielle Mechanismen zur Ausnahmebehandlung werden in verschiedenen Programmiersprachen wie ADA, CLU oder PL/1 angeboten (vgl. Kap.9 in [Hor83]). Nach

[Goo75] dienen Ausnahmen und deren Behandlung dazu, die allgemeine Verwendbarkeit von Operatoren zu erhöhen. Dabei ist nicht nur an das Abfangen von Fehlersituationen gedacht, sondern an allgemeine Aktionen, z.B. zur Klassifikation der Operationsergebnisse oder zur Überwachung (monitoring) der Aktion. ("Exceptions are needed, in general, as a means of conveniently interleaving actions belonging to different levels of abstraction." [Goo75]). Es ist zu unterscheiden zwischen Auslösung einer Ausnahme aufgrund einer Ausnahmebedingung einerseits und Behandlung der Ausnahme andererseits. ("Bringing an exception condition to the invoker's attention is called raising an exception. The invoker's response is called the handling of the exception." ebd.).

Bezogen auf den ETM entspricht die Bekanntgabe einer Ausnahme der Auslösung eines Ereignisses E, die Behandlung einer Ausnahme der Ausführung einer Aktion A. Der ETM gestattet durch Triggerdefinitionen der Art T = (E, A) die Herstellung beliebiger Beziehungen zwischen Ausnahmesituationen und Behandlungsroutinen. Der ETM ist hierbei unabhängig von einer etwa gegebenen Block-/Modulstruktur oder ähnlichen Randbedingungen, und kann daher zur Nachbildung bzw. Implementierung beliebiger spezieller Verfahren benutzt werden.

Bei Verfahren der Ausnahmebehandlung treten Fragen des Kontrollflusses, der Hierarchie von Operationen und ihren Ausnahmen sowie der Parametrisierung von Ausnahmen auf, die je nach Verfahren unterschiedlich gelöst sind. Diese Fragen stellen sich in abgewandelter und verallgemeinerter Form auch für den ETM (siehe Kap.4.4). In der vorliegenden Arbeit werden diese Fragen im Rahmen der DBMS-Anwendung abgehandelt (Kap.4.5-4.8), die Lösungen sind jedoch teilweise verallgemeinerbar und mit Lösungen im Bereich der Ausnahmebehandlung verwandt.

4.2.3 Dämonen

Zur Einordnung des ETM muß weiterhin ein Konzept aus dem Bereich der künstlichen Intelligenz (KI) betrachtet werden: das Konzept der **Dämonen**. Dämonen stellen in Systemen der KI voneinander unabhängige, automome Instanzen dar, die jeweils überwachen, ob eine bestimmte Situation im System eingetreten ist, und bei Eintritt dieser Situation geeignete Aktionen durchführen. Dämonen werden z.B. in den KI-Systemen PLANNER und CONNIVER eingesetzt [SE87]. In der Literatur werden Dämonen sowohl unter dem prozeduralen Aspekt als auch im Sinne von eigenständigen Prozessen beschrieben:

Dämonen sind zum einen Prozeduren oder Module, die selbsttätig zur Ausführung kommen, sobald eine bestimmte Situation eingetreten ist ("... procedures ready to be used whenever needed, rather than when specifically asked to help by name" [Win84]). Die Situation kann z.B. die Erkennung eines bestimmten Musters in einem Eingabestrom, das Erfülltsein einer prädikatenlogischen Aussage oder der Zugriff auf ein Faktum sein, das mit weiteren Fakten oder Aussagen in Beziehung steht. Dämonen für Situationen der letztgenannten Art werden z.B. bei der Wissensrepräsentation durch Frames angewendet. Mit den Slots eines Frames können sogenannte "if-needed demons" bzw. "if-added demons" assoziiert werden. Erstere werden beim lesenden Zugriff auf den Slot aktiv, um dessen Wert zu errechnen, letztere beim schreibenden Zugriff auf den Slot, um abhängige Datenwerte direkt abzuleiten.

In ihrer Eigenschaft als Instanzen, die selbständig das Eintreten einer Situation überwachen und darauf reagieren, werden Dämonen auch als autonome Prozesse beschrieben ("A demon is a separate, autonomous process that runs in parallel with other processes (demons) and may interact with them." [SE87]). Dämonen sind in diesem Sinn kooperierende (parallele) Einheiten, die jeweils auf Einzelaufgaben spezialisiert sind und zur Erfüllung der Gesamtaufgabe miteinander interagieren.

Dämonen besitzen einerseits in ihrem prozeduralen Aspekt erhebliche Ähnlichkeit mit existierenden Triggerkonzepten in Datenbanksystemen. Andererseits entspricht die Sichtweise von Dämonen als eigenständigen Prozessen dem oben angesprochenen Problem der Kooperation von Prozessen in einem verteilten System. Der ETM stellt folglich auch bezüglich des Konzepts der Dämonen eine Verallgemeinerung bzw. einen potentiellen Basismechanismus zur Realisierung dar (siehe hierzu auch Kap.6.2).

4.2.4 Produktionensysteme

Der ETM weist schließlich auch deutliche Parallelen zu Produktionensystemen mit datengetriebenen – im Gegensatz zu zielgetriebenen – Inferenzstategien auf. Produktionensysteme dieser Art bzw. allgemeiner mustergesteuerte Inferenzsysteme zeichnen sich durch drei wesentliche Bestandteile aus [Jac86]:

- eine Menge von Modulen, die durch Daten aktiviert werden können, falls diese Daten dem Auslösemuster des Moduls entsprechen,
- eine Menge dynamischer Datenstrukturen, die von Modulen durchsucht und geändert werden können,
- einen Interpreter, der in zyklischer Weise Auswahl und Aktivierung von Modulen vornimmt.

In einem solchen Produktionensystem werden also Module (Aktionen) durch Daten, die bestimmten Mustern oder Bedingungen entsprechen, "getriggert". Die formale Notation für diesen Sachverhalt erfolgt durch Angabe von Regeln. Eine Regel ist ein Paar aus Prämisse und Aktion

$$P \rightarrow A$$

mit der Bedeutung, daß unter der Prämisse P die Aktion A ausgeführt werden kann. P gilt als erfüllt, falls im Faktenspeicher Daten existieren, die dem in P spezifizierten Muster genügen. Inhalt des Faktenspeichers sind i.a. Tripel der Art (Objekt, Attribut, Wert). Der Interpreter sucht zyklisch nach erfüllten Prämissen, wählt ggf. nach einer Resolutionsstrategie unter mehreren gleichzeitig anwendbaren Regeln eine aus und veranlaßt die zugehörige Aktion. Die Aktion A verändert i.d.R. den Faktenspeicher, kann aber z.B. auch Ein-/Ausgabe oder beliebige benutzerdefinierte Funktionen umfassen. Typischer Vertreter einen derartigen Produktionensystems ist OPS5.

Vergleicht man den ETM mit einem Produktionensystem, so kann ein Ereignis E analog zur Prämisse P einer Regel aufgefaßt werden. Durch E ebenso wie durch P kann eine Aktion aktiviert werden. Wie im weiteren Verlauf der Arbeit deutlich werden wird, sind Ereignisse im ETM allerdings wesentlich allgemeiner gefaßt als Prämissen in üblichen Regelsystemen, letztere lassen sich jedoch durchaus auf Ereignisse abbilden. Ferner wird im ETM nicht von einem zyklisch die Ereignismenge durchsuchenden Interpreter ausgegangen, sondern von einer eher der Ausnahmebehandlung ähnlichen Vorgehensweise (s.o.). Ein Ereignis führt notwendig zur Ausführung der zugehörigen Aktion A, nicht nur potentiell, wie dies bei einer Prämisse P der Fall ist (falls weitere Prämissen gleichzeitig erfüllt sind). Die prinzipielle Verwandtschaft des ETM zu Produktionensystemen bleibt davon jedoch unberührt.

An dem voranstehenden Überblick zur Einordnung des ETM ist deutlich geworden, daß der Mechanismus über den Einsatz zu DBMS-Zwecken in wesentlich breitere Anwendungen hinausreicht. Aus der Problemstellung der Arbeit heraus werden wir jedoch im folgenden den ETM stets in seinem Zusammenwirken mit dem DBMS behandeln.

4.3 Grundbestandteile des Event/Trigger-Mechanismus (ETM)

Der Event/Trigger-Mechanismus basiert auf den drei Konstrukten:

- Ereignis
- Aktion
- Trigger

Im folgenden werden die drei Elemente Ereignis, Aktion und Trigger im einzelnen vorgestellt und insbesondere die Operationen, die auf diese Konstrukte anwendbar sind, beschrieben.

4.3.1 Ereignisse

Ein Ereignis ist ein Indikator für das Erreichtsein einer bestimmten Situation in einem Ablauf. Die Menge der Situationen, die durch Ereignisse angezeigt werden können, ist nicht weiter festgelegt oder eingeschränkt.

Damit verschiedene Situationen bezüglich möglicher Reaktionen unterschieden werden können, erfolgt die Vergabe von Bezeichnern. Für Klassen gleichartiger Situationen werden Ereignistypen definiert, wobei jeder Typ einen eindeutigen Bezeichner erhält. Der Bezeichner eines Ereignistyps identifiziert somit eine Situationsklasse. Der Begriff Ereignistyp wird im folgenden häufig mit dem Begriff Ereignis gleichgesetzt. Außer dem eindeutigen Bezeichner trägt ein Ereignis keine weitere Information über die zugeordnete Situationsklasse.

Bei der Spezifikation eines Ablauf wird eine konkrete Situation der durch den Ereignistyp festgelegten Klasse durch eine Ereignisinstanz, d.h. die explizite Auslösung des betreffenden Ereignistyps angezeigt. Die Auslösung erfolgt unter Angabe des Ereignisbezeichners. Ein Ereignis kann beliebig oft ausgelöst werden, d.h. zu einem Ereignistyp lassen sich beliebig viele Instanziierungen erzeugen. [1]

1 Betrachtet man den Mechanismus im Rahmen einer programmiersprachlichen Ausschreibung, so muß bei der Instantiierung eines Ereignistyps zwischen zwei Stufen unterschieden werden: der Aufschreibung der RAISE-Operation im Programmtext und der konkreten Ausführung der Auslöseoperation bei Programmablauf. Zu einem Ereignistyp können beliebig viele RAISE-Operationen im Programmtext erscheinen und eine RAISE-Anweisung kann beliebig oft durchlaufen werden.

Unter der **Definition eines Ereignisses** (genauer: eines Ereignistyps) wird die Vergabe eines – im Kontext (siehe Kap. 5) – eindeutigen Bezeichners verstanden.

Mit

EVENT <E>

sei im folgenden die Erzeugung des Ereignistyps mit dem Identifikator **<E>** bezeichnet. Eindeutigkeit über alle Ereignisbezeichner wird gefordert.

Die **Auslösung des Ereignisses** **<E>**, d.h. die Erzeugung einer Instanz des Ereignistyps, wird beschrieben durch: [1]

RAISE <E>

Ereignistypen können wieder gelöscht werden durch Verwendung des Operators

DELETE_EVENT <E>

<E> ist der eindeutige Identifikator des zu löschenden Ereignisses.

Durch das Ereigniskonzept des Event-/Trigger-Grundmechanismus bleibt völlig offen, auf welche Weise die Situation erkannt wird, als deren Indikator ein bestimmtes Ereignis auszulösen ist. Innerhalb des ETM selbst liegt hierüber kein Wissen vor. Die den ETM anwendende Instanz teilt durch Aufruf des **RAISE**-Operators explizit mit, daß ein Ereignis eingetreten ist. Mit der Erkennung der Ereignisse zusammenhängende Fragen werden ausführlich in Kap.6 behandelt.

4.3.2 Aktionen

Unter einer Aktion wird hier ein beliebiges ausführbares Modul verstanden. Genauer gesagt handelt es sich bei dem Modul um einen Aktionstyp, dessen Instantiierungen die konkreten Ausführungen der Aktion darstellen. Aktionen entsprechen in diesem Sinne Prozeduren mit Prozedurdeklaration und Prozeduraufrufen. [2]

Der Aufbau einer Aktion wird nicht eingeschränkt, sie kann insbesondere Operationen auf der Datenbasis in Verbindung mit einer Wirtssprache (beliebige höhere Programmiersprache) beinhalten.

Aktionstypen sind unabhängig von einem bestimmten Trigger definierbar, ihre explizite Definition unter Vergabe eines Aktionsnamens (entsprechend einer Prozedurdeklaration) ist daher vorgesehen. Dies hat den Vorteil, daß dieselbe Aktion in mehreren Triggern verwendet werden kann und daß eine Menge vordefinierter Aktionen zur potentiellen Verwendung in späteren Triggerdefinitionen bereitgestellt werden kann. Eine Aktion kann aber auch implizit, ohne Vergabe eines Bezeichners, als Teil eines Triggers definiert werden, ihre Existenz ist dann an diejenige des Triggers gebunden.

---

1 Bemerkung: Die Operationen EVENT und RAISE sind nicht im Sinne einer sequentiellen Ablaufsteuerung wie etwa in ADA aufzufassen.

2 Betrachtet man wiederum das Konzept der Aktionen im Rahmen der programmiersprachlichen Aufschreibung, so ist ähnlich wie bei Ereignissen zwischen der Aufschreibung eines Aktionsaufrufs im Programmtext und der konkreten Ausführung der Aktion bei Programmablauf zu unterscheiden.

Eine Aktion (genauer: ein Aktionstyp) mit dem Bezeichner <A> wird explizit erzeugt durch:

```
ACTION <A> = <Aktionsrumpf>
```

Neben der getriggerten Ausführung von Aktionen (s.u.) lassen sich Aktionen selbstverständlich auch explizit ausführen, was durch

```
EXEC <A>
```

zum Ausdruck gebracht werden soll. Diese Operation entspricht im Prinzip dem üblichen Prozeduraufruf. Die Prozedur wird hierbei allerdings im DBMS verwaltet und der Aufrufmechanismus über einen Operator der DBMS-Schnittstelle zur Verfügung gestellt. Der EXEC-Operator stellt eine einfache Ergänzung der Schnittstelle dar, wobei die eigentliche Anwendung selbstverständlich auf getriggerte Ausführung von Aktionen zielt.

Schließlich können Aktionen dynamisch wieder gelöscht werden durch Verwendung des Operators

```
DELETE_ACTION <A>
```

4.3.3 Trigger

Ein Trigger ist definiert als ein Paar aus einem Ereignis und einer Aktion

$$T = (E, A)$$

mit der Bedeutung, daß unmittelbar bei einer Instantiierung des Ereignistyps E die Aktion A ausgeführt (instantiiert) wird. Insbesondere gilt, daß A auf den Datenbasiszustand angewendet wird, der bei Ereignisinstantiierung vorliegt.

Als graphische Darstellung für diesen Sachverhalt verwenden wir:

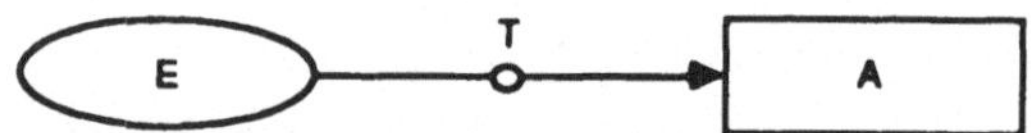

Abb.4-2: Graphische Darstellung für T = (E, A)

Diese graphische Darstellung ist sowohl auf Ebene der Ereignis- und Aktionstypen als auch auf Instanziierungsebene verwendbar.

Die Erzeugung eines Triggers mit dem Bezeichner <T> erfolgt durch:

```
TRIGGER <T> = ON <E> DO <A>
```

wobei <E> ein definierter Ereignisbezeichner und <A> der Bezeichner einer Aktion bzw. eine Aktionsdefinition (ohne eigenen Bezeichner) seien. Es wird nicht ausgeschlossen, daß mehrere Trigger zum selben Ereignis erzeugt werden, sofern sie diesem unterschiedliche Aktionen zuordnen.

Trigger können aktiviert und deaktiviert werden, d.h. die Bindung eines Ereignisses an eine Folgeaktion ist dynamisch an- und abschaltbar. Ein deaktivierter Trigger hat keine Wirkung. Nach seiner Definition muß jeder Trigger zunächst explizit aktiviert werden. Die Möglichkeit der Deaktivierung erlaubt es, Trigger, die vorübergehend nicht benötigt werden, im System nicht explizit löschen und später erneut erzeugen zu müssen. Der Trigger <T> wird aktiviert bzw. deaktiviert durch:

ACTIVATE <T>
DEACTIVATE <T>

Die Bindung eines Ereignisses an eine Folgeaktion läßt sich durch Löschen des Triggers dynamisch lösen. Das Ereignis und die Aktion werden dabei nicht gelöscht (Ausnahme: Aktionen, die als unmittelbarer Bestandteil des Triggers definiert wurden und folglich keinen eigenen Bezeichner besitzen.) Der Trigger <T> wird gelöscht durch:

DELETE_TRIGGER <T>.

Implizit wird die Operation **DELETE_TRIGGER** durchgeführt, wenn entweder das Triggerereignis <E> oder die Triggeraktion <A> explizit gelöscht werden (durch **DELETE_EVENT** bzw. **DELETE_ACTION**).

4.4 *Charakterisierung des ETM als Steuerungsmechanismus*

Der ETM stellt einen Mechanismus dar, mit dem Programmabläufe gesteuert werden können. Er ist insofern vergleichbar mit Prozedur- oder Koroutinenkonzepten, als auch hier Instantiierungen von Aktionstypen zur Ausführung gebracht werden. Das Event/Trigger-Konzept zeichnet sich gegenüber der Ablaufsteuerung über Prozeduraufrufe jedoch aus durch die **lose Kopplung** zwischen dem auslösenden Ereignis und der auszuführenden Aktion (siehe Abb.4-3). Die lose Kopplung unter dem Blickwinkel kooperierender Prozesse wurde bereits in Kap.4.2 aufgezeigt.

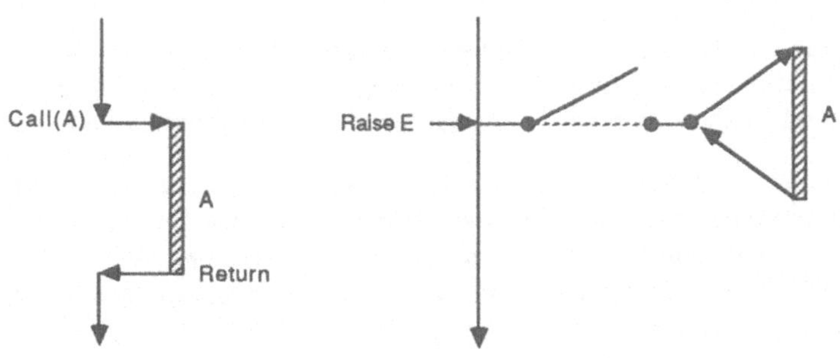

Abb.4-3: Abgrenzung zwischen ETM und Prozedurkonzept

Folgende Eigenschaften sind für die lose Kopplung charakteristisch:

- Aufrufstellen (gekennzeichnet durch **RAISE E**) sind **potentiell**. Die Ausführung einer Aktion kann, muß aber nicht daran gekoppelt sein.

- Die Struktur von Abläufen, die beinhaltet, daß ausgewählte Aktionen zu bestimmten Zeitpunkten instantiiert werden, ist nicht festgeschrieben, sondern **dynamisch änderbar**. Durch Definition und Löschen von Triggern sowie Aktivieren und Deaktivieren kann die Reaktion auf ein Ereignis jederzeit einfach verändert werden.

- Bei der Aufschreibung der Programme (statische Ablaufdefinition) können eine Reihe möglicherweise relevanter Situationen von vornherein durch Ereignisse markiert werden, auch wenn noch nicht bekannt ist, ob bzw. wie auf diese Situationen reagiert werden soll. Die detaillierten Abläufe können nachträglich festgelegt werden. Umgekehrt kann eine Reaktion einem bestimmten Ereignis zugeordnet werden, auch wenn unbekannt ist, ob bzw. wann die entsprechende Situation eintreten wird (Analogie zur Ausnahmebehandlung).

- Die in einer Situation erwünschten Reaktionen sind einfach **erweiterbar**, sofern zu einem Ereignis mehrere Aktionen definiert werden.

- Zu einem Ereignis wird nicht von vornherein eine feste Kontrollstruktur über den Folgeaktionen verlangt, d.h soweit nicht ausdrücklich erwünscht, muß keine explizite Sequentialisierung der Aktionen vorgenommen werden. Hiermit wird es möglich, verschiedene Reaktionen auf eine erreichte Situation unabhängig voneinander zu spezifizieren. Insofern besteht eine Verwandtschaft zu unabhängigen Regeldefinitionen in regelbasierten Systemen [BD83].

- Falls in einer Situationsklasse eine andere Reaktion als bisher notwendig wird (grob vergleichbar dem Aufruf einer anderen Prozedur), ist lediglich zentral die Triggerdefinition abzuändern. Diese Änderung wird konsistent an allen Punkten der Ereignisauslösung sichtbar, ohne daß dazu explizit Änderungen an sämtlichen Aufrufstellen durchgeführt werden müssen.

- Durch die lose Kopplung von Ereignissen und Reaktionen können Abläufe zu verschiedenen Situationsklassen für lokale Umgebungen individuell definiert werden. Durch Aktivieren und Deaktivieren von Triggern lassen sich Reaktionen lokal zu- bzw. abschalten.

Der ETM bietet als Mechanismus der Ablaufsteuerung überall dort Vorteile gegenüber dem statischen Prozedurkonzept, wo eine oder mehrere der oben genannten Eigenschaften benötigt werden. Die lose Kopplung, auf der diese Vorteile beruhen, wirft andererseits verschiedene Probleme auf, deren Lösungen bei der weiteren Ausgestaltung des Mechanismus zu berücksichtigen sind.

Es handelt sich dabei um die folgenden Problemkreise:

Kontextinformation

Das Prozedurkonzept erhält einen wesentlichen Teil seiner Mächtigkeit dadurch, daß die Prozedur Zugriff auf Information aus dem Aufrufkontext haben kann. Dies geschieht durch Parametrisierung der Prozedur bzw. durch Zugriff auf eine globale Umgebung (letzteres läßt sich immer auf explizite Parametrisierung zurückführen). Für alle Werte der Parameterbereiche reicht somit die Definition **einer** Prozedur (Berechnungsvorschrift) aus, die in Abhängigkeit von der aktuellen Parametrisierung unterschiedliche Aufgaben erfüllt bzw. unterschiedliche Daten bearbeitet.

Aus denselben Gründen sollten auch Aktionen Zugriff auf Kontextinformation haben können, die zum Zeitpunkt der Triggerung vorliegt. Es ist also eine **Parametrisierung der Aktionen** notwendig. Der Transfer der Kontextinformation zur Aktion muß bei der Ereignisauslösung durchführbar sein. Hierbei ist das folgende Problem zu lösen: Die Aktion kennt zwar den benötigten Kontext, der Bedarf der Aktion ist jedoch in der das Ereignis auslösenden Umgebung nicht genau bekannt. Bei Ereignisauslösung ist nicht festgelegt, welche Aktion(en) ausgeführt werden. Insbesondere kann es sich um mehrere Aktionen mit unterschiedlichen Parametern handeln.

Ablauforganisation

Zu einem Ereignis kann eine beliebige Anzahl von Triggern definiert sein, d.h. eine Menge von Aktionen zur Ausführung kommen. Da Trigger jeweils nur paarweise Zuordnungen (Ereignis, Aktion) darstellen, ist über die Beziehung der Aktionen zueinander, d.h. insbesondere über eine Reihenfolgebeziehung, bislang nichts ausgesagt. In einem solchen Fall muß muß eine Kontrollstruktur innerhalb der Aktionsmenge zum selben Ereignis festgelegt werden, d.h. es muß eine (Halb-)Ordnung innerhalb der Aktionsmenge aufgestellt werden.

Kooperation und Konkurrenz

Hierunter seien alle Fragen verstanden, die mit der Kooperation bzw. Konkurrenz der Aktionen untereinander sowie zwischen Aktion und auslösendem Programm in Zusammenhang stehen. Es sind **synchrone und asynchrone Aktionsausführung** zu betrachten. Ferner ist festzulegen, wie nach Aktionsausführung der Ablauf fortgesetzt wird, d.h. welche **Aufsetzpunkte nach Triggerausführung** vorgesehen werden. Speziell ist zu entscheiden, wie die Ablaufsteuerung verfährt, falls Aktionen fehlerhaft abgebrochen werden, d.h. **Laufzeitfehler** während des Ablaufs von Aktionen auftreten (**Recoveryproblem für Aktionen**.)

Terminierung

Nicht-terminierende Aktionen bzw. Aktionsketten sind nur in Spezialfällen – vergleichbar mit unendlichen Trägerprozessen – explizit gewollt. Diese Spezialfälle, in denen die betroffenen Aktionen gesondert zu markieren sind – werden hier nicht weiter betrachtet. Im allgemeinen Fall wird dagegen von einer Aktion bzw. einer Aktionsmenge, die zu einem Ereignis ausgeführt wird, verlangt, daß sie nach endlicher Zeit abbricht. Es muß dazu entweder per Definition sichergestellt werden, daß jede solche Aktion(smenge) terminierend ist, bzw. ein Terminieren muß zur Laufzeit erzwungen werden. Im letzteren Fall muß eine kontrollierte Fortsetzung des Ablaufs nach Aktionsabbruch (entweder an der Stelle der Ereignisauslösung oder an einem anderen sinnvollen Punkt in der auslösenden Umgebung) möglich sein.

Das Terminieren einer Aktion bzw. Aktionsmenge setzt zunächst natürlich terminierende Algorithmen für jede einzelne Aktion – unabhängig von der speziellen Verwendung des ETM – voraus. Insoweit ist dieses Problem nicht spezifisch für diesen Mechanismus und zurückführbar auf das – nicht allgemein entscheidbare – Terminierungsproblem für Algorithmen. Die Untersuchung dieser Problematik stellt daher keinen Gegenstand dieser Arbeit dar.

Über die allgemeine Problematik hinaus wirft der ETM allerdings ein spezielles Terminierungsproblem auf, das untersucht werden muß. Aktionen als beliebig definierbare Module können selbst wieder Ereignisse auslösen, welche weitere Aktionen triggern. Dadurch kann es zu einer theoretisch beliebig tiefen Verschachtelung von Aktionen kommen, wobei auch rekursiv dieselbe Aktion mehrfach ausgelöst werden kann. Für die Terminierung ist sicherzustellen, daß es bei einer solchen **Schachtelung von Triggern** nicht zu unendlich durchlaufenen Zyklen kommt, bzw. daß für solche Zyklen eine kontrollierte Abbruchbehandlung durchgeführt wird.

Geltungsbereiche

Unter dem Stichwort Geltungsbereiche sollen alle Fragen zusammengefaßt werden, die die **Sichtbarkeit und Vererbung definierter Konstrukte** des ETM und die **Verwendbarkeit der zugehörigen Operatoren** betreffen.

In elementarer Weise beinhaltet der Grundmechanismus bereits ein Geltungskonzept, da Trigger durch (De-)Aktivieren lokal gültig oder ungültig werden. Für erhöhten Benutzungskomfort ist es jedoch wünschenswert, "Arbeitsumgebungen" vorzusehen, die

- die Verwendbarkeit von definierten ETM-Konstrukten in Operationen regeln (welche Aktionen und Ereignisse können zur Definition von Triggern verwendet werden, auf welche Ereignisse kann die **RAISE**-Operation angewendet werden usw.),
- die Menge aktuell aktivierter Trigger bestimmen.

Im Rahmen von Prozedurmechanismen in Programmiersprachen finden die Konzepte Gültigkeitsbereich und Lebensdauer Anwendung. Prozeduren können nur im Gültigkeitsbereich bzw. während der Lebensdauer ihrer Deklaration aufgerufen werden. Gültigkeitsbereiche können durch Blockschachtelung oder explizites Exportieren/Importieren zwischen getrennten Einheiten gegeben sein. Die Lebensdauer wird ebenfalls durch Block- bzw. Modulgrenzen eingeschränkt. Definitionen mit gleichem Bezeichner können sich ggf. lokal überlagern. Für den ETM existiert keine Blockstruktur im Sinne von Programmiersprachen. Trotzdem ist es auch für Aktionen wünschenswert, die Sichtbarkeit in bestimmten Bereichen geeignet festlegen und lokal einschränken zu können, wobei das Prinzip der Lebensdauer Anwendung finden soll. Außer für Aktionen werden auch für die Definitionen von Ereignissen und Triggern Geltungsbereiche benötigt, weil hierdurch das Lokalitätsverhalten der zu steuernden Abläufe unterstützt wird.

Im Bereich der Zugriffsüberwachung existieren Methoden, die Objekte und/oder hierfür definierte Operatoren nur autorisierten Instanzen zugänglich machen bzw. die Neudefinition von einer Berechtigung abhängig machen. Für Datenbankanwendungen des Entwurfsbereichs ist hierbei ein Umgebungskonzept brauchbar, daß die typischen hierarchischen Strukturen des Projektumfelds widerspiegelt [Dit87]. In diesem Umgebungskonzept wird der Zugriff auf Objekte geregelt. Auch für ETM-Konstrukte müssen Definition und Verwendung der Aktionen, Ereignisse und Trigger kontrolliert erfolgen. Hierbei sind auch die Aspekte Projekthierarchie und Teamarbeit zu berücksichtigen.

Unter dem Oberbegriff Geltungsbereiche werden also der Aspekt der Lebensdauer, wie er in Programmiersprachen Anwendung findet, einerseits und Datenbankkonzepte im herkömmlichen Sinn andererseits zusammengefaßt. Beide Aspekte unterscheiden sich im wesentlichen durch die **temporäre bzw. permanente Existenz von Geltungsbereichen**.

Ein weiterer Aspekt, der hier kurz aufgezeigt werden soll, ist das Problem der **Zugriffskontrolle** im Zusammenhang mit dem ETM. Zwischen der ein Ereignis auslösenden Sphäre einerseits und der Sphäre der getriggerten Aktion andererseits müssen Fragen der Zugriffsrechte auf eindeutig definierte Weise und unter strengster Wahrung der notwendigen Isolation geregelt werden. Jede Aktion muß als eigenständige Einheit im Rahmen eines Schutzsystems behandelt werden, der gezielt Zugriffsrechte gewährt werden. Eine detaillierte Behandlung dieses Aspekts wird in der vorliegenden Arbeit nicht vorgenommen, da hier allgemeine Schutzkonzepte (wie z.B. in [Dit83] beschrieben) zur Anwendung gelangen.

Im folgenden werden die oben genannten fünf Problemkreise ausführlich untersucht. Es wird gezeigt, daß ihre Lösung durch gezielte Erweiterungen bzw. Zusatzmechanismen als Ergänzung des einfachen Grundmechanismus erreichbar ist. Die Frage der Geltungsbereiche stellt dabei insofern einen Sonderfall dar, als über den Grundmechanismus hinaus Zusatzleistungen (höherer Benutzerkomfort, Schutzaspekte) erbracht werden sollen. Sie wird daher in einem gesonderten Kapitel (Kap.5) behandelt.

4.5 Kontextinformation

Wie bereits oben gesagt, bezieht das Prozedurkonzept einen wesentlichen Teil seiner Mächtigkeit aus der Tatsache, daß durch *eine* Prozedurdefinition eine Vielzahl einzelner Verarbeitungsvorgänge in Abhängigkeit von den jeweiligen Kontextwerten beschrieben sind. Die Prozedur erhält durch Verwendung globaler Größen bzw. durch Parametrisierung Zugriff auf den Kontext der Aufrufstelle. Daß auch Aktionen des ETM-Mechanismus Zugriff auf Kontextinformation benötigen, geht bereits aus einfachen Beispielen hervor:

Beispiel 4-3:

Nach Beendigung einer Entwurfsphase soll eine Prozedur angestoßen werden, die das Arbeitsergebnis dieser Phase, das in der Datenbasis abgelegt ist, verifiziert.

```
EVENT end_of_design_phase_1;

ACTION verification_procedure_1 = <Verifikationsalgorithmus>;

TRIGGER T1 = ON end_of_design_phase_1 DO verification_procedure_1;
```

Ganz offensichtlich muß die Verifikationsprozedur genau auf diejenigen Objekte der Datenbasis zugreifen, in denen das jeweilige Entwurfsergebnis abgelegt ist. Da in der Datenbasis mehrere Entwürfe (A, B, C, ...) abgespeichert sein können, müssen diejenigen Objekte identifiziert werden, die im aktuellen Kontext (bearbeitet wurde z.B. nur A) interessieren. Es wäre unsinnig, für jeden der Fälle A, B, C ... eine gesonderte Aktion zu definieren und zu speichern.

Beispiel 4-4:

Das Löschen eines Objekts vom Typ x soll eine Aktion zur Folge haben, welche alle Objekte löscht, die Bestandteil (Unterobjekt) dieses Objekts waren.

```
EVENT delete_object_type_x;

ACTION delete_parts = <Löschoperationen>;

TRIGGER T1 = ON delete_object_type_x DO delete_parts;
```

Der Aktion muß bekannt sein **welches** Objekt vom Typ x gelöscht wurde, damit sie dessen Unterobjekte identifizieren und löschen kann.

Es muß nun untersucht werden, wie die Kontextinformation an die Aktion transferiert werden kann. Hierfür gibt es zwei Möglichkeiten:

- Globale Standardumgebung für alle Aktionen
- Individuelle Parametrisierung von Aktionen

Globale Umgebung für Aktionen

Die globale Umgebung stellt allen Aktionen einen festgelegten Umfang von Kontextinformation in Umgebungsvariablen mit vordefinierten Bezeichnern zur Verfügung. Bei der Aktionsdefinition kann deren Inhalt angesprochen werden. Es kann sich dabei nur um solche Werte handeln, die entweder bei jeder Ereignisauslösung ohnehin verfügbar sind oder während des Ablaufs laufend aktualisiert werden können. Zu ersteren gehören z.B. Benutzerkennung, Priorität der Aktion (siehe Kap.4.6), Name des triggernden Ereignisses u.ä. Werte der zweiten Art stellen im weiteren Sinne 'Currency'-Information dar, hierunter fallen z.B. der Identifikator des zuletzt angesprochenen Objekts zu jedem Typ des Schemas, die zuletzt ausgeführte DML-Operation u.ä. Um Informationen der letztgenannten Art zu führen, ist allerdings laufender Aufwand im System notwendig, auch wenn Aktionen von diesen Kontextinformationen keinen Gebrauch machen. Sofern nicht entsprechende Informationen zu anderen Zwecken ohnehin im DBMS mitgeführt werden, entsteht dadurch für den bloßen Basismechanismus unvertretbar hoher Aufwand, selbst wenn die Kontextinformation von den Aktionen gar nicht genutzt wird.

Es soll daher für Aktionen nur eine sehr einfache globale Umgebung vorhanden sein, die bei der Ereignisauslösung ohnehin zur Verfügung steht und nicht laufend berechnet werden muß. Der genaue Inhalt dieser Umgebung wird hier nicht festgelegt, er kann bei Einbringen des

Mechanismus in ein konkretes System definiert werden. Im einfachsten Fall sollte diese Umgebung jeder Aktion die Variablen

EVENT_NAME	(Name des triggernden Ereignisses)
ACTION_PRIORITY	(Eigene Priorität der Aktion)
USER	(Kennung des Benutzers, dessen Prozeß Ereignis ausgelöst hat)

zur Verfügung stellen.

Parametrisierung der Aktionen

Alle weiteren Kontextinformationen sollen der Aktion durch Parametrisierung übergeben werden. Eine Aktion kann hierzu unter Angabe formaler Parameter **fap_i** definiert werden:

ACTION <A> (fap_1 : $atype_1$, ... , fap_n : $atype_n$) = <Rumpf>

Sofern die Aktion explizit zur Ausführung gebracht wird, werden alle aktuellen Parameterwerte aap_i direkt angegeben:

EXEC <A> (aap_1, ... , aap_n)

Insoweit besteht kein Unterschied zum Prozeduraufrufkonzept. Im Rahmen des ETM werden Aktionen jedoch in der Regel durch lose Kopplung an Ereignisse ausgelöst. Ereignisse werden definiert und ausgelöst ohne Bezug zu Aktionen, die durch Trigger an diese Ereignisse geknüpft werden können. Insofern kann ein Ereignistyp immer nur einen allgemeinen Kontext liefern, der erst durch Triggerdefinition und Ereignisinstantiierung an die Aktionsparameter gebunden wird.

Ereignisse werden hierzu ebenfalls parametrisiert, d.h. mit Parametern versehen, die den Ereigniskontext beschreiben. Dabei sind formale Parameter bei der Definition des Ereignistyps, aktuelle Parameterwerte bei der Instantiierung (Ereignisauslösung) anzugeben. Die Ereignisdefinition erweitert sich somit um die formalen Ereignisparameter fep_i:

EVENT <E> (fep_1 : $etype_1$, ... , fep_n : $etype_n$)

Das so definierte Ereignis wird unter Angabe der aktuellen Ereignisparameter aep_i ausgelöst:

RAISE <E> (aep_1, ... , aep_n)

Bei der Definition eines Triggers ist die Zuordnung von Ereignisparametern zu Aktionsparametern durchzuführen. Dabei wird i.a. nur eine Teilmenge der Ereignisparameter zugeordnet, da verschiedene Aktionen zu einem Ereignis unterschiedliche Teile der Kontextinformation benötigen können. Die Aktionsparameter müssen vollständig besetzt werden. Dies geschieht durch Zuordnung eines Funktionsausdrucks fexpr über den formalen Ereignisparametern und/oder konstanten Werten.

$$T = (E , A (tap_1, \ldots , tap_m))$$

$tap_i \in \{fexpr(\{fep_j\}) : resulttype\ (fexpr\ (\{fep_j\})) \leq atype_i\}$

$x \leq y$: Typ x ist aufwärts kompatibel zu Typ y

Als aktuelle Parameter der Aktion innerhalb der Triggerdefinition (hier bezeichnet als tap_i) können wie üblich Funktionsausdrücke über den formalen Ereignisparametern zugewiesen werden, deren Ergebnis mit dem Aktionsparameter typkompatibel ist. Im einfachsten Fall kann es sich dabei um konstante Werte des zugehörigen Parametertyps **atype**$_i$ oder um den Bezeichner eines typkompatiblen formalen Ereignisparameters handeln.

Für die getriggerte Instantiierung der Aktion hat das folgende Auswirkungen: Aktuelle Parameter werden mit dem aktuellen Wert des im Trigger definierten Funktionsausdrucks besetzt. Der Funktionswert wird bestimmt durch die aktuellen Werte der verwendeten Ereignisparameter bei der triggernden **RAISE**-Operation. Falls es sich bei dem Funktionsausdruck lediglich um eine Konstante handelt, ist der aktuelle Aktionsparameter unabhängig vom auslösenden Ereignis.

Die vorgestellte Form der Parametrisierung stellt einen sinnvollen Kompromiß dar zwischen der losen Kopplung einerseits und der Möglichkeit, Aktionen mit Information über den Ereigniskontext zu versorgen, andererseits. Um die Unabhängigkeit von Ereignissen und Aktionen möglichst wenig einzuschränken, soll auf einen direkten Informationsfluß in der umgekehrten Richtung, d.h. von der Aktion zum Ereignis verzichtet werden. Da bei Auslösung eines Ereignisses nicht bekannt ist, ob überhaupt eine Aktion stattfindet, kann man sich nicht auf Ausgabewerte von Aktionen abstützen. Ausgabeparameter von Aktionen sind daher nicht vorgesehen. Indirekte Rückwirkungen der Aktion in die aufrufende Umgebung können durch Veränderungen der Datenbasis stattfinden.

Reaktionen auf Ergebnisse einer Aktion A sind jedoch auf andere Weise realisierbar. Zum einen kann A Wirkungen auf der Datenbasis hinterlassen, die nach Abschluß der Aktion im Kontext sichtbar sind. Zum andern kann A selbst wiederum ein (mit Ergebniswerten) parametrisiertes Ereignis auslösen, das weitere Aktionen zur Verarbeitung dieser Ergebnisse triggert.

Beispiel 4-5:

In Erweiterung von Beispiel 4-3 sei angenommen, daß das Ergebnis der Entwurfsphase aus dem Entwurfsergebnis-Objekt und einem Dokumentationsobjekt besteht. Es wird ein Typ DB_ID vorausgesetzt, dessen Wertebereich die Menge der eindeutigen Identifikatoren von Datenbankobjekten ist. Im Anschluß an die Entwurfsphase soll das Entwurfsergebnis verifiziert und das Dokumentationsobjekt nach vorgegebenen Richtlinien (format_types) formatiert werden.

```
EVENT end_of_design_phase_1 (design_object, documentation_object: DB_ID);

ACTION verification_procedure_A (verif_obj: DB_ID)
       = <Verifikation von verif_obj>;

ACTION format_doc (format_obj: DB_ID, format: format_type)
       = <Formatierung von format_obj entsprechend format>;

TRIGGER T1 = ON end_of_design_phase_1
             DO verification_procedure_A (design_object);
```

```
TRIGGER T2 = ON end_of_design_phase_1
             DO format_doc (documentation_object, 'tex_format');

ACTIVATE T1;
ACTIVATE T2;
```

Nach Bearbeitung des Entwurfsobjekts mit Identifikator X in Phase 1 wird das entsprechend parametrisierte Ereignis ausgelöst (X_id und Xdoc_id seien die Objektidentifikatoren):

```
RAISE end_of_design_phase_1 (X_id, Xdoc_id);
```

Dies hat zur Folge, daß die Aktionen

verification_procedure_A (X_id) und

format_doc (Xdoc_id, 'tex_format')

ausgeführt werden.

Durch die Parametrisierung tragen Ereignisse Information, die an getriggerte Aktionen transferiert werden kann. Die Parametrisierung der Ereignisse bietet darüber hinaus die Möglichkeit, eine Aktion nur dann auszulösen, wenn das Ereignis mit bestimmten Parametern ausgelöst wird. Das bedeutet, daß die Aktion nur in bestimmten Ereigniskontexten ausgeführt wird. Für alle anderen Kontexte (Parameterwerte) erfolgt keine Aktionsausführung. Zu diesem Zweck wird die Triggerdefinition wie folgt erweitert:

$$T = (E , A (tap_1, \ldots , tap_m \cdot), \text{condition} (\{fep_i\}))$$

condition($\{fep_i\}$) schränkt die Triggerdefinition auf eine bestimmte **Bedingung über den Ereignisparametern** ein. Die Bedingung beinhaltet keinerlei Aussagen über den Datenbasiszustand, sondern nur über den Kontext der Ereignisauslösung. In condition sind einfache Vergleiche von Ereignisparametern untereinander sowie mit Konstanten sowie die konjunktive und disjunktive Verknüpfung der Vergleichsterme möglich. Es kann z.B. gefordert werden, daß ein Triggerung nur erfolgt, falls ein Ereignisparameter in einem bestimmten Intervall liegt oder einen von mehreren vorgegebenen Werten annimmt.

Alternativ wäre es möglich, die Bedingung für die Aktionsauslösung nicht schon bei der Triggerdefinition, sondern erst bei der Triggeraktivierung anzugeben. Vorteil dieser Vorgehensweise wäre, daß *dieselbe getriggerte Aktion* zu verschiedenen Zeitpunkten für wechselnde Ereignisparameter angeschaltet werden kann, ohne daß jeweils eine neue Triggerdefinition erfolgen muß. Dagegen ist die Angabe der Bedingung bei ACTIVATE umständlich und unnatürlich, wenn zu verschiedenen Ereignisparametern jeweils *verschiedene Aktionen* getriggert werden sollen. Da der letztgenannte Fall allgemeingültiger ist, wird die Bedingung an die Triggerdefinition gebunden. Das Aktivieren eines Triggers trägt also keine individuelle Information, sondern dient lediglich dazu, einen Trigger temporär zurückzuziehen, ohne ihn explizit löschen und wiedereinfügen zu müssen.

Auf die Einführung einer CASE-Konstruktion, die in diesem Zusammenhang ebenfalls denkbar wäre, wird verzichtet, da hiermit das Konzept durchbrochen würde, durch eine Triggerdefinition jeweils die Beziehung zwischen *genau einem Ereignis und genau einer Aktion* herzustellen.

Im folgenden wird für die Triggerdefinition die folgende Schreibweise verwendet:

```
TRIGGER <T> = ON <E>
              IF condition({fep(i)})
              DO <A> (tap₁, . . . , tapₙ)
```

Die parameterabhängige Triggerung hat den Vorteil, daß die Entscheidungen, ob die Operationen überhaupt durchzuführen sind, **im Vorfeld der Aktion** getroffen werden kann, ohne daß die Aktion selbst dazu angestoßen werden muß (andernfalls müßte die Abfrage der Parameter **in der Aktion** stattfinden). Da der Aktionsaufruf i.a. einen erhöhten Kostenfaktor darstellt, lohnt sich die vorgezogene Auswertung der Kontextinformation. Außerdem wird die Menge der Ereignisse überschaubarer und die Namensgebung für Ereignisse vereinfacht.

Bemerkung:
Die Bedingung über den Ereignisparametern darf nicht verwechselt werden mit der Bedingung über Inhalten der Datenbasis, wie sie etwa im Konzept nach Eswaran zur Triggerung von Aktionen führen kann. Sie dient **ausschließlich** dazu, einen im Ereignis von außen mitgelieferten Kontext der Vorauswertung zu unterziehen und dadurch ggf. den Aufruf der Aktion einzusparen. Zur Triggerung in Abhängigkeit von einem Datenbasiszustand siehe Kap.6.

Beispiel 4-6:

In Abwandlung des Beispiels 4-4 sollen beim Löschen von Objekten unterschiedlichen Typs verschiedene Aktionen ausgeführt werden. Hierzu wird ein typunabhängiges Ereignis vereinbart, das mit dem Objekttyp parametrisiert wird. Falls es sich um ein Objekt vom Typ X oder Y handelt, sollen alle Unterobjekte dieses Objekts ebenfalls entfernt werden. Wird dagegen ein Objekt O des Typs Z gelöscht, so sollen seine Unterobjekte automatisch in einer Menge S(O) gesammelt werden.

```
EVENT delete_object (deleted_obj: DB_ID, obj_type: TYPE_NAME)

ACTION delete_parts (superobj: DB_ID) =
                    <Lösche Unterobjekte von superobj>;

ACTION collect_parts (superobj: DB_ID) =
                    <Sammle Unterobjekte von superobj in S(superobj)>;

TRIGGER T1 = ON delete_object IF obj_type IN ('X', 'Y')
             DO delete_parts (deleted_obj)

TRIGGER T2 = ON delete_object IF obj_type = 'Z'
             DO collect_parts (deleted_obj)
```

Eine Ereignisauslösung der Form

```
RAISE delete_object (O1, 'X')
```

führt zu einer Ausführung der Aktion delete_parts(O1). Dagegen wird z.B. für

```
RAISE delete_object (O2, 'Q')
```

keine Aktion angestoßen.

Durch Einführung der Parametrisierung wird die graphische Darstellung aus Abb.4-1 erweitert zu Abb.4-4:

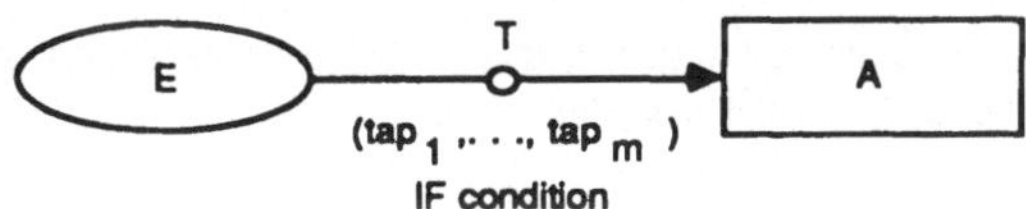

Abb.4-4: Darstellung von T = (E, A) mit Parametrisierung

4.6 Ablauforganisation

Im folgenden sollen die Fragen der Ablauforganisation untersucht werden, die entstehen, wenn

- zu einem Ereignis mehrere Trigger und somit Folgeaktionen definiert sind
  und
- bei Ereignisauslösung mehrere dieser Trigger aktiviert sind
  und
- bei Vorhandensein von Bedingungen über den Ereignisparametern (IF-Klausel) sich die Bedingungen mehrerer Trigger zu TRUE auswerten lassen.

Der erste Punkt alleine ist für die folgenden Betrachtungen uninteressant, da die Ablauforganisation immer von den aktuell bei Ereignisauslösung auszuführenden Aktionen ausgehen muß.

Zunächst soll motiviert werden, warum die Definition von n>1 Triggern zum selben Ereignis nicht grundsätzlich verboten werden kann. Bereits einfache Beispiele belegen, daß der Fall n=1 als zu einschränkend angesehen werden muß.

Beispiel 4-7:

$A_1, \ldots, A_n$ seien Algorithmen, die disjunkte Mengen von Entwurfsregeln überprüfen. Während einer Entwurfsphase treten Ereignisse $E_1, \ldots, E_m$ auf, die unterschiedliche Kombinationen der A_i zur Verifikation des vorausgegangenen Arbeitsschritts erfordern (Abb.4-5). Aufgrund technologischer Entwicklungen wird zu einem späteren Zeitpunkt ein weiterer Prüfalgorithmus A_{n+1} ins System eingebracht, der für eine Teilmenge der E_i zusätzlich auszuführen ist.

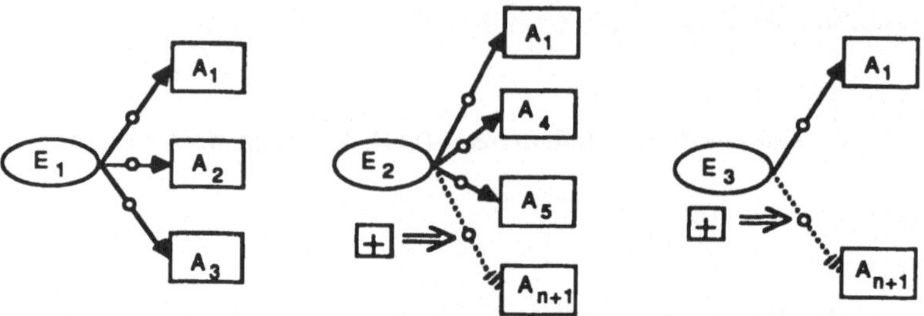

Abb.4-5: Triggerung von verschiedenen Aktionsmengen

Nimmt man nun an, daß zu einem Ereignis nur eine Aktion definiert werden kann, so muß eine der folgenden Methoden angewandt werden:

1. Alle relevanten Kombinationen der A_i müssen als gesonderte Aktionen definiert werden.
2. Für jedes A_i wird eine Aktion definiert, die von einem individuell zugeordneten Ereignis E_{Ai} getriggert wird. Überall, wo eine Kombination der A_i ausgeführt werden soll, muß die Folge der entsprechenden Ereignisse ausgelöst werden.

Zu Punkt 1:

Alle Kombinationen sind als Sonderfälle speziell zu behandeln (Abb.4-6), was zum einen den Benutzer mit unnötiger Definitionsarbeit und zum andern das System mit zusätzlichem Verwaltungsaufwand für eine Vielzahl von Aktionen übermäßig stark belastet. Aktionen können nicht unabhängig von den übrigen Aktionen aus der Aktionsmenge zu einem Ereignis entfernt bzw. zu dieser Menge hinzugefügt werden.

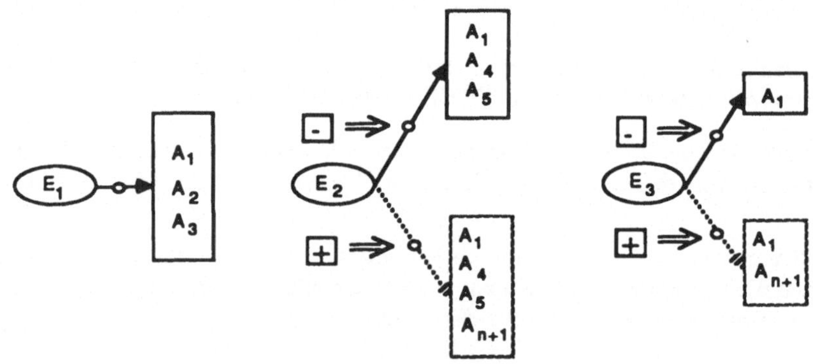

Abb.4-6: Verzicht auf Triggerung mehrerer Aktionen (Möglichkeit 1)

Zu Punkt 2:

Hierbei gehen entscheidende Vorteile der losen Kopplung verloren, da die Auslösung der Ereignisse in diesem Fall gewissermaßen direkten Aktionsaufrufen entspricht. Es muß hier genau bekannt sein, welche Aktionen jeweils ausgeführt werden sollen. Das Hinzufügen und

Löschen von Aktionen erfordert die explizite Änderung der Folge ausgelöster Ereignisse (siehe Abb.4-7).

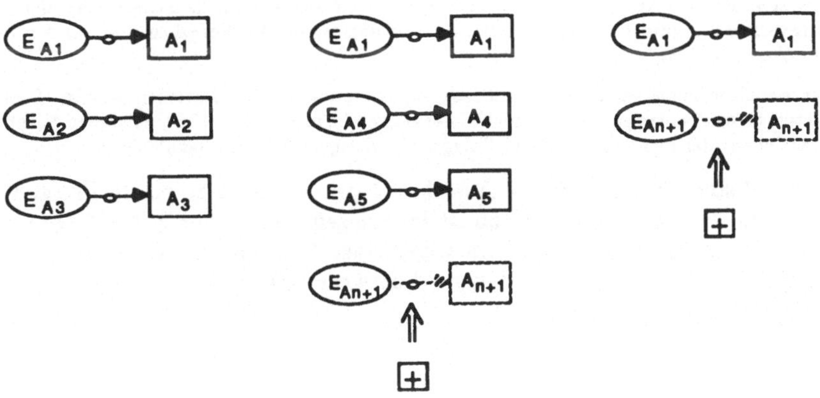

Abb.4-7: Verzicht auf Triggerung mehrerer Aktionen (Möglichkeit 2)

Es soll aus diesen offensichtlichen Gründen grundsätzlich erlaubt sein, zum selben Ereignis mehrere Trigger zu definieren.

$$T\ = (\ <E>,\ <A>(tap_1, \ldots ,tap_m\ ))$$

$$T'\ = (\ <E>,\ <A'>(tap'_1, \ldots ,tap'_m\ ))$$

Lediglich vollständig identische Definitionen ($<A>=<A'>$ und $tap_i=tap'_i$ für alle i) werden ausgeschlossen, da sonst versehentliche Mehrfachdefinition zu ungewollten Ergebnissen führen kann.

Bemerkung:

Prinzipiell sind bei Aktivierung mehrerer Trigger $T_i = (E, A_i)$ zum Ereignis E zwei Vorgehensweisen denkbar. Es können entweder alle Aktionen A_i ausgeführt werden (im folgenden als **konjunktive Aktionsausführung** bezeichnet) oder es wird genau eine der Aktionen A_i ausgewählt (im folgenden **disjunktive Aktionsausführung** genannt). Bevor die Fragen der Ablauforganisation untersucht werden, die durch konjunktive Ausführung mehrerer Aktionen zu einem Ereignis zwangsläufig entstehen, soll der Vollständigkeit halber die disjunktive Aktionsausführung betrachtet werden. Durch disjunktive Ausführung erhält das Event/Trigger-Konzept und somit das DBMS eine indeterministische Komponente.

Diese Vorgehensweise leistet im betrachteten Anwendungsumfeld i.a. nicht das Gewünschte. Wenn beispielsweise zu einem Ereignis mehrere Prüfaktionen getriggert sind, bedeutet dies in der Regel, daß auch alle diese Überprüfungen durchgeführt werden sollen (andernfalls könnten entsprechende Trigger deaktiviert werden). Ebenso sollen i.a. alle Korrekturaktionen auf der Datenbasis ausgeführt werden, die zu einem bestimmten Ereignis definiert sind.

Eine Erweiterung des Mechanismus um derart indeterministische Komponenten wird daher in der Folge nicht weiter betrachtet. Es ist jedoch prinzipiell möglich, den Definitionsmechanismus um die Option zu erweitern, mehrere Trigger zu einem Ereignis explizit als alternativ zu deklarieren. Die Auswahl einer Aktion kann kann nach verschiedenen Strategien vorgenommen werden:

- Eine der Aktionen wird rein zufällig ausgewählt. Dies eignet sich z.B. dort, wo zufällig ablaufende Prozesse nachgebildet werden sollen bzw. das Verhalten entsprechender Modelle beobachtet werden soll. Für den betrachteten Einsatzbereich wird dies nicht benötigt.
- Um den Indeterminismus einzuschränken, wird das System mit entsprechendem Strategiewissen versehen, um eine Aktion auszuwählen. Hierbei findet eine erhebliche Erweiterung von DBMS-Aufgaben mit Anwendungswissen statt, d.h. ein entsprechendes Vorgehen führt in den Bereich der Wissensbanken.
- Der Benutzer kann bei Ereignisauslösung explizit zwischen den Aktionen wählen. Dies führt allerdings zu Problemen an einer nicht-interaktiven Schnittstelle und ist außerdem leicht durch Deaktivieren der nicht-ausgewählten Trigger vor Ereignisauslösung nachbildbar.

Im folgenden soll stets die konjunktive Ausführung der Aktionen zu einem Ereignis angenommen werden. Für die Ablauforganisation ist festzulegen, in welcher Reihenfolge die Aktionen ausgeführt werden sollen. Hierbei wird im allgemeinen Fall eine Halbordnung $<_{akt}$ zugrundegelegt, nach der für je zwei Aktionen A und A' entweder gilt

$A <_{akt} A'$ (* A vor A' *)

oder

$A' <_{akt} A$ (* A' vor A *)

oder

$<_{akt}$ undefiniert für A, A'

Grundsätzlich sei hier vorausgeschickt, daß die Triggerung mehrerer Aktionen durch dasselbe Ereignis eine Möglichkeit ist, die nur mit großer Sorgfalt verwendet werden sollte. Die Gesamtheit dieser Aktionen muß zu einem sinnvollen Resultat führen, ohne daß die einzelnen Aktionen sich in ungewollter Weise gegenseitig beeinflussen (z.B. Ergebnisse anderer Aktionen vernichten u.ä.). Prinzipiell ist abzuwägen, wieweit die korrekte Verwendung in der Verantwortung des Anwenders verbleiben soll und inwieweit das DBMS ihn darin unterstützen kann, keine widersprüchlichen Aktionsketten aufzubauen.

Die Definition der Relation $<_{akt}$ auf einer Menge von Aktionen kann auf unterschiedliche Weise erfolgen:

1. durch konstante Annahme von $<_{akt}$ undef. für alle A, A'
2. interaktiv benutzergesteuert
3. prioritätsgesteuert
4. automatisch wissensgesteuert
5. aufgrund definierter Vor- und Nachbedingungen der Aktionen

Zu 1: Konstante Annahme von $<_{akt}$ undefiniert für alle A, A'

Die einfachste Wahl der Halbordnung besteht darin, für je zwei Aktionen der Aktionsmenge stets $<_{akt}$ als undefiniert anzunehmen, d.h. keinerlei Reihenfolgebeziehung festzulegen. Falls mehrere Trigger zu einem Ereignis definiert sind, werden damit die **Aktionen in rein zufälliger Ordnung, ggf. auch kollateral mit einer der zufälligen Ordnung äquivalenten Wirkung, ausgeführt**. Dies führt allerdings nur dann zu einem eindeutigen Ergebnis, wenn die Aktionen unabhängig voneinander sind. Andernfalls ist das Verhalten einer Aktionsmenge zu einem Ereignis nicht vorhersagbar. Die **Unabhängigkeit von Aktionen** ist gegeben, wenn keine Aktion Wirkungen auf der Datenbasis hinterläßt (DB-Elemente verändert), die von anderen Aktionen gesehen werden. Abgesehen von den Auswirkungen auf die Datenbasis dürfen die Aktionen keine Seiteneffekte besitzen, die sich auf andere Aktionen der Menge auswirken.

Hinsichtlich der Unabhängigkeit der Aktionen gibt es drei prinzipielle Vorgehensweisen:

- **Keine Benutzerunterstützung durch automatische Überwachung**
  Es bleibt in der Verantwortung des Benutzers, die Aktionsmenge zu einem Ereignis so zu definieren, daß keine bzw. keine von ihm nicht gewünschten zufälligen Wechselwirkungen zwischen den Aktionen auftreten. Das DBMS akzeptiert beliebige Triggerdefinitionen ohne Analyse der Aktion und führt Aktionsmengen in zufälliger Ordnung, ggf. auch kollateral, aus.

- **Überwachung zum Zeitpunkt der Triggerdefinition**
  Das DBMS analysiert die Aktionsmenge, die durch Triggerdefinitionen an ein Ereignis gekoppelt wird, daraufhin, ob die Aktionen unabhängig voneinander sind. Alle Triggerdefinitionen zu einem Ereignis, deren Aktionen Abhängigkeiten aufweisen, werden zurückgewiesen. Damit ist per Definition sichergestellt, daß die Aktionen zu einem Ereignis immer ein eindeutiges Ergebnis liefern, wenn sie in zufälliger Reihenfolge ausgeführt werden. Für die Unabhängigkeit von Aktionen muß ein entsprechendes Kriterium angewendet werden, das zum Definitionszeitpunkt einerseits alle abhängigen Aktionen entdeckt, andererseits aber möglichst wenige unabhängige Aktionen fälschlicherweise ausschließt. Zusätzlich muß vertretbarer Analyseaufwand gefordert werden.

  Ein Kriterium für die Unabhängigkeit einer Aktionsmenge bezüglich Datenbasisänderungen ist es, für die Aktionen je paarweise zu fordern, daß für ihre Zugriffe auf die Datenbasis gilt:

  $$W(A) \cap (W(A') \cup R(A')) = \emptyset$$
  $$W(A') \cap (W(A) \cup R(A)) = \emptyset$$

  mit W(A): Menge der von A geschriebenen DB-Elemente
  R(A): Menge der von A gelesenen DB-Elemente.

  Die Anwendung diese Kriteriums entspricht dem *Preclaiming* bei Aktionsdefinition. Die Mengen W(A) bzw. R(A) müssen aus Elementen hinreichend feiner Granularität bestehen, damit nicht unnötig viele, praktisch unabhängige Aktionen durch diese Art der Analyse ausgeschlossen werden. Die Analyse kann entweder statisch erfolgen (alle zu einem Ereignis definierten Aktionen) oder dynamisch durchgeführt werden (alle zu einem Ereignis jeweils aktivierten Aktionen). Letzteres läßt größere Freiheit bei der Vordefinition, erfordert allerdings zur Laufzeit bei jeder Aktivierung erneuten Analyseaufwand.

  Die Analyse ist allerdings nur möglich für Aktionen, deren Schreib- und Lesemengen weder von einer Parametrisierung der Aktion noch von interaktiven Eingriffen abhängen. Solche Aktionen müssen in diesem Zusammenhang entweder ausgeschlossen werden oder sie werden ohne Analyse akzeptiert. Ein weiteres Problem ist, daß in der analysierten Aktion A wiederum Ereignisse ausgelöst werden können, die geschachtelt weitere Aktionen triggern. Die in diesen Aktionen geschriebenen bzw. gelesenen Elemente gehören ebenfalls in W(A) bzw. R(A). Bei der Aktionsanalyse ist i.a. unbekannt, welche weiteren Aktionen dies sind.

Aber auch in den Fällen, wo eine Aktionsanalyse nicht durch derartige Abhängigkeiten ausgeschlossen wird, ist sie i.a. sehr aufwendig, wenn es sich – wie vorausgesetzt – bei Aktionen um beliebige, unter Umständen sehr komplexe Programme handeln kann. Zudem reicht eine reine Überprüfung der Unabhängigkeit auf Basis der Datenbankoperationen nicht aus, d.h. es müssen auch Wechselwirkungen berücksichtigt werden, die vom Datenbanksystem völlig unabhängig sind. In der Praxis kann die Klasse zulässiger Aktionen nicht auf eine einfach analysierbare Teilmenge eingeschränkt werden (abgesehen davon, daß die Entlastung des Benutzers durch die automatische Analyse erst bei hinreichender Komplexität ins Gewicht fallen würde). Zudem schließt die Analyse auf Ebene der Aktionstypen viele bei Instantiierung durchaus nicht in Konflikt stehende Fälle (bedingte Ausführung bestimmter Operationen!) aus. Eine Analyse der Aktionen auf Unabhängigkeit soll daher im Rahmen des Mechanismus nicht weiter betrachtet werden.

- **Überwachung zur Laufzeit**
  Triggerdefinitionen werden zunächst ohne Analyse auf Unabhängigkeit der Aktionen akzeptiert. Zur Laufzeit werden jedoch Abhängigkeiten der Aktionen aufgedeckt, indem Verfahren der *Synchronisation* angewendet werden. Als Unabhängigkeitskriterium wird dabei das unter Punkt 2 genannte – disjunkte Datenbankzugriffe – zugrundegelegt. Jede Aktion sperrt die von ihr lesend oder schreibend benötigten Daten, und zwar solange, bis alle Aktionen zum selben Ereignis beendet sind. Treten hierbei Sperrkonflikte zwischen Aktionen auf, so wird dadurch eine Abhängigkeit der entsprechenden Aktionen nachgewiesen. Zu entsprechenden Sperrverfahren siehe Kap.4.7. Wird eine Abhängigkeit aufgedeckt, so können die Aktionen rückgängig gemacht und geeignete Recoverymaßnahmen ergriffen werden. Eine andere Möglichkeit besteht darin, die Abhängigkeit zu melden, ohne die Aktionen zurückzusetzen. In der Definitionsphase einer Menge neuer Aktionen und Trigger kann der Benutzer hierdurch z.B. bei der Untersuchung der Aktionsabhängigkeiten unterstützt werden.

Die ***Forderung nach Unabhängigkeit*** innerhalb der gesamten Aktionsmenge zu einem Ereignis ist offensichtlich ***zu einschränkend***, d.h. die Degeneration der Halbordnung $<_{akt}$ auf den überall undefinierten Fall ist i.a. nicht akzeptabel. Unabhängigkeit innerhalb von Teilmengen der Aktionen kann durchaus gegeben sein. Es ist jedoch notwendig, auch Aktionen mit Wechselwirkungen zum selben Ereignis zu definieren. Im folgenden wird daher angenommen, daß die zu einem Ereignis getriggerten Aktionen i.a. **nicht unabhängig** voneinander sind, d.h die Menge der Paare (A, A') mit A $<_{akt}$ A' ist nicht leer. Im folgenden werden die Kriterien untersucht, nach denen Aktionen gemäß ihrer Abhängigkeiten geordnet werden können.

Zu 2: Interaktiv gesteuerte Ordnung

Voraussetzung hierfür ist die interaktive Benutzung des Datenbankschnittstelle. Hierbei wird dem Benutzer bei Ereignisauslösung die Menge der auszuführenden Aktionen vorgelegt, so daß er eine Ordnung darauf definieren kann. Vorteil ist, daß der Benutzer nicht auf Typebene (d.h. bei der Triggerdefinition) eine Ordnung vorgeben muß, sondern bei der Instantiierung dynamisch darüber entscheiden kann (d.h. bei Auslösung eines entsprechenden Ereignisses). Hierbei kann dem Benutzer entweder die gesamte Aktionsmenge zu dem Ereignis vorgelegt werden oder nur die durch eine Analyse als potentiell abhängig erkannte Teilmenge. Für diese Analyse gilt das unter Punkt 1 Gesagte (jedoch ohne "Überwachung zur Laufzeit").

Nachteil der Vorgehensweise der interaktiven Bestimmung von $<_{akt}$ ist, daß sie an einer **Programmschnittstelle**, wie sie im Entwurfsbereich die Regel ist, nicht angewendet werden kann. Eine Interaktion mit dem Anwendungsprogramm ist hier in der Regel nicht sinnvoll.

Zu 3: Prioritätsgesteuerte Ordnung

Idee bei der Vergabe von Prioritäten ist es, das Wissen der anwendenden Instanz zu nutzen, die in vielen Fällen darüber entscheiden kann, in welcher Reihenfolge Aktionen sinnvollerweise ausgeführt werden sollen. Hierbei kann es sich entweder um einen menschlichen Anwender handeln oder um ein Anwendungssystem, das über dieses Wissen verfügt.

Von der Anwenderinstanz kann eine Priorität spezifiziert werden, nach der die Aktionen zum selben Ereignis angeordnet werden. Die höchsten Prioritätsstufen sind dabei für systemdefinierte Aktionen reserviert. Für Aktionen A, A' derselben Prioritätsklasse wird $<_{akt}$ ohne automatische Überwachung als undefiniert angenommen. Aktionen gleicher Priorität werden folglich in zufälliger Reihenfolge, ggf. auch kollateral, ausgeführt.

Das Konstrukt Trigger wird somit um die Priorität erweitert zu

```
T = ( E, A, priority )
```

mit der Bedeutung, daß für zwei Trigger

T1 = (E, A1, PR1) und
T2 = (E, A2, PR2)

gilt

PR1 > PR2 ---> A1 $<_{akt}$ A2
PR1 = PR2 ---> $<_{akt}$ undefiniert für A1, A2

Zu 4: Durch Wissen im DBMS gesteuerte Ordnung

Die Aktionen werden nach Kriterien, die als Wissen im DBMS vorhanden sein müssen, automatisch angeordnet. Einfache Beispiele für mögliche Kriterien sind:

- Aktionen ohne DB-Zugriffe werden bevorzugt.
- Aktionen, die nur lesend auf die DB zugreifen, werden bevorzugt.
- Aktionen, die bestimmte DB-Elemente betreffen, werden bevorzugt (z.B. Aktionen auf Schnittstellendaten vor Aktionen auf Implementierungsdaten.)

Die genannten Beispiele stellen vergleichsweise einfache Fälle dar; das benötigte Wissen und damit verbunden die erforderliche Analyse der Aktionen können aber auch weitaus komplexer sein. Die Regeln für die Festlegung der Relation $<_{akt}$ brauchen sich hierbei nicht nur auf die statische Triggerdefinition zu beziehen, sondern können auch auf die dynamische Situation bei Ereignisauslösung bezug nehmen.

Bei Anwendung entsprechend mächtiger, komplexer Regeln reicht die Lösung 4 deutlich in den Bereich wissensbasierter Systeme hinein. Der ETM (bzw. eine den ETM realisierende Systemkomponente) würde hierdurch stark mit Anwendungswissen belastet, was nicht zuletzt im betrachteten Anwendungsumfeld erhebliche Effizienzprobleme aufwirft. Es ist in vielen praktisch relevanten Fällen erheblich effizienter und durchaus vertretbar, diese Angaben direkt vom Benutzer bzw. von einem mit speziellem Wissen ausgestatteten Anwendungssystem zu beziehen, als aus allgemeinen Regeln und durch aufwendige Aktionsanalyse diese Angaben in der ETM-Komponente herzuleiten. Allgemein soll also der ETM nicht um entsprechendes Wissen erweitert werden. Dadurch wird nicht festgelegt, wo dieses Wissen letztendlich vorliegt, beim menschlichen Benutzer, im Anwendungssystem oder in einer zusätzlichen Datenbank-/Wissensbankkomponente.

Der oben beschriebene Prioritätsmechanismus ist hierbei als Mittel geeignet, um eine solche außerhalb festgestellte Ordnung der ETM-Komponente bekanntzumachen und dort durchzusetzen. Damit kann der Fall 4 auf Fall 3 abgebildet werden.

Zu 5: Ordnung aufgrund von Vor- und Nachbedingungen

In diesem Fall müssen zu jeder Aktion logische Vor- und Nachbedingungen spezifiziert sein. Die Halbordnung über den Aktionen wird so festgelegt, daß die Vorbedingung einer Aktion mit den Nachbedingungen der vor ihr ausgeführten Aktionssequenz nicht in Widerspruch steht.

Die Vor- und Nachbedingungen müssen entweder durch Aktionsanalyse automatisch extrahiert oder durch den Definierer der Aktion direkt formuliert werden. Die automatische Analyse stellt im allgemeinen Fall ein NP-vollständiges Problem dar und ist nur für einfache Aktionsmengen praktikabel einsetzbar sind. Andererseits stellt die Formulierung von Bedingungen, die hinreichend sind, um als Ordnungskriterium brauchbar zu sein, sehr hohe Anforderungen an den Benutzer. Demgegenüber stellt das Prioritätskonzept einen sehr viel einfacheren und in der Regel hinreichenden Ansatz dar.

Abgesehen vom Problem der Extraktion von Vor- und Nachbedingungen erfordert auch deren Analyse auf Abhängigkeiten für realistische Anwendungen Aufwand der Ordnung NP. Die Methode ist nur für eine sehr eingeschränkte Klasse von einfachen Aktionen praktikabel, die für das betrachtete Anwendungsumfeld zu restriktiv ist.

Aufgrund der dargestellten Überlegungen wird der Event/Trigger-Mechanismus um das **Konzept der Prioritäten** erweitert, mit dessen Hilfe die Ordnung von außen beeinflußt werden kann. Aktionen zu einem Ereignis werden gemäß ihrer Priorität angeordnet, für Aktionen innerhalb derselben Prioritätsklasse gilt $<_{akt}$ als undefiniert.

Eine Triggerdefinition wird erweitert zu

```
TRIGGER <T> = ON <E> IF <condition> DO <A>
              WITH PRIORITY <P>;
```

Falls bei der Triggerdefinition keine Priorität angegeben ist, wird ein systemabhängiger Default-Wert (z.B. die niedrigste Priorität) angenommen.

Triggerdefinitionen der Art

$$T = (E, A, P)$$
$$T' = (E', A', P')$$
$$\text{mit } E = E', A = A', P \;/\!= P'$$

gelten als gleich und werden daher ausgeschlossen.

Die Priorität eines Triggers kann bei der Aktivierung aktuell verändert und damit bei aufeinanderfolgenden Aktivierungen verschieden gewählt werden. Bei **ACTIVATE** ist zu diesem Zweck eine optionale Prioritätsangabe möglich:

```
ACTIVATE <T> WITH PRIORITY <P>;
```

Um die *Abhängigkeiten von Aktionen innerhalb Klassen gleicher Priorität* aufzudecken, wird die *optionale Zuschaltung eines Laufzeittests* angeboten.

```
SET_DEPENDENCY_CHECK ON
SET_DEPENDENCY_CHECK OFF
```

Im Modus **DEPENDENCY_CHECK ON** wird, wie unter Punkt 1., "Überwachung zur Laufzeit", vorgeschlagen, durch Synchronisationsverfahren ermittelt, ob Aktionen gleicher Priorität hinsichtlich ihrer DB-Zugriffe in Konflikt stehen. Dazu kann das gleiche Synchronisationsverfahren verwendet werden, das im Modus **DEPENDENCY_CHECK OFF** dazu dient, kollateral ausgeführte Aktionen gleicher Priorität hinsichtlich ihrer DB-Zugriffe voneinander zu isolieren. (zum Synchronisationsverfahren siehe Kap.4.7). Die Aufdeckung einer Abhängigkeit im Modus **DEPENDENCY_CHECK ON** wird durch Auslösen eines Ereignisses angezeigt, auf das z.B. durch Rücksetzen der Aktion oder Meldung an den Benutzer reagiert werden kann.

4.7 Kooperation und Konkurrenz

Die Problematik der Kooperation und Konkurrenz bezieht sich auf das geordnete Zusammenwirken der getriggerten Aktionen untereinander sowie das Zusammenwirken zwischen Aktionen und auslösendem Programm/auslösender Transaktion.

Im folgenden wird folgende Terminologie verwendet: Wird in einer Aktion A ein Ereignis E ausgelöst, das eine Aktion A' triggert, so bezeichnen wir A als Elternaktion und A' als Kindaktion. Bei geschachtelten Triggern wird die transitive Hülle der Eltern-Kind-Beziehung mit Vorgänger- bzw. Nachfolgeraktion bezeichnet. Mehrere Aktionen, die aufgrund mehrfacher Triggerung durch dasselbe Ereignis ausgelöst werden, heißen Geschwisteraktionen. Die umgebende Ausführungseinheit (Programm, Transaktion), die ihrerseits nicht getriggert ausgelöst wurde, bezeichnen wir als Aktion oberster Ebene.

In Kap.4.7.1 wird zunächst dargestellt, welche Analogien zwischen Aktionen des ETM und geschachtelten Transaktionen bestehen. Ausgehend davon werden in den Kapiteln 4.7.2 bis 4.7.4 die folgenden Punkte behandelt:

- **Kollateralität und Synchronisation**
  - von Eltern-/Kindaktion
  - von Geschwisteraktionen
- **Wiederaufsetzpunkte** nach getriggerter Aktionsausführung (hierbei wird der korrekte Ablauf der Aktion angenommen).
- **Recovery** von Aktionen in Fehlerfällen.

4.7.1 Analogie zu geschachtelten Transaktionen

Das ETM-Konzept legt fest, daß durch geeignete Synchronisationsmethoden die folgende Wirkung erzielt werden muß: getriggerte Aktionen laufen in der Art einer Server-Client-Beziehung im Auftrag ihrer jeweiligen Elternaktion ab. Sie stellen einen integralen Bestandteil der Elternaktion (und damit rekursiv der Aktion oberster Ebene) dar und treten daher hinsichtlich Synchronisation und Recovery nach außen hin nicht selbständig in Erscheinung. Andererseits müssen Aktionen innerhalb ihrer Elternaktion als atomare, isolierte und getrennt rücksetzbare – jedoch nicht permanente – Einheiten behandelt werden.

Die Gründe für diese Forderung sind denjenigen für die Entwicklung des Konzepts der **geschachtelten Transaktionen** vergleichbar. Flache Transaktionen sind nicht flexibel und leistungsfähig genug für komplexe Anwendungen. Geschachtelte Transaktionen bieten demgegenüber eine verfeinerte Kontrollstruktur mit den Möglichkeiten der Intra-Transaktionsparallelität sowie der Intra-Transaktions-Recovery [HR87]. "Nested transactions are seen to permit safe concurrency control within as well as among transactions and to enable transactions to fail partially in a graceful and controlled manner" [Mos82]. Wir werden uns daher im folgenden für die Synchronisation und Recovery von getriggerten Aktionen auf Lösungen aus dem Bereich der geschachtelten Transaktionen abstützen.

Ein Klassifikationsschema für geschachtelte Transaktionen wird von Walter [Wal84] eingeführt. Hiernach läßt sich eine Klassifizierung nach drei Kriterien durchführen:

1. Commit-Sphäre:
   Kindtransaktion in derselben Commit-Sphäre wie die Elterntransaktion (NOCOMMIT) oder getrenntes Commit der Kindtransaktion erlaubt (COMMIT). Im Fall des getrennten Commit können Ergebnisse der Kindaktion nach außen sichtbar werden, ehe die Elternaktion beendet ist.
2. Backout-Sphäre:
   Kindtransaktion in derselben Backout-Sphäre wie die Elterntransaktion (NOBACKOUT) oder getrennt rücksetzbar in eigener Backout-Sphäre (BACKOUT).
3. Synchronisationsverhalten:
   Keine Synchronisation notwendig, da Kindtransaktion synchron ausgeführt wird (NOSYNC) oder Synchronisation erforderlich, da parallele Ausführung (SYNC).

Nach den oben genannten Forderungen werden getriggerte Aktionen nach diesem Schema eingeordnet als

NOCOMMIT, BACKOUT.

Die Klasse COMMIT wird hier ausgeschlossen, da getriggerte Aktionen als abhängige Bestandteile der Elternaktion ablaufen und sich ihre Änderungen der Datenbasis folglich nicht vor dem Commit der Elternaktion nach außen auswirken sollen. Ein Commit der Kindaktion wird immer lokal zur Elternaktion durchgeführt. Die Klassifizierung BACKOUT stellt sicher, daß jede Aktion getrennt rücksetzbar ist. Das bedeutet, daß die Aktion zwar zurückgesetzt wird, sobald die Elterntransaktion zurückgesetzt wird, daß aber umgekehrt das Rücksetzen der Kindaktion i.a. nicht das "Backout" der Elternaktion impliziert.

Hinsichtlich der Synchronisation sind für getriggerte Aktionen beide Fälle, NOSYNC und SYNC, möglich. Das ETM-Konzept wird hierdurch grundsätzlich nicht berührt. Es ist allerdings zu fordern, daß synchrone und asynchrone Ausführung äquivalente Ergebnisse liefern. Diese Forderung ist verwandt mit dem allgemeineren Serialisierungsproblem von Transaktionen. Danach gilt ein paralleles Transaktionssystem $\pi(T_i)$ als korrekt synchronisiert, wenn ein äquivalentes serielles System $\sigma(T_i)$ angegeben werden kann. Zur Definition des Begriffs der korrekten Synchronisation siehe [SS83].

Für die korrekte Synchronisation von Eltern- und Kindaktion reicht jedoch die Forderung nach einem beliebigen äquivalenten seriellen System nicht aus. Es muß die Äquivalenz zu genau einem seriellen System gefordert werden, nämlich zu dem System mit der Ausführungssequenz:

Elternaktion vor **RAISE <E>** $<_{akt}$ Kindaktion $<_{akt}$ Elternaktion nach **RAISE <E>**

Die Fälle NOSYNC und SYNC haben für ETM-Aktionen folgende Bedeutung:

NOSYNC → synchrone Ausführung von Eltern- und Kindaktion

Die Elternaktion A_0 geht nach Auslösung des Ereignisses E in den Wartezustand über, solange, bis die Kindaktion A_1 beendet ist (Abb.4-8).

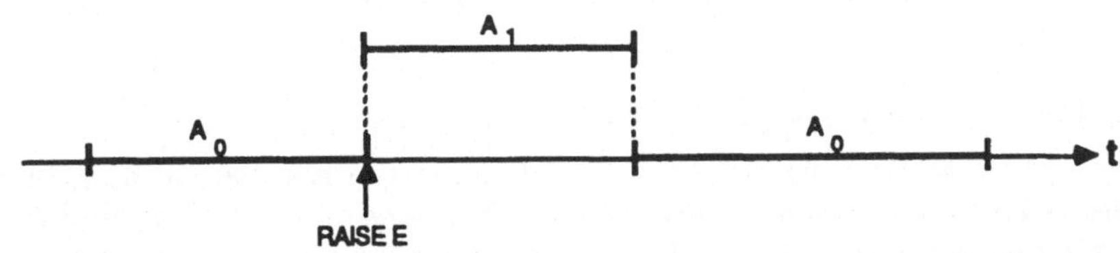

Abb.4-8: Synchrone Ausführung von Eltern- und Kindaktion

SYNC → asynchrone Ausführung von Eltern- und Kindaktion

In diesem Fall werden nach Auslösung des Ereignisses E Eltern- und Kindaktion kollateral weitergeführt (Abb.4-9). Es müssen entsprechende Synchronisationsmechanismen angewendet werden.

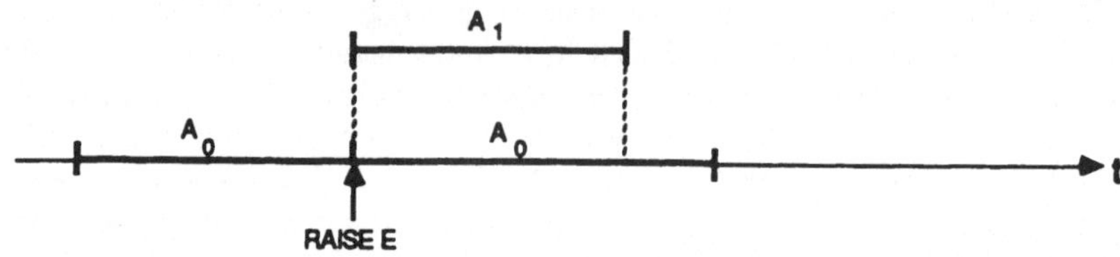

Abb.4-9: Asynchrone Ausführung von Eltern- und Kindaktion

Bisher wurde die Frage der Synchronisation zwischen Eltern- und Kindaktion behandelt. Orthogonal dazu entsteht bei Auslösung einer Menge von Aktionen durch dasselbe Ereignis die Möglichkeit zu serieller oder kollateraler Ausführung der Geschwisteraktionen. *Serielle Ausführung von Geschwisteraktionen*

Die Aktionsmenge $\{A_i: i = 1, ..., n\}$ wird streng sequentiell ausgeführt. Abb.4-10 stellt den Fall für synchrones A_0 dar, Asynchronität zu A_0 wäre ebenfalls möglich. Die Reihenfolge der Aktionen wird gemäß der vergebenen Prioritäten (siehe Kap.4.6) festgelegt. Für Aktionen gleicher Priorität ist die Reihenfolge zufällig.

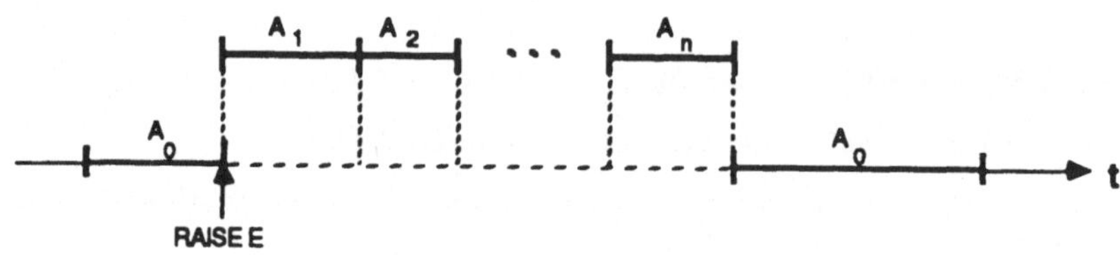

Abb.4-10: Serielle Ausführung von Geschwisteraktionen

Kollaterale Ausführung von Geschwisteraktionen

Die Aktionen $\{A_i: i = 1, ..., n\}$ werden nach Auslösung von E kollateral ausgeführt. Abb.4-11 stellt dies – für synchrones A_0 – dar. Bei der kollateralen Ausführung sind die Geschwisteraktionen so zu synchronisieren, daß eine äquivalente serielle Ausführungsreihenfolge angebbar ist. Dies ist wiederum verwandt mit dem oben dargestellten Serialisierungsproblem für Transaktionen. Das äquivalente serielle System muß jedoch auch hier zusätzliche Bedingungen erfüllen: es muß den definierten Aktionsprioritäten genügen. Die Reihenfolge von Aktionen gleicher Priorität im seriellen System ist dagegen beliebig.

Die Anforderungen an die Mechanismen, die für asynchrone Eltern-/Kindaktionen bzw. kollateral ausgeführte Geschwisteraktionen die korrekte Synchronisation sicherstellen, sollen anhand der getriggerten Ausführung von Konsistenzprüfungen veranschaulicht werden (Abb.4-12).

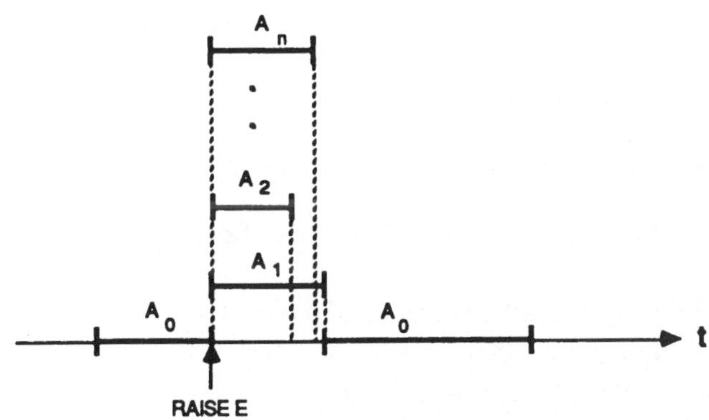

Abb.4-11: Kollaterale Ausführung von Geschwisteraktionen

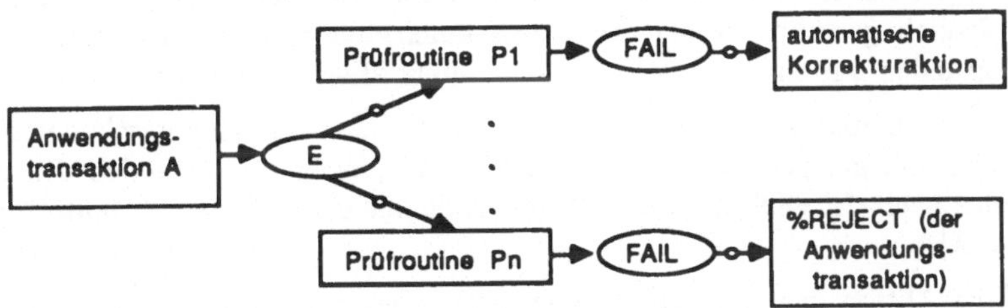

Abb.4-12: Getriggerte Konsistenzprüfung

Zwischen der Anwendungstransaktion A und den getriggerten Prüfaktionen bestehen folgende Beziehungen, die eine asynchrone Ausführung zwar nicht prinzipiell ausschließen, jedoch spezialisierte Synchronisationsmethoden erfordern:

- Die Prüfroutinen müssen, um die Konsistenz prüfen zu können, den Zustand der Datenbasis (bzw. des relevanten Teils der Datenbasis) sehen, wie er zur Zeit der Ereignisauslösung vorlag. Dieser Zustand darf durch die asynchrone Fortführung von A auf keinen Fall verändert werden.
- Bei der Fortsetzung von A nach **RAISE E** wird von einem konsistenten DB-Zustand ausgegangen. Diese Voraussetzung darf durch asynchrone Ausführung nicht zerstört werden (wir setzen voraus daß jede einzelne Prüfroutine einen konsistenten Zustand hinterläßt). Falls innerhalb der Konsistenzroutinen eine automatische Wiederherstellung der Konsistenz durchgeführt wird, muß A die entsprechend geänderten Daten sehen.
- Bei Feststellung von Inkonsistenzen kann das Rücksetzen von A (und ggf. bereits ausgeführter Korrekturaktionen anderer Konsistenzroutinen) notwendig sein. Der Zugriff anderer Transaktionen auf die Ergebnisse von A vor Ende der Konsistenzroutinen soll daher nicht erlaubt sein.

Mehrere Konsistenzprüfroutinen können bei Auslösung von Ereignis E kollateral ausgeführt werden (Kollateralität von Geschwisteraktionen). Falls Konsistenzroutinen mit verschiedenen Prioritäten versehen sind, muß die entsprechende Reihenfolgebeziehung auch bei kollateraler Ausführung eingehalten werden.

Im folgenden werden die Synchronisationsmechanismen entwickelt, die den dargestellten Anforderungen genügen.

4.7.2 Kollateralität und Synchronisation

In diesem Kapitel werden die Synchronisations- und Sperrmechanismen vorgestellt, die jeweils für die Fälle

1. synchrone Ausführung von Eltern- und Kindaktion
2. asynchrone Ausführung von Eltern- und Kindaktion
3. serielle Ausführung von Geschwisteraktionen
4. kollaterale Ausführung von Geschwisteraktionen

verwendet werden. Dabei können jeweils Methode 1. oder 2. mit Methode 3. oder 4. kombiniert werden. Auf verschiedenen Ebenen einer Aktionshierarchie können die Methoden theoretisch unterschiedlich gewählt werden. In einem konkreten System wird man sich allerdings aus Aufwandsgründen auf eine einheitliche Behandlung aller Aktionen beschränken.

Als Grundlage für 2. und 4. lassen sich Methoden aus dem Bereich geschachtelter Transaktionen anwenden, die geeignet abzuwandeln sind. Wir legen im folgenden den Synchronisationsalgorithmus nach [Mos82] zugrunde. Angewandt auf ETM-Aktionen lautet dieser Grundalgorithmus (GA):

Regel A: Eine Aktion darf ein Objekt genau dann lesen (schreiben), wenn sie die entsprechende Sperre in Schreib- oder Lesemodus (in Schreibmodus) gesetzt hat.

Regel B: Eine Aktion kann eine Lesesperre (Schreibsperre) genau dann setzen, wenn alle Inhaber der Sperre im Schreibmodus (in beliebigem Modus) Vorgänger dieser Aktion sind.

Regel C: Bei erfolgreicher Beendigung einer Aktion gehen alle Sperren an die Elternaktion über, sofern diese die entsprechenden Sperren noch nicht bzw. in einem weniger exklusiven Modus hält. Falls die Aktion dagegen abgebrochen wird (abort), werden ihre Sperren beseitigt.

Wie im folgenden gezeigt wird, kann dieser Grundmechanismus in abgewandelter Form für die Fälle 2. und 4. eingesetzt werden. In den Fällen 1. und 3. findet er natürlich keine Anwendung.

1. **Synchrone Ausführung von Eltern- und Kindaktion**

   Im Fall synchroner Ausführung braucht nur die Elternaktion extern mit ggf. kollateral ausgeführten Aktionen gleicher Hierarchieebene synchronisiert zu werden. Wegen der synchronen Ausführung sind intern für die Kindaktionen keine speziellen Synchronisationsmechanismen notwendig. Innerhalb der Elternaktion ist lediglich ein **striktes 2-Phasen-Sperrprotokoll** zu gewährleisten, indem abhängige Aktionen die Sperrmenge ihrer Vorgängeraktion höchstens erweitern, nicht dagegen verringern dürfen. Abb.4-13 zeigt den zeitlichen Verlauf der Aktionsausführung sowie der zugehörigen Anforderung von Sperren.

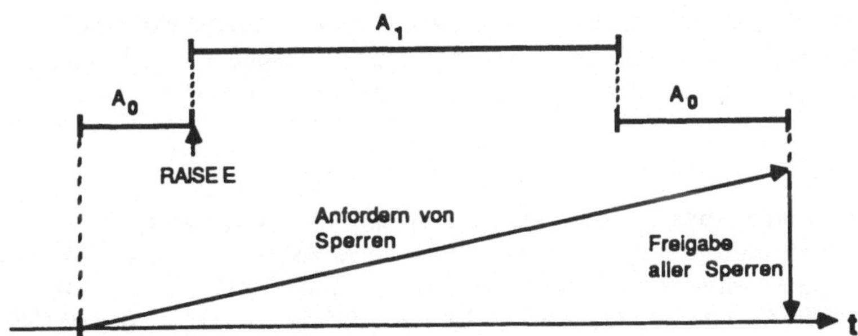

Abb.4-13: Sperrverfahren bei synchroner Ausführung von Eltern- und Kindaktion

2. **Asynchrone Ausführung von Eltern- und Kindaktion**

Bei der asynchronen Ausführung muß gewährleistet werden, daß etwaige Abhängigkeiten zwischen Eltern- und Kindaktion über den DB-Zustand aufrechterhalten bleiben. Ein Trigger definiert eine unteilbare Verbindung von Ereignisauslösung und Aktion in dem Sinne, daß die Aktion unmittelbar nach Ereignisauslösung und insbesondere **auf dem Datenbasiszustand bei Ereignisauslösung** arbeitet. Andererseits kann die Kindaktion Wirkungen hinterlassen, die für die Fortführung der Vateraktion nach der Ereignisauslösung relevant sind. Beim folgenden Synchronisationsverfahren – einer Abwandlung des oben dargestellten Grundalgorithmus GA – wird diese Abhängigkeit berücksichtigt.

Wir bezeichnen im folgenden denjenigen Teil der Elternaktion EA, der nach der Auslösung des Ereignisses E stattfindet, als **ausgezeichnete Kindaktion** EA_E. Die Synchronisationsregeln werden unter Berücksichtigung der ausgezeichneten Kindaktionen umformuliert.

Regel A: Wie Regel GA.A

Regel B: Für die ausgezeichneten Kindaktionen EA_E gilt Regel GA.B.
Für alle anderen Kindaktionen gilt: Eine solche Aktion darf nur dann eine Lesesperre (Schreibsperre) setzen, wenn alle Besitzer der Sperre im Schreibmodus (in beliebigem Modus) Vorgänger der Aktion, ausgezeichnete Geschwister der Aktion oder ausgezeichnete Geschwister eines Vorgängers der Aktion sind. Falls die Sperre von einer ausgezeichneten Aktion gehalten wird, muß diese ausgezeichnete Aktion zurückgesetzt werden.

Regel C: wie GA.C

Regel D: Eine ausgezeichnete Kindaktion EA_E darf erst dann ihr Commit (zur Elternaktion) durchführen, wenn alle Geschwisteraktionen zum Ereignis E beendet sind.

Regeln B und D dieses Verfahrens stellen sicher, daß beim Anfordern von Sperren die getriggerten Kindaktionen absolute Priorität gegenüber der asynchron weitergeführten Aktion EA_E genießen. Es wird verhindert, daß eine andere Kindaktion Objekte liest, die nach Ereignisauslösung von EA_E verändert wurden. Umgekehrt ist es auch nicht möglich, daß in EA_E Objekte gelesen werden, die anschließend noch durch die anderen Kindaktionen geändert werden. Am folgenden Beispiel wird die Wirkungsweise des Verfahrens illustriert:

Beispiel 4-8:

Gegeben seien eine Anwendungstransaktion A und eine Konsistenzprüfroutine P1 wie in Abb.4-12. Nach **RAISE E** wird P1 asynchron zu A ausgeführt. Die Tatsache, daß eine Aktion im Besitz einer Lese- oder Schreibsperre auf Objekt O ist, wird ausgedrückt durch RLOCK(Aktions_id, O) bzw. WLOCK(Aktions_id, O). Vor **RAISE E** sei die Sperrmenge

```
RLOCK (A, O1)
RLOCK (A, O2)
WLOCK (A, O3)
```

Durch P1 wird die Sperrmenge nach **RAISE E** erweitert um

```
RLOCK (P1, O1)
WLOCK (P1, O2)
```

Dies ist nach Regel B zulässig. Transaktion A wird nach **RAISE E** als ausgezeichnete Kindaktion EA_E weitergeführt. Die Anforderung weiterer Sperren durch EA_E hat nun folgende Wirkung:

```
RLOCK (EA_E, O1)  →  akzeptiert
WLOCK (EA_E, O3)  →  akzeptiert

WLOCK (EA_E, O1)  →  abgelehnt wegen Sperrkonflikt
RLOCK (EA_E, O2)  →  abgelehnt wegen Sperrkonflikt
WLOCK (EA_E, O2)  →  abgelehnt wegen Sperrkonflikt
```

Im nun erreichten Zustand der Sperrmenge bewirken die folgenden Sperranforderungen durch P1 das Rücksetzen von EA_E, wobei P1 die angeforderten Sperren erhält:

```
WLOCK (P1, O1)
RLOCK (P1, O3)
WLOCK (P1, O3)
```

3. **Serielle Ausführung von Geschwisteraktionen**

In diesem Fall ist kein spezieller Synchronisationsmechanismus notwendig. Es genügt ein striktes 2-Phasen- Sperrprotokoll gemäß Abb.4-14

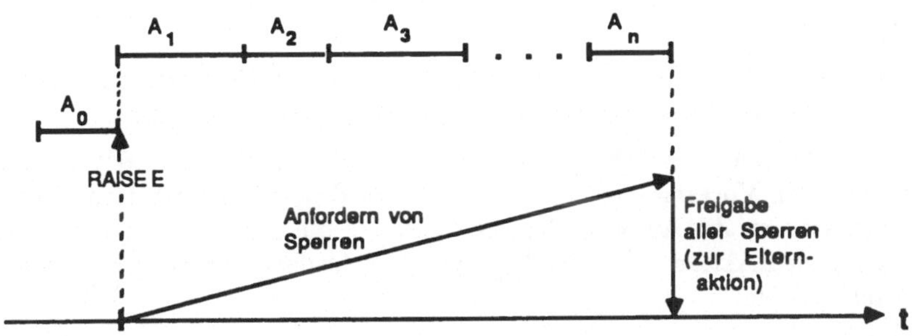

Abb.4-14: Sperrverfahren bei serieller Ausführung von Geschwisteraktionen

4. **Kollaterale Ausführung von Geschwisteraktionen**

Hierbei sind zwei Fälle zu unterscheiden:

- Kollateralität zwischen Geschwisteraktionen gleicher Priorität (unabhängige Geschwisteraktionen)
- Kollateralität zwischen Geschwisteraktionen verschiedener Priorität (abhängige Geschwisteraktionen)

Für unabhängige Geschwisteraktionen muß das Synchronisationsverfahren lediglich die Isolation der einzelnen Aktionen bzgl. ihrer DB-Zugriffe gewährleisten. Der Grundalgorithmus GA ist für diesen Fall in unveränderter Form geeignet. Bei dem Verfahren können Verklemmungen auftreten, die nach den üblichen Methoden durch Rücksetzen von Aktionen aufgelöst werden. Im Modus **DEPENDENCY_CHECK ON** leistet dieses Sperrverfahren direkt die Aufdeckung von Abhängigkeiten zwischen Aktionen gleicher Priorität (Kap.4.6). Sobald zwischen zwei Aktionen ein Sperrkonflikt nach Regel GA.B auftritt, sind diese Aktionen als abhängig zu betrachten.

Bei kollateraler Ausführung von Aktionen unterschiedlicher Priorität muß das Synchronisationsverfahren zusätzlich zur Isolation der Aktionen die Äquivalenz zu einer seriellen Ausführung unter Einhaltung der Prioritätsordnung gewährleisten. Das folgende Verfahren – wiederum eine Erweiterung von GA – leistet das Geforderte:

Die bei einem Ereignis entstehenden Geschwisteraktionen werden entsprechend ihrer Prioritäten in Klassen unterschiedlicher **Synchronisationspriorität SP** eingeteilt. Innerhalb einer Klasse wird Unabhängigkeit angenommen.

Regel A: wie GA.A

Regel B: Eine Aktion darf nur dann eine Lesesperre (Schreibsperre) setzen, wenn alle Besitzer dieser Sperre im Schreibmodus (in einem beliebigem Modus) Vorgänger der Aktion sind oder Geschwister der Aktion mit niedrigerer SP als diese oder Geschwister eines Vorgängers von A mit niedrigerer SP als dieser Vorgänger. Falls eine Sperre von einer solchen Geschwisteraktion mit niedrigerer SP gehalten wird, wird diese Geschwisteraktion zurückgesetzt.

Regel C: wie GA.C

Regel D: Eine Aktion darf erst dann ihr Commit zur Elternaktion durchführen, wenn alle Geschwisteraktionen höherer SP abgeschlossen sind.

Mit dem Verfahren wird sichergestellt, daß Aktionen mit höherer SP bei allen Datenzugriffen absoluten Vorrang gegenüber Aktionen niedrigerer SP erhalten. Die Sperrprioritätsklassen steuern die Auswahl der Aktionen für die Bearbeitung, indem aus den noch zu bearbeitenden Aktionen jeweils diejenigen mit höchster SP zur parallelen Bearbeitung ausgewählt werden.

Beispiel 4-9:

Zwei Konsistenzprüfroutinen P1 und P2, die gemäß Abb.4-12 aus einer Anwendungstransaktion A heraus durch **RAISE E** angestoßen werden, seien mit unterschiedlicher Priorität definiert, wobei

$$\text{Priorität(P1)} > \text{Priorität(P2), d.h. P1} <_{akt} \text{P2.}$$

P1 wird entsprechend in eine Klasse höherer SP eingeordnet als P2. Beispiel 4-9 soll im übrigen hinsichtlich der Sperranforderungen vollständig identisch zu Beispiel 4-8 sein, wobei lediglich die Aktion P2 an die Stelle von EA_E tritt. Alle Aussagen aus Beispiel 4-8 gelten dann analog.

Es muß betont werden, daß die Parallelausführung von Aktionen unterschiedlicher Priorität vergleichsweise großen Aufwand verursacht. Falls während der Bearbeitung Konflikte auftreten, gehen Arbeitsergebnisse durch Rücksetzen verloren. Das Verfahren arbeitet etwas günstiger, falls mit Sicherungspunkten innerhalb von Aktionen gearbeitet wird, so daß nicht immer ein Rücksetzen auf den Aktionsanfang notwendig ist, sondern nur auf denjenigen Sicherungspunkt, der dem Setzen der betroffenen Sperre unmittelbar vorausgeht.

Das Verfahren aus 2. ist als Spezialfall in 4. enthalten, wenn die ausgezeichnete Kindaktion EA_E in eine eigene Klasse mit niedrigster SP eingeordnet wird. Damit lassen sich 2. und 4. durch dasselbe Verfahren lösen!

Die Entscheidung, welche der vorgestellten Synchronisationsverfahren angewendet werden sollen, hat keine Auswirkung auf das ETM-Konzept als solches, sondern hängt von der jeweiligen Implementierung ab. Das EDBMS ist jeweils mit den benötigten Synchronisationsmechanismen zu konfigurieren. Als Kriterien für eine entspechende Entscheidung müssen herangezogen werden:

- Abwägung der zusätzlichen Kosten für asynchrone Ausführung (Intra-Transaktions-Sperrprotokolle, Auflösung von Verklemmungen, Scheduling ...) gegenüber den durch Kollateralität erzielbaren Laufzeitgewinnen.
- Auslastung von Ressourcen.

- Häufigkeit zu erwartender Zugriffskonflikte.
- Etwaige Vorteile durch frühzeitiges Erkennen von Inkonsistenzen bei paralleler Ausführung von Prüfroutinen.

Für die weiteren Betrachtungen wird angenommen, daß sowohl synchrone und asynchrone Ausführung von Eltern-/Kindaktionen als auch serielle und kollaterale Ausführung von Geschwisteraktionen anwendbar sind.

4.7.3 Wiederaufsetzpunkte nach Ausführung getriggerter Aktionen

Der Begriff Wiederaufsetzpunkt umfaßt zwei Aspekte:

1. den Zustand der Datenbasis, auf dem nach Ausführung einer Aktion die Bearbeitung fortgesetzt wird,
2. der Punkt innerhalb der Folge von Bearbeitungseinheiten, an dem der Ablauf fortgesetzt wird.

Bemerkung:
In den folgenden Abbildungen sind die Abläufe durch Pfeile, die erreichten DB-Zustände durch Balken dargestellt. Wieweit Wirkungen der Aktionen im erreichten DB-Zustand sichtbar sind, wird durch verschiedene Färbung der Balken wiedergegeben.

Wiederaufsetzpunkte sind unabhängig davon, ob die Eltern-/Kindaktionen synchron oder asynchron bzw. Geschwisteraktionen seriell oder kollateral ablaufen. Bei paralleler Aktionsausführung ist lediglich sicherzustellen, daß die Wirkung äquivalent zum seriellen Fall ist.

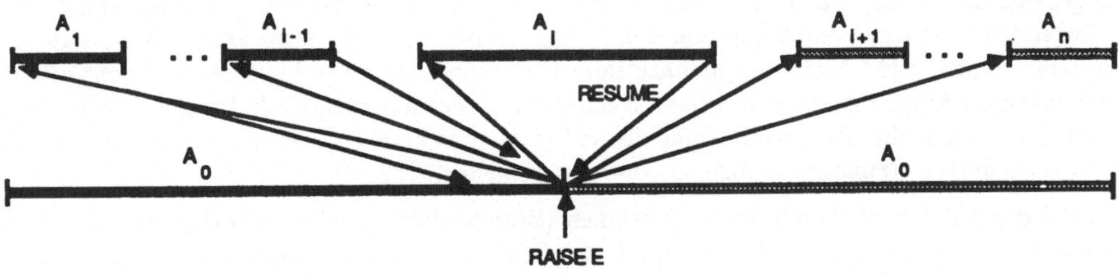

DB-Zustand bei Wiederaufsetzen:

- Wirkungen der Aktion vollständig sichtbar
- Wirkungen der Aktion bei kollateraler Ausführung z.T.sichtbar
- Wirkungen der Aktion nicht sichtbar

Abb.4-15: Resume nach Aktionsausführung

Im Normalfall, d.h. falls keine weiteren Angaben gemacht werden, wird nach Ende einer getriggerten Aktion A_i der Ablauf an der Stelle der Ereignisauslösung fortgesetzt (RESUME). Dieses Vorgehen entspricht dem üblichen Rücksprung aus einer Prozedur. In Abb.4-15 ist dieser logische Wiederaufsetzpunkt im Ablauf dargestellt. Bei asynchroner Weiterführung der

Elternaktion kann der tatsächliche Wiederaufsetzpunkt auch später – nämlich zwischen **RAISE E** und Ende der Elternaktion – liegen (in Abb.4-15 nicht wiedergegeben). Der DB-Zustand, auf dem bei RESUME aufgesetzt wird, beinhaltet die Wirkungen von A_0 vor Ereignisauslösung, die Wirkungen von A_i, sowie die Wirkungen der vor A_i abgeschlossenen Geschwisteraktionen A_1 bis A_{i-1}. Bei kollateraler Ausführung kann der DB-Zustand ferner einen nicht genau festgelegten Teil der Wirkungen von A_0 nach **RAISE E** sowie von kollateralen Geschwisteraktionen A_{i+1} bis A_n beinhalten. Durch die in Kap.4.7.2 vorgestellten Synchronisationsverfahren können dies auch bei paralleler Aktionsausführung nur DB-Zustände sein, die den Abhängigkeiten der Aktionen genügen.

In Hinblick auf die geplanten Anwendungen des Triggerkonzepts reicht diese einfache Regelung nicht in allen Fällen aus. Getriggerte Aktionen besitzen den Charakter von Routinen zur Ausnahmebehandlung, als deren Folge andere Wiederaufsetzpunkte notwendig werden können. Insbesondere kann es sich dabei um das Rücksetzen oder den vorzeitigen Abbruch von Ablaufeinheiten handeln. Durch die rekursive Schachtelung von Aktionen und die Definierbarkeit mehrerer Trigger zum selben Ereignis existieren eine Vielzahl möglicher Aufsetzpunkte, deren vereinheitlichte Behandlung hier erläutert werden soll.

Besonders kommen als Aufsetzpunkte für die Fortsetzung des Ablaufs infrage:

- Anfang der Aktion oberster Ebene (DB-Operation, Transaktion).
- Anfang der unmittelbaren Vorgängeraktion (Elternaktion).
- Anfang der Aktionsmenge zum selben Ereignis (Geschwisteraktionen).
- Ende der Aktion oberster Ebene.
- Ende der unmittelbaren Vorgängeraktion.
- Ende der Aktionsmenge zum selben Ereignis.

Die genaue Bedeutung dieser Aufsetzpunkte für Datenbasiszustand und weiteren Ablauf wird im folgenden erläutert. Abhängig von den Möglichkeiten eines Systems kommen weitere Aufsetzpunkte hinzu, z.B. Sicherungspunkte innerhalb einer Aktion, oder es sollen nicht alle der obengenannten Möglichkeiten vom Systen unterstützt werden. Die Definition der Wiederaufsetzpunkte wird nicht als Erweiterung des ETM festgeschrieben, sondern unter Verwendung des unveränderten Grundmechanismus wie folgt realisiert:

Es wird ein Satz speziell definierter Aktionen (Standardaktionen) angeboten, die jeweils das gewünschte Rücksetzen bzw. den Abbruch durchführen. Diese Standardaktionen können wie jede andere Aktion direkt ausgeführt (**EXEC**) oder getriggert ausgelöst werden. Die Wirkungen der Standardaktionen, die im folgenden beschrieben werden, beziehen sich auf die Vorgängeraktionen der die Standardaktion triggernden Aktion A_i sowie teilweise auf A_i selbst. Wesentliche Elemente der – erweiterbaren – Menge von Standardaktionen sind:

- %REJECT_PRED

  Hierdurch wird die Elternaktion A_0 auf ihren Anfang zurückgesetzt. Der DB-Zustand vor Ausführung der Elternaktion wird wiederhergestellt, d.h. auch A_i und alle seine Geschwisteraktionen werden zurückgesetzt (Abb.4-16). Über die Fortsetzung des Ablaufs ist zunächst nichts ausgesagt. Eine Entscheidung hierüber ist explizit im Rahmen der Recoverybehandlung von Aktionen (Kap.4.7.4) möglich.

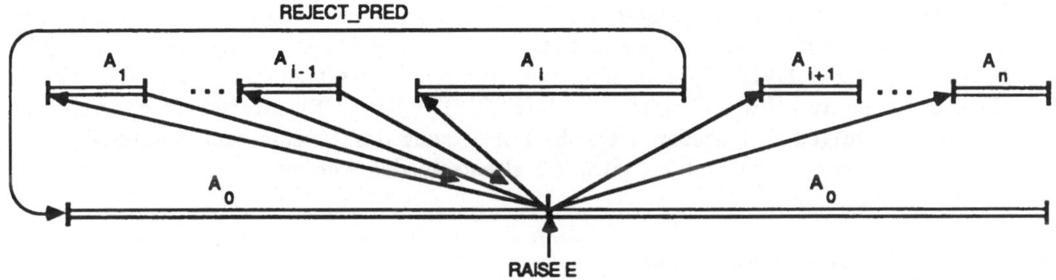

Abb.4-16: Graphische Darstellung von %REJECT_PRED

- %REJECT

  Leistet das Rücksetzen der Aktion oberster Ebene auf deren Anfang. Sämtliche Nachfolgeraktionen der Aktion oberster Ebene werden ebenfalls zurückgesetzt (Abb.4-17). Das Rücksetzen stellt den DB-Zustand wieder her, der zu Beginn von A_0 vorlag, was durch sukzessives Backout der Aktionen A_n bis A_0 erreicht wird. Geschwisteraktionen von A_1 bis A_n sind in Abb. 4-17 der Übersichtlichkeit wegen nicht dargestellt. Sie werden auf jeder Ebene analog Abb. 4-16 behandelt.

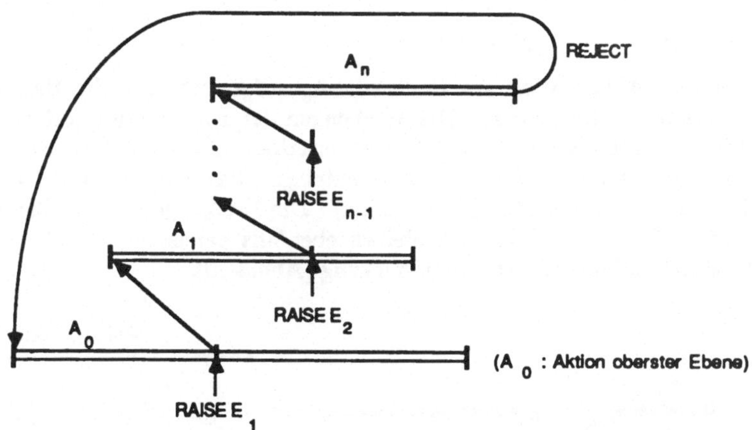

Abb.4-17: Graphische Darstellung von %REJECT

- %REJECT_TO_PRED_EVENT, %REJECT_TO_EVENT

  Es wird der DB-Zustand bei Ereignisauslösung wiederhergestellt, indem die das %REJECT_TO_{PRED}_EVENT veranlassende Aktion A_i sowie alle ihre

Geschwisteraktionen zurückgesetzt werden. Hierbei wird zwischen dem einstufigen Rücksetzen auf das unmittelbar vorausgehende Ereignis (%REJECT_TO_PRED_EVENT) und dem mehrstufigen Rücksetzen auf das in der Aktion oberster Ebene ausgelöste Ereignis (%REJECT_TO_EVENT) unterschieden. Abb.4-18 gibt den einstufigen Fall wieder. Über die Fortsetzung des Ablaufs kann anschließend im Rahmen der Recoverybehandlung (Kap.4.7.4) entschieden werden.

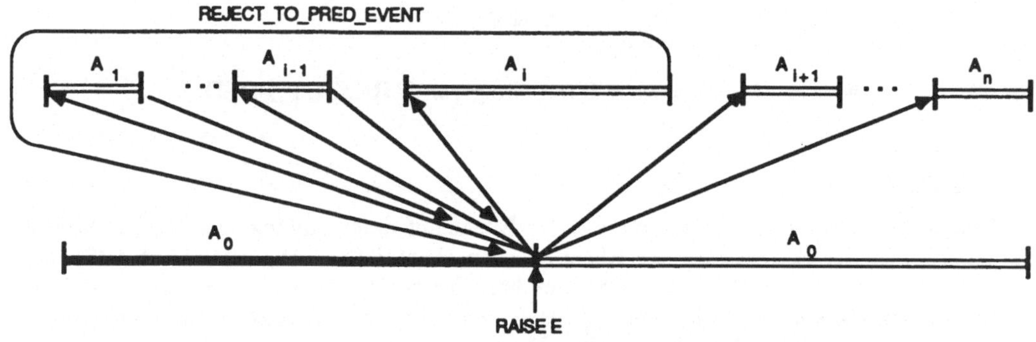

Abb.4-18: Graphische Darstellung von %REJECT_TO_PRED_EVENT

- %EJECT_PRED

  Für den weiteren Ablauf wird am Ende von A_0 aufgesetzt, d.h. die Bearbeitung wird nach der Elternaktion fortgesetzt. Die Wirkungen der Elternaktion auf die Datenbasis, die vor **RAISE E** stattgefunden haben, bleiben erhalten, alle Wirkungen von A_0 zwischen **RAISE E** und Aktionsende entfallen (dies bedeutet ggf. das Rücksetzen der über **RAISE E** hinaus kollateral weitergeführten Elternaktion). Die Wirkungen von A_i bleiben erhalten, bereits beendete Geschwisteraktionen bleiben ebenfalls persistent. Noch nicht beendete Geschwisteraktionen hinterlassen keine Wirkung (Abb.4-19).

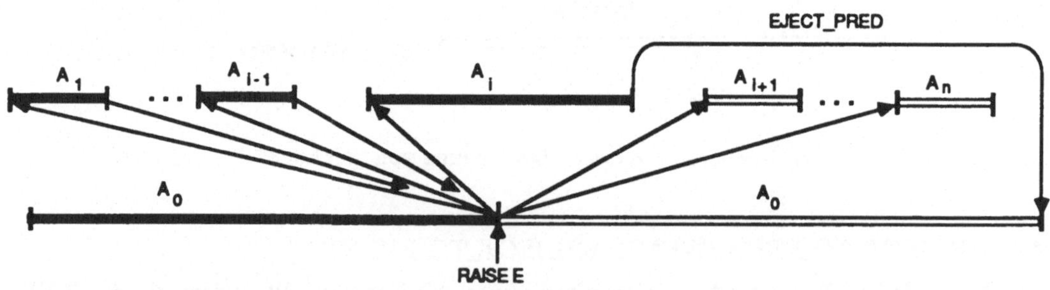

Abb.4-19: Graphische Darstellung von %EJECT_PRED

- %EJECT

  %EJECT leistet das Aufsetzen am Ende der Aktion oberster Ebene, d.h. das Commit der äußeren Transaktion oder DB-Operation wird erzwungen. Über **RAISE** E_{i+1} hinaus kollateral weitergeführte Vorgängeraktionen A_i müssen hierbei zurückgesetzt werden (Abb.4-20). Geschwisteraktionen sind in Abb.4-20 nicht explizit dargestellt, für sie gilt Abb.4-19 rekursiv

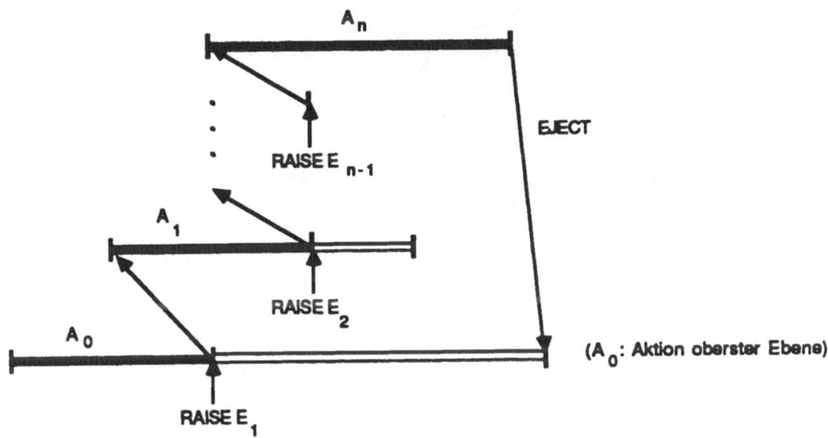

Abb.4-20: Graphische Darstellung von %EJECT

- %EJECT_TO_PRED_EVENT, %EJECT_TO_EVENT

  Es wird unmittelbar nach der Ereignisauslösung wiederaufgesetzt. Die Wirkungen bereits beendeter Geschwisteraktionen bleiben persistent, alle noch nicht beendeten Geschwisteraktionen hinterlassen keine Wirkung. Wirkungen der Vorgängeraktion(en) auf die Datenbasis bleiben soweit erhalten, wie sie vor **RAISE E** stattgefunden haben. Die Operationen wirken einstufig auf das in der Elternaktion ausgelöste Ereignis (%EJECT_TO_PRED_EVENT) oder mehrstufig auf die Ereignisinstanz in der Aktion oberster Ebene (%EJECT_TO_EVENT). Abb.4-21 gibt den einstufigen Falle wieder.

Beispiel 4-10:

Zu einem Ereignis E_{KR} wird eine Konsistenzprüfaktion A_{KR} ausgelöst. Die Prüfaktion signalisiert durch ein Ereignis A_{KR}.FAIL daß eine Inkonsistenz entdeckt wurde. Als Konsequenz soll die umgebende Transaktion zurückgesetzt werden:

```
TRIGGER T1_KR = ON E_KR DO A_KR;
TRIGGER T2_KR = ON A_KR.FAIL DO %REJECT;
```

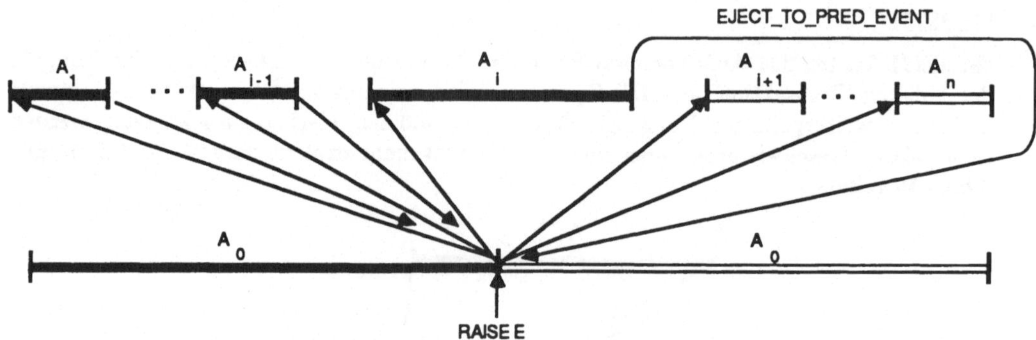

Abb.4-21: Graphische Darstellung von %EJECT_TO_PRED_EVENT

Beispiel 4-11:

Zu einem Ereignis E_{KR} werden mehrere Konsistenzprüfaktionen $A1_{KR}$, ..., An_{KR} ausgelöst. Sobald in einer der Aktionen eine Inkonsistenz aufgedeckt wurde, werden eine Meldung an den Benutzer ausgegeben sowie alle weiteren Prüfaktionen abgebrochen. Die umgebende Transaktion läuft anschließend weiter.

```
TRIGGER T1KR = ON EKR DO A1KR;
        .
        .
TRIGGER TnKR = ON EKR DO AnKR;

TRIGGER T1.failKR = ON A1KR.FAIL
                    DO begin
                        write(message.1);
                        EXEC %EJECT_TO_EVENT;
                       end;
        .
        .
TRIGGER Tn.failKR = ON AnKR.FAIL
                    DO begin
                        write(message.n);
                        EXEC %EJECT_TO_EVENT;
                       end;
```

4.7.4 Recovery im ETM

In diesem Kapitel wird die Frage behandelt, wie im Falle von Laufzeitfehlern während des Ablaufs einer Aktion verfahren werden kann. Wie in Kap. 4.7.1 erläutert, werden Aktionen im ETM als getrennt rücksetzbare Einheiten behandelt. Gründe für das Rücksetzen einer Aktion A können sein:

- Abbruch von A wegen Nicht-Terminierung (Zyklenerkennung, Time-out ...).
- Softwarefehler in A (Division durch 0, fehlerhafte Ausführung einer DB-Operation ...).
- Explizites Rücksetzen von A (siehe hierzu Unterkapitel 4.7.3).

Der Abbruch einer Aktion muß auf der nächsthöheren Aktionsebene behandelt werden, d.h. es muß über den weiteren Gesamtablauf entschieden werden. Nach Aktionsabbruch sind verschiedene Reaktionsweisen möglich, von denen hier die praktisch wichtigsten genannt sind:

- Rücksetzen der übergeordneten Aktion (Standardaktion **%REJECT_PRED**)
- Rücksetzen der Aktion oberster Ebene (Standardaktion **%REJECT**)
- Erneuter Start derselben Aktion (Standardaktion **%RETRY**)
- Ignorieren der Aktion (mit oder ohne Meldung)
- Automatischer Start einer alternativen Aktion
- Interaktion mit dem Benutzer

Im Rahmen des ETM läßt sich die flexible Reaktion auf Aktionsabbruch ihrerseits durch Trigger realisieren. Falls eine Aktion zurückgesetzt wird, wird ein Standardereignis ausgelöst:

```
EVENT %action_abort (action_id, reason_why)
```

Die Parameter des Ereignisses geben an, welche Aktion abgebrochen wurde und aus welchem Grund dies geschehen ist. Zu diesem Ereignis können Trigger definiert werden.

Beispiel 4-12:

```
TRIGGER T1 = ON %action_abort
             IF reason_why = 'software_error'
             DO %REJECT;

TRIGGER T2 = ON %action_abort
             IF action_id = 'A1'
             DO A1.alternative_action;

TRIGGER T3 = ON %action_abort
             IF reason_why = 'eject_to_event'
             DO write("Aktion", action_id, "wurde nicht ausgeführt");
```

```
TRIGGER T4 = ON %action_abort
             IF reason_why = 'action_does_not_terminate'
             DO begin
                 write ("Aktion", action_id, "terminiert nicht.
                        Ignorieren (1), Rücksetzen (2)
                        oder neuer Versuch (3) ?");
                 read (answer);
                 case answer of
                      1:;
                      2: EXEC %REJECT;
                      3: EXEC %RETRY;
                 end;
                end;
```

Zur Realisierung der getrennten Rücksetzbarkeit von Aktionen können Verfahren eingesetzt werden, wie sie für Recovery in geschachtelten Transaktionen anwendbar sind. In [Mos82] wird ein möglicher Mechanismus vorgeschlagen, der mit Schattenversionen von Objekten arbeitet (eine Schattenversion pro Transaktionsebene, auf der das Objekt verändert wurde). Ein log-basiertes Verfahren wird z.B. in [Mos87] vorgestellt.

4.8 Terminierung

Für Aktionen im Rahmen des ETM muß die Terminierung sichergestellt werden. Dies muß entweder durch eine Analyse der Aktionen zur Definitionszeit oder durch Laufzeitmechanismen (einschließlich explizitem Abbruch wie bei herkömmlichen Programmen) geschehen.

Für das Nicht-Terminieren von Aktionen werden im folgenden drei Ursachen unterschieden:

1. Der Algorithmus der Aktion – unabhängig von Effekten des ETM – terminiert nicht.
2. Die Aktion terminiert speziell aufgrund von ETM-Operationen nicht, d.h. sie stößt eine unendliche Folge von Triggern an.
3. Eine kollateral ausgeführte Menge von Aktionen terminiert aufgrund von Verklemmungen nicht.

Der erste Fall stellt kein spezielles Problem des ETM dar, er entspricht allgemein dem Terminierungsproblem für Algorithmen. Mit existierenden Methoden ist die Terminierung von Programmen nur in sehr eingeschränkten Fällen formal nachweisbar. Entsprechende Methoden können auch auf Aktionen angewendet werden.

Punkt 3 ist ebenfalls kein spezielles, nur im Rahmen des ETM auftretendes Problem, sondern entspricht allgemein dem Verklemmungsproblem bei geschachtelten Transaktionen. ETM-spezifische Konzepte zur Verklemmungsauflösung müssen daher nicht entwickelt werden. Es ist darauf hinzuweisen, daß das Verklemmungsproblem bei Schachtelung im Vergleich zu flachen Transaktionen von wesentlich höherer Komplexität ist.

Im folgenden soll der – für die Terminierung im ETM spezifische– Punkt 2. behandelt werden, d.h. das Problem der Terminierung bei geschachtelter und insbesondere rekursiver

Auslösung von Triggern. Schachtelung von Triggern bezeichnet die Triggerung von weiteren Aktionen durch Ereignisauslösung innerhalb von Triggeraktionen.

Eine **statische Schachtelung** von Triggern liegt vor, falls

$$T = (E,A)$$
$$T' = (E', A')$$
$$T, T' \text{ aktiviert}$$
$$E' \epsilon A$$

E' ϵ A bedeutet, daß die Auslöseoperation für E' in der statischen Struktur der Aktion enthalten ist. Die statische Schachtelung kann bedingt oder unbedingt sein, abhängig davon, ob das Triggerereignis E' innerhalb von A nur bedingt (abhängig von Verzweigungen in der Programmstruktur, von der Parametrisierung, von Eingaben während der Aktion) oder unbedingt ausgelöst wird. In Abb.4-22 ist die Schachtelung graphisch dargestellt.

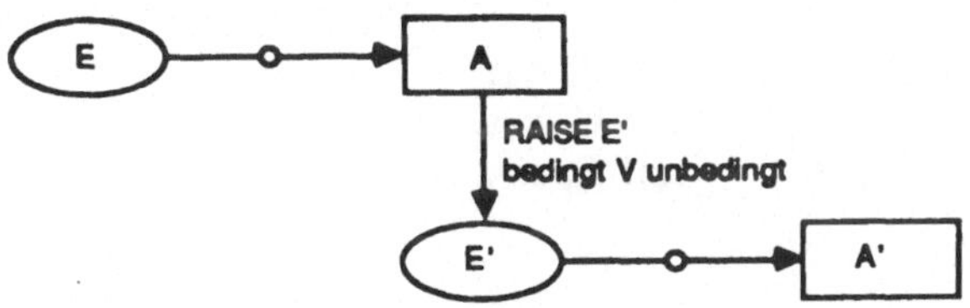

Abb.4-22: Schachtelung von Triggern

Eine **dynamische Schachtelung** ist dagegen gegeben, falls

$$\text{instanz}(E') \in \text{instanz}(A)$$

d.h. bei einer Ausführung von A tatsächlich eine Auslösung von E' stattfindet. Es gilt der Zusammenhang:

$$\text{instanz}(E') \in \text{instanz}(A) \Rightarrow E' \epsilon A$$

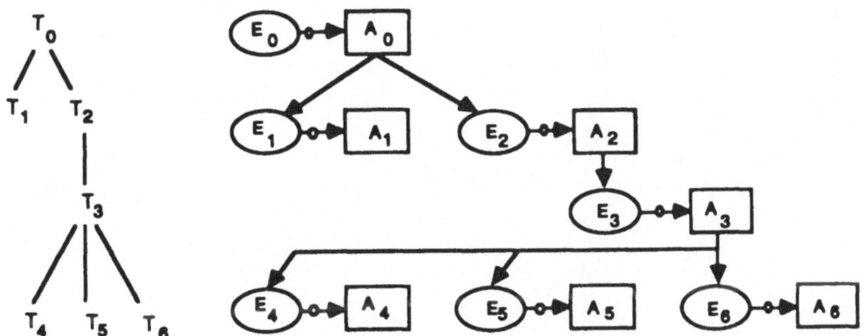

Abb.4-23: Triggerhierarchie

Das heißt, daß eine dynamische Schachtelung nur auftreten kann, falls dies auch in der statischen Struktur verankert ist, umgekehrt gilt die Aussage nicht (bedingte Schachtelung!). Eine Schachtelung kann sich über beliebig viele Ebenen fortsetzen, es entsteht eine Triggerhierarchie (Abb.4-23).

Bereits in [Esw76] wird bemerkt, daß geschachtelte Trigger besonders für hierarchisch aufgebaute Datenstrukturen geeignet sind. Da solche Strukturen ein wichtiges Merkmal des Entwurfsbereichs sind, kann auf Triggerschachtelung nicht verzichtet werden. Beispielsweise kann eine Aktion, die ein umfassendes, hierarchisch strukturiertes Entwurfsobjekt bearbeitet, weitere Aktionen zur Manipulation von Teilobjekten anstoßen. Außerdem wäre es andernfalls nicht möglich, innerhalb von Aktionen DB-Operatoren aufzurufen, mit denen in der Regel intern weitere Ereignisse (Standardereignisse, siehe Kap.6) verknüpft sind.

Das Terminierungsproblem wird dort von der Triggerschachtelung berührt, wo es zum Aufbau rekursiver, d.h. zyklischer Triggerstrukturen kommt (Abb.4-24).

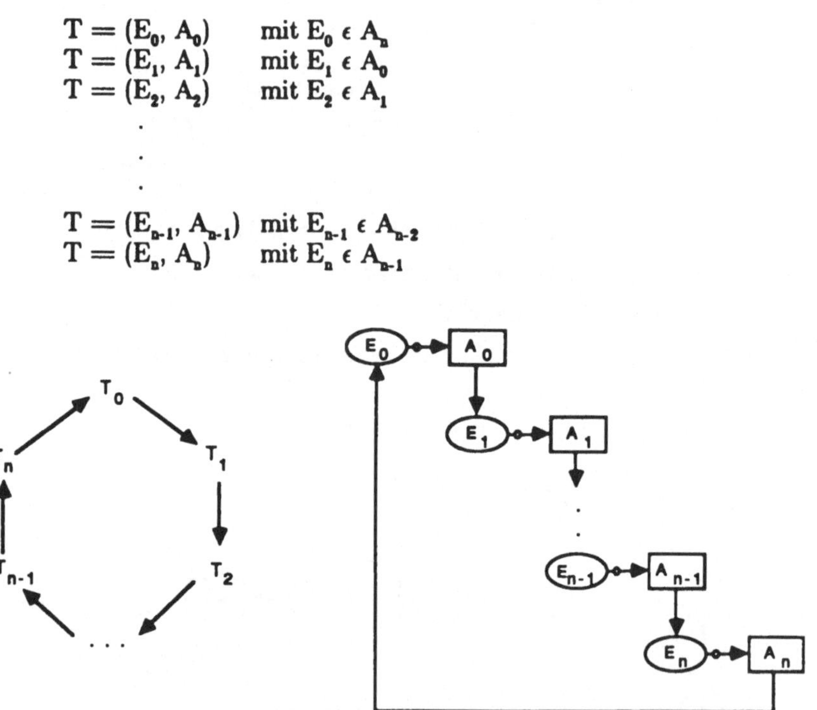

Abb.4-24: Zyklische Triggerstruktur

Einen Spezialfall stellt die direkte Rekursion dar (Abb.4-25).

$T = (E, A)$ mit $E \epsilon A$

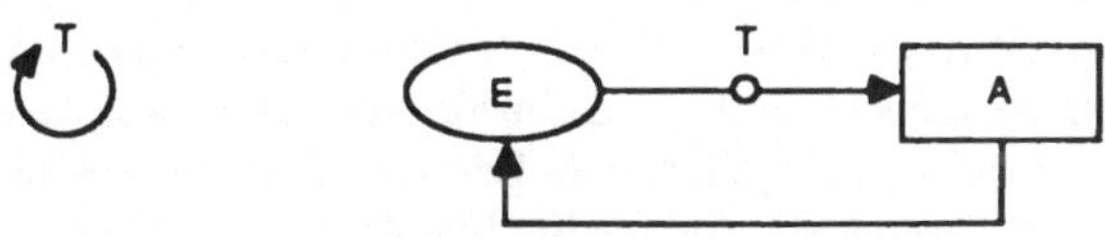

Abb.4-25: Trigger mit direkter Rekursion

Bemerkung:
Wir betrachten bei der Terminierungsfrage ausschließlich die geschachtelte Auslösung von Ereignissen, nicht die geschachtelte Definition von Triggern:

T = (E, A)

A enthält (Definition und) Aktivierung des Triggers T' = (E, A')

Wir legen fest, daß die Aktivierung von T' in einer instanz(A) nicht auf die instanz(E) zurückwirken kann, die zur Triggerung von instanz(A) geführt hat. **Eine Aktionsinstanz kann in keinem Fall durch Trigger(de)aktivierung die Menge der getriggerten Aktionsinstanzen, in der sie selbst enthalten ist, nachträglich modifizieren.** Hierdurch werden außer Terminierungsproblemen auch Paradoxien vermieden, die entstehen würden, wenn nach RAISE E in instanz(A) der Trigger T = (E, A) deaktiviert wird.

Für das Problem der Terminierung geschachtelter Trigger können folgende Lösungsansätze betrachtet werden:

1. Zyklische Triggerdefinitionen werden grundsätzlich von vornherein ausgeschlossen. Hierzu ist eine Analyse der Triggeraktionen notwendig.
2. Aufgrund der Triggerdefinition bedingt mögliche Zyklen werden zur Laufzeit überwacht und gezielt nach gegebenen Kriterien erkannt. Hierfür müssen ebenfalls die Triggeraktionen analysiert werden.
3. Triggeraktionen werden abgebrochen bzw. zurückgesetzt, wenn nach pragmatischen Kriterien ein nicht terminierender Zyklus angenommen werden muß.

zu 1.:
Zum Aktivierungszeitpunkt von Triggern (einschränkender, aber mit geringerem Aufwand prüfbar: zum Definitionszeitpunkt) soll bereits ausgeschlossen werden, daß zyklische Trigger zustande kommen. Hierzu wird ein gerichteter Graph aufgebaut und bei weiteren Aktivierungen (Definitionen) dynamisch fortgeschrieben, der auf Zyklenfreiheit zu überprüfen ist. Standardereignisse, die durch Verwendung von DML-Operatoren in Aktionen u.ä. ausgelöst werden, müssen dabei ebenfalls berücksichtigt werden, sofern auf ihnen Trigger definiert sind.

Die gerichteten Kanten von Ereignissen zu Aktionen sind durch die Triggerdefinitionen gegeben. Die Kanten von Aktionen zu Ereignissen müssen dagegen durch Aktionsanalyse festgestellt werden. Die ist allerdings nur in eingeschränkten Fällen möglich. Bei komplexen Aktionen stellt die Überprüfung ein nicht allgemein entscheidbares und auch in entscheidbaren Fällen äußerst aufwendiges Problem dar. Es muß jeweils festgestellt werden, ob die Zweige einer Aktion, in denen Ereignisse zur Auslösung kommen, überhaupt durchlaufen werden. Eine vollständige Aktionsanalyse ist dann ausgeschlossen, wenn die Ereignisauslösung von einer Parametrisierung der Aktion bzw. interaktiven Eingriffen abhängt.

Sofern man nur eingeschränkte Fälle betrachtet (Aktionen mit einfachen Kontrollstrukturen ohne interaktive Eingriffsmöglichkeiten) kann festgestellt werden, ob eine Aktion unbedingt oder bedingt ein Ereignis auslöst und ob dadurch ein Zyklus im Graphen zustande kommt. Dabei kann zwischen unbedingten Zyklen (alle Ereignisse im Zyklus werden von der vorausgehenden Aktion unbedingt ausgelöst) und bedingten Zyklen (es gibt Ereignisse im Zyklus, die nur bedingt ausgelöst werden) unterschieden werden.

Falls sowohl bedingte als auch unbedingte Zyklen beim Aufbau des Graphen verboten werden, braucht bei Ereignisauslösung keine weitere Überwachung nicht terminierender Triggerschachtelung durchgeführt zu werden (das Terminierungsproblem der einzelnen Triggeraktion bleibt davon unberührt). Durch Verbot bedingter Zyklen werden allerdings auch sehr viele korrekte und vom Benutzer durchaus gewollte Aktionsdefinitionen a priori ausgeschlossen. Sinnvoller ist es daher, nur unbedingte Zyklen bereits bei Triggeraktivierung (bzw. -definition) generell auszuschließen und bedingte Zyklen mit Laufzeitmethoden (siehe Punkt 2) zu überwachen.

Eine Aktionsanalyse ist in jedem Fall abhängig von der jeweiligen Sprache, in der Aktionen formuliert werden. Die Analyse muß im Zuge der Übersetzung durchgeführt werden. Hierzu ist entweder der Sprachübersetzer entsprechend zu erweitern, oder es muß ein zusätzliches Analysewerkzeug entwickelt werden, das in weiten Teilen Aufgaben des Übersetzers nochmals durchführt. In beiden Fällen ist der entstehende Aufwand erheblich.

zu 2.:
Falls bedingt zyklische Triggerdefinitionen auf Typebene zugelassen werden, muß die Terminierung **zur Laufzeit** mit anderen Mitteln sichergestellt werden. Anhand des Ereignis-Aktions-Graphen können bedingte Zyklen dynamisch überwacht werden. Falls ein nicht terminierender Zyklus auftritt, wird ein Abbruch der Aktionskette veranlaßt. Hierbei ist nach den Kriterien zu fragen, aufgrund derer entschieden wird, ob ein solcher nicht-terminierender Zyklus vorliegt. Die Qualität der Kriterien ist danach zu beurteilen, ob sie einerseits das möglichst frühzeitige Erkennen unendlicher Ereignis-/Aktionsketten gestatten, und andererseits nicht zum versehentlichen Abbruch terminierender Zyklen führen. Andererseits muß der Aufwand der Überwachung im Verhältnis zum Vorteil stehen, welcher gegenüber den einfachen Laufzeitkriterien unter 3. entsteht.

Die Kriterien müssen diejenigen Randbedingungen in Betracht ziehen, durch die sich das Verhalten eines Aktionszyklus bei mehrfachem Durchlaufen ändern kann. Dies sind:

- Der Kontext des Ereignisses am Anfang des Zyklus (wiedergespiegelt in Ereignisparametern und globalen Größen), auf den durch die erste Aktion des Zyklus zugegriffen wird.
- Der Datenbasiszustand zu Beginn des Zyklus, beschränkt auf diejenigen Elemente der Datenbasis, auf die in den Aktionen zugegriffen wird.
- Interaktive Eingaben innerhalb der Aktionen. Hierfür ist keine automatische Entscheidung möglich, der Fall wird daher im folgenden ausgeschlossen.

Bei der Aufdeckung von unendlichen Zyklen muß daher wie folgt vorgegangen werden:

- Vorausgesetzt wird ein Ereignis-/Aktionsgraph, der zum Zeitpunkt der Definition per Aktionsanalyse ermittelt wird und die bedingten Zyklen gemäß der statischen Schachtelung enthält.
- Beginne Überwachung eines Zyklus des Ereignis-/Aktionsgraphen, sobald Anfangsereignis dieses Zyklus ausgelöst wird.
- Vermerke Ereigniskontext dieses Anfangsereignisses.
- Protokolliere DB-Zustandsänderungen während der Aktionsfolge $A_1 \dots A_n$. Sofern durch Aktionsanalyse feststellbar, braucht die Protokollierung nur für Datenbasiselemente der Menge $R(\cup A_i)$ zu erfolgen, d.h. für den Teil der Datenbasis, auf den in den Aktionen des Zyklus lesend zugegriffen wird. Hieraus läßt sich jeweils die Gesamtänderung des DB-Zustands nach einem oder mehreren Zyklendurchläufen berechnen. Eine Isolierung von parallelen Aktionen gemäß Kap.4.7 wird hierbei vorausgesetzt. Zyklenerkennung durch ein bloßes Setzen von Sperren – ohne explizite Protokollierung und Bestimmung der Zustandsänderungen – kann nicht durchgeführt werden, da geschachtelte Aktionen auch dann Sperren setzen können, wenn diese bereits von Vorgängeraktionen gehalten werden.
- Bei jeder erneuten Instantiierung $instanz_j(E)$ des Anfangsereignisses E (d.h. nach jedem vollständigen Zyklendurchlauf) überprüfe, ob

  $$\exists\ i,\ 1 <= i < j : \mathtt{instanz}_j(E) =_k \mathtt{instanz}_i(E) \text{ und } s_j(DB_{rel}) = s_i(DB_{rel})$$

  $=_k$: kontextgleich

  $s_x(DB_{rel})$: DB-Zustand vor x-tem Durchlauf des Zyklus, soweit für Aktionen im Zyklus relevant. Die Gleichheit der Zustände ist aus den von den Aktionen im Zyklus bewirkten Zustandsänderungen bestimmbar.
- Falls diese Bedingung erfüllt ist, wurde ein unendlicher Zyklus erkannt.

Diese Schritte sind für jeden potentiellen Zyklus durchzuführen, insbesondere auch für alle ineinander enthaltenen Zyklen. Der für dieses Verfahren anfallende Aufwand zur Überwachungszeit ist proportional zu

- der Anzahl bedingter Zyklen im Ereignis-/Aktionsgraphen,
- den Zyklenlängen,
- der Anzahl verändernder Durchläufe pro Zyklus.

Zur Definitionszeit fällt zusätzlich der unter 1. bereits erwähnte Aufwand für die Aktionsanalyse (Modifikation des Übersetzers oder spezielles Analyseprogramm) an.

zu 3.:
Als einfache, heuristische Laufzeitlösungen für die Terminierungsproblematik sind denkbar:

- die Einhaltung maximaler Laufzeiten für geschachtelte Trigger
- maximal zulässige dynamische Schachtelungstiefe

Die notwendige Schachtelungstiefe kann in den betrachteten Anwendungen nur schwer vorausgesagt werden (da z.B. Entwurfsobjekte sehr unterschiedlich tiefe Hierarchien von

Unterobjekten aufweisen können). Daher ist die zweite Lösung i.a. nicht sinnvoll. Dagegen ist die Überwachung einer maximalen Laufzeit eine effiziente Methode, die in vielen praktischen Fällen ausreicht, sofern der Wert dieser Größe als Systemparameter variabel einstellbar ist. Die Vermeidung nicht terminierender Zyklen bleibt hierbei weitgehend in der Verantwortung des Benutzers, der lediglich durch einen einfachen Sicherungsmechanismus von Seiten des Systems unterstützt wird. Lösungen dieser Art müssen immer dann gewählt werden, wenn eine Analyse der Aktion zur Feststellung von Zyklen sowie die dynamische Verfolgung bedingter Zyklen nicht möglich bzw. zu aufwendig ist.

Zusammenfassend wird für die Terminierungsproblematik auf Grund von Triggerschachtelung im ETM-Mechanismus folgende Lösungsmethode vorgeschlagen:

- Analyse der Aktionen auf unbedingte und bedingte Zyklen, soweit mit Methoden der Programmanalyse durchführbar.
- Verbot der Aktivierung von Triggermengen, bei denen unbedingte Zyklen durch Analyse feststellbar sind.
- Vorgabe einer oberen Zeitschranke für geschachtelt ausgelöste Aktionsfolgen, als Systemparameter einstellbar.
- Überwachung bedingter Zyklen durch einen Mechanismus gemäß Punkt 2. Dieser Mechanismus ist ergänzend zur Maximalzeitüberwachung dynamisch einschaltbar, die Zeitschranke kann in diesem Fall sehr hoch gewählt werden. Ganz verzichtet werden kann auf die Schranke nicht, da Zyklenüberwachung für nicht-analysierbare Aktionen nicht möglich ist.
- Zusätzlich expliziter Abbruch von Benutzerebene aus jederzeit möglich.

Wenn nicht terminierende Zyklen erst zur Laufzeit erkannt werden, muß entschieden werden, wie hinsichtlich der bereits durchgeführten Aktionen vorgegangen werden soll. Es kann z.B. sinnvoll sein, diese Aktionen zurückzusetzen (damit wäre auf das ursprünglich triggernde Ereignis keine Reaktion erfolgt) oder die Aktionskette abzubrechen, sobald die Abbruchbedingungen erfüllt sind (Ausführung eines i.a. nicht vorhersehbaren Teils der definierten Reaktion zu dem Ereignis). Die erste der beiden genannten Lösungen ist einheitlicher und eindeutig vorausschaubar, so daß sie i.a. vorzuziehen ist. Falls interaktive Eingriffsmöglichkeiten durch den Benutzer gegeben sind, kann dieser im Fall von Zyklen selbst über den weiteren Verlauf entscheiden. Durch den ETM-Mechanismus wird das Vorgehen **nicht** festgeschrieben. Wie in Kap.4.7.4 beschrieben, stehen für diese Zwecke flexible Recoverymechanismen zur Verfügung, die selbst wiederum auf ETM-Operationen basieren.

Im Rahmen der Zyklenterminierung angewendete Mechanismen lassen sich z.T. auch in den beiden anderen Fällen des Nicht-Terminierens – nicht terminierender Algorithmus einer Aktion oder Verklemmung bei kollateraler Aktionsausführung – einsetzen. Die für Zyklen vorgegebene Zeitschranke oder gesondert definierte Zeitschranken können auch in diesen beiden Fällen verwendet werden, um die Terminierung zu erzwingen. Das Gleiche gilt für das explizite Abbrechen durch den Benutzer. Der erzwungene Abbruch einer Aktion oder Aktionsmenge soll auch hier i.a. nicht zum Abbruch des aufrufenden Programms führen. Ebenso wie bei Zyklenabbruch kann nach dem Rücksetzen einer nicht terminierenden Aktion(-smenge) an der Auslösestelle entschieden werden, wie im Ablauf fortzufahren ist. Die verwendeten Recoverymechanismen sind in allen Fällen die gleichen.

5. Geltungsbereiche

Der Begriff der Geltungsbereiche ist **orthogonal zum bisher vorgestellten Event-Trigger-Grundmechanismus**. Der ETM ist auch ohne ein zusätzliches Bereichskonzept brauchbar, Benutzungskomfort und Lokalitätsverhalten werden durch ein solches Konzept jedoch wesentlich verbessert. Lokalität ist selbstverständlich auch durch (De-)Aktivieren von Triggern erreichbar – durch die Verwendung unterschiedlicher Geltungbereiche ist die Anwendung jedoch einfacher und weniger fehleranfällig. Auch hinsichtlich einer effizienten Implementierung bietet ein Bereichskonzept Vorteile, wie in Kap.9 gezeigt wird.

Der Begriff des Geltungsbereichs, wie er hier verwendet wird, ist nicht identisch mit dem Begriff Gültigkeitsbereich, wie er in Programmiersprachen auftritt. Wie im weiteren Verlauf dieses Kapitels deutlich werden wird, besteht vielmehr eine Analogie zu dem programmiersprachlichen Begriff Lebensdauer. ETM-Geltungsbereiche legen die Lebensdauer von Ereignissen, Aktionen und Triggern bzgl. der dynamischen Ausführung fest (nicht bezüglich der statischen Aufschreibung).

Innerhalb der Systemarchitektur werden die Bereichsmechanismen in einer Zusatzkomponente zur eigentlichen ETM-Komponente angesiedelt (Abb.5-1).

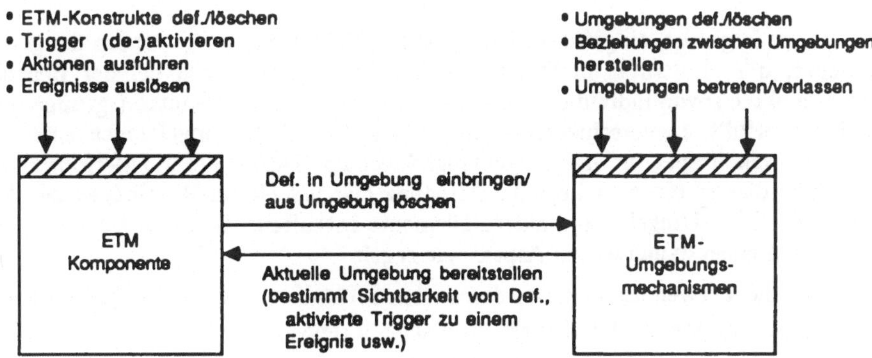

Abb.5-1: Einordnung der ETM-Bereichsmechanismen

Unter dem Begriff der Geltungsbereiche werden verschiedene Aufgaben und Ziele im Rahmen des ETM zusammengefaßt:

1. Es soll das *Lokalitätsprinzip innerhalb von Programmabläufen* unterstützt werden. Ereignisse sollen innerhalb eines Geltungsbereichs lokal auslösbar sein, unter demselben Namen sollen in verschiedenen Geltungsbereichen unterschiedliche Aktionen angesprochen werden u.ä..
2. Es soll die *Lokalität bei der Bearbeitung komplexer Entwurfsobjekte* unterstützt werden. Für verschiedene Repräsentationen eines Entwurfsobjekts können unterschiedliche Ereignis- und Aktionsmengen sowie zugehörige Trigger existieren. Bei der Entwicklung von Varianten, die z.B. in unterschiedlichen Technologien ausgelegt werden, können ebenfalls verschiedene Ereignis- und Aktionsmengen notwendig sein.

3. Die *Gültigkeit für einzelne Benutzer bzw. Benutzergruppen* soll einschränkbar sein. Zum Beispiel wird es häufig auftreten, daß für Benutzer A und Benutzer B zum selben Ereignis unterschiedliche Aktionsmengen ausgelöst werden sollen.

Zwischen verschiedenen Geltungssbereichen muß in allen Fällen eine **kontrollierte Vererbung** im Sinne einer **dynamischen Schachtelung** stattfinden können. Zu den oben genannten drei Aspekten der Lokalität sei hierzu jeweils ein Beispiel genannt:

1. Durch ineinander verschachtelte Geltungsbereiche kann ein ähnlicher Effekt erzielt werden, wie ihn die Blockstruktur in Programmiersprachen für die Lebensdauer von Prozedurdefinitionen liefert. Definitionen aus umgebenden Geltungsbereichen sind in inneren Geltungsbereichen gültig, sofern sie dort nicht lokal überlagert werden.
2. Bestimmte Trigger sollen für alle Varianten einer Repräsentation, unabhängig von der gewählten Technologie gelten. Hierzu werden die Trigger der Repräsentation an alle Varianten vererbt.
3. Für Mitglieder eines Projekts können eine Anzahl von ETM-Definitionen gemeinsam sein, z.B. Aktionen, die zu definierten Punkten des Verfahrensablaufs Projektvorgaben überwachen. Projektweit gültige ETM-Konstrukte werden hierbei für jeden einzelnen Projektmitarbeiter gültig.

Durch das im folgenden eingeführte Konzept der ETM-Umgebung werden die genannten Anforderungen, d.h. Lokalität in Programmabläufen allgemein und bei der Bearbeitung von Entwurfsobjekten sowie individuelle Bereiche für verschiedene Benutzer(-gruppen), in einheitlicher Form erfüllt. In verschiedenen Aspekten stellen ETM-Umgebungen eine Übertragung des Umgebungskonzepts für den Objektzugriffsschutz [Dit87] auf ETM-Konstrukte dar. Im Gegensatz zu diesem Konzept liegt die Betonung hier jedoch auf Regelungen der Ablaufstrukturierung, da ETM-Umgebungen aktive Elemente enthalten. ETM-Umgebungen haben einen statischen und einen dynamischen Aspekt, sie regeln

- statisch die Verwendbarkeit von definierten ETM-Konstrukten in Operationen,
- dynamisch die Menge der aktuell aktivierten Trigger.

5.1 Das ETM-Umgebungskonzept

Definition der ETM-Umgebung:

Eine ETM-Umgebung ist eine Menge von Ereignis, Aktions- und Triggertypen, die zur **aktuellen Arbeitsumgebung** erklärt werden kann. Trigger besitzen innerhalb der Umgebungen einen Aktivierungszustand, beschrieben durch T(act_state).

$U = \{E_i\} \cup \{A_i\} \cup \{T_i(act\_state)\}$

ETM-Umgebungen können einen eindeutigen Bezeichner besitzen (benannte ETM-Umgebung) oder unbenannt sein. Sie werden explizit durch Anwendung entsprechender Operatoren erzeugt und gelöscht sowie betreten und verlassen. Wenn eine Umgebung U betreten wurde, wirkt U als dynamischer Geltungsbereich für alle folgenden ETM-Operatoren, solange bis U explizit verlassen oder eine andere Umgebung betreten wird. Erzeugen und Betreten einer benannten Umgebung erfolgen unabhängig voneinander, d.h. Umgebungen werden statisch vordefiniert und während der Bearbeitung dynamisch betreten. Für unbenannte Umgebungen sind Erzeugen und Betreten dagegen unmittelbar miteinander gekoppelt. Zu weiteren Details siehe Kap.5.3.

Im folgenden wird immer von abgeschlossenen Umgebungen ausgegangen:

Eine **abgeschlossene ETM-Umgebung** ist eine ETM-Umgebung, für die gilt:

$$T(E,A) \in U \rightarrow E \in U \text{ und } A \in U$$

Eine ETM-Umgebung bildet eine Vereinigung folgender beiden Mengen:

- U_{def}: Menge aller Ereignis-, Aktions- und Triggertypen, deren Definition direkt in der Umgebung selbst stattgefunden hat, d.h. während diese Umgebung zur aktuellen Arbeitsumgebung erklärt war,
- U_{inh}: Menge aller Ereignis-, Aktions- und Triggertypen, die durch Vererbung aus einer anderen Umgebung erworben wurden und nicht durch lokale Definitionen überlagert sind.

Löschen von Typen ist immer nur in der Umgebung möglich, in der auch die Definition stattgefunden hat.

Mit der bisherigen Definition von ETM-Umgebungen ist zunächst völlig offengelassen, wie und zu welchem Zweck dieses Konzept in der DBMS-Umgebung eingesetzt werden. Um sowohl Lokalität in Programmabläufen als auch Lokalität bzgl. DB-Objekten und DB-Subjekten (Benutzer, Anwendungsprogramme) zu unterstützen, werden Umgebungen in zwei Klassen eingeteilt:

1. **Permanente Umgebungen**

   ETM-Elemente (Ereignisse, Aktionen, Trigger), die in einer permanenten Umgebung definiert sind, werden als Objekte der Datenbasis behandelt, d.h. dauerhaft gespeichert. Falls die Umgebung verlassen wird, bleiben ihre Definitionen erhalten und sind später bei erneutem Betreten wieder verfügbar. Die Elemente werden erst bei explizitem Löschen aus der Datenbasis entfernt.

   Permanente Umgebungen können z.B. einzelnen DB-Benutzern oder -Benutzergruppen zugeordnet werden. Die Umgebungshierarchie entspricht hierbei der Hierarchie innerhalb von Projektgruppen, Entwerferteams usw.. Auch CAD-Werkzeuge (im Sinne von Programmtypen) können hierbei als Benutzer auftreten. Permanente Umgebungen können auch bestimmten DB-Objekten zugeordnet sein, z.B. für die lokale Bearbeitung einzelner Entwurfsobjekte, deren Repräsentationen u.ä.

2. **Temporäre Umgebungen**

   ETM-Elemente, die in temporären Umgebungen definiert sind, werden nicht als dauerhafte Objekte der Datenbasis behandelt, d.h. sie existieren nur bis zum Verlassen der Umgebung. Wird die Umgebung später erneut betreten, so sind die Definitionen nicht mehr zugänglich.

Hierunter fallen z.B. Umgebungen, die einzelnen Programmen (CAD-Werkzeugen, Aktionen) und Programmteilen (Unterprogrammen, Transaktionen) **lokal während ihrer Instantiierung, d.h. Ausführung** zugeordnet werden.

Der Vorteil temporärer Umgebungen als Ergänzung zu permanenten Umgebungen ist darin zu sehen, daß entsprechende ETM-Objekte nur während der Laufzeit existieren und nicht explizit in der Datenbasis erzeugt und gelöscht werden müssen. Hierdurch wird unter anderem (versuchsweises) Arbeiten mit kurzfristig aufgebauten Umgebungen möglich.

Die Klassifizierung in permanente und temporäre Umgebungen ist nicht gleichzusetzen mit der Unterscheidung zwischen benannten und unbenannten Umgebungen. Benannte Umgebungen können sowohl permanent als auch temporär definiert sein. Unbenannte Umgebungen sind dagegen immer temporär.

5.2 Vererbung zwischen ETM-Umgebungen

Die Vererbung erfolgt entlang einer **Umgebungshierarchie**, die im folgenden erklärt wird. Die Umgebungshierarchie stellt eine statisch definierte Struktur dar, die i.a. nicht mit der dynamisch betretenen Folge von Umgebungen übereinstimmt.

ETM-Umgebungen können untereinander gerichtete Abhängigkeiten aufweisen. Die entstehende Hierarchie muß dabei nicht notwendigerweise zusammenhängend sein. Ebenso ist neben rein baumförmigen Hierarchien auch azyklische Vernetzung erlaubt. Vererbung von Elementen erfolgt in der Umgebungshierarchie immer einseitig in der Richtung vom Vorgänger zum Nachfolger. Auf eine Vererbung zwischen beliebigen, hierarchisch nicht aufeinanderfolgenden Umgebungen, wie sie z.B. in semantischen Netzen nicht ausgeschlossen ist, wird hier verzichtet, da die wesentlichen zu unterstützenden Umfeldstrukturen hierarchischer Natur sind.

Die Vererbung zwischen ETM-Umgebungen betrifft sowohl den statischen als den dynamischen Aspekt:

- In der Vorgängerumgebung definierte Elemente werden immer dann Element der Nachfolgerumgebung, wenn sie dort nicht durch lokale Definitionen überlagert sind.
- Aktivierungszustände von Triggern werden ebenfalls von der Vorgänger- zur Nachfolgerumgebung vererbt, sie können jedoch durch explizites (De-)Aktivieren in der Nachfolgerumgebung lokal verändert werden.

Um die beschriebenen Wirkungen präzise zu fassen, wird zwischen der Sichtbarkeit von ETM-Konstrukten (statischer Aspekt) einerseits und ihrer Instantiierbarkeit (dynamischer Aspekt) andererseits unterschieden.

Definition der Sichtbarkeit und Instantiierbarkeit:

Die Begriffe Sichtbarkeit und Instantiierbarkeit beziehen sich im folgenden stets auf die **dynamische Ausführung von ETM-Operationen** (in Kap.4 als Ereignis- bzw. Aktionsinstantiierung bezeichnet), nicht dagegen auf die statische Aufschreibung einer entsprechenden Operation im Programmtext. Zum Beispiel gelten für die in einer Aktion ausgelösten Ereignisse die Ereignistypen derjenigen Umgebung, in der die Aktion zur Ausführung gelangt, nicht die Ereignistypen der Umgebung in der die Aktion definiert wurde.

Der Begriff der Sichtbarkeit ist an die Bezeichner gebunden, die für Ereignisse, Aktionen und Trigger bei deren Definition vergeben werden. Sichtbarkeit ist Voraussetzung für die Ausführbarkeit aller ETM-Operationen, bei denen die Angabe des Bezeichners notwendig ist. Instantiierbarkeit bezeichnet dagegen ganz allgemein die Möglichkeit, in einer Umgebung ein Exemplar des betreffenden Typs zur Ausführung zu bringen. Sichtbarkeit impliziert im Rahmen des ETM nicht generell Instantiierbarkeit (bei Triggern ist die Aktivierung weitere Voraussetzung). Umgekehrt kann ebenfalls i.a. nicht von Instantiierbarkeit auf Sichtbarkeit geschlossen werden.

Die Begriffe Sichtbarkeit und Instantiierbarkeit sind in ETM-Umgebungen wie folgt definiert:

Sichtbarkeit:

Im folgenden sei K(B) ein ETM-Konstrukt (Ereignis, Aktion oder Trigger), das mit dem Bezeichner B definiert ist.

K(B) ist in einer Umgebung U sichtbar <--->
K(B) $\in U_{def}$, d.h. K(B) in U definiert
oder
(K(B) ist in genau einer unmittelbaren Vorgängerumgebung U_V von U sichtbar
und
in U ist kein ETM-Konstrukt mit demselben Bezeichner definiert.
)

Falls in *mehreren* Vorgängerumgebungen Definitionen K(B) mit identischem Bezeichner B sichtbar sind, gilt eine Sonderregelung (s.u.) für die Auflösung des Sichtbarkeitskonflikts.

Instantiierbarkeit:

Die Instantiierbarkeit von ETM-Konstrukten ist nicht generell von der Sichtbarkeit der entsprechenden Bezeichner abhängig. Grundidee dabei ist, daß lokale Definitionen mit gleichen Benennungen die aktivierten Trigger aus übergeordneten Definitionsbereichen nicht unwirksam machen sollen.

Bei Ereignissen fallen Instantiierbarkeit des Ereignistyps und Sichtbarkeit des Ereignisbezeichners zusammen:

Ein Ereignistyp E ist in einer Umgebung U instantiierbar <---> E ist in U sichtbar

Aktionen und Trigger können dagegen auch instantiierbar sein, obwohl ihre Bezeichner nicht sichtbar sind.

Ein Trigger T = (E, A) ist instantiierbar in einer Umgebung U <--->

E ist in U sichtbar (und somit instantiierbar)
und
((T ist in U sichtbar
und
T wurde in U aktiviert
)
oder
(T ist in mindestens einer unmittelbaren Vorgängerumgebung V(U) instantiierbar
und
T wurde in U nicht deaktiviert
)
)

Diese Definition bedeutet praktisch das Folgende: Wenn in U und V(U) Trigger mit identischem Bezeichner T existieren und in U nicht deaktiviert sind, so sind sie beide in U instantiierbar.

Ein Aktionstyp A ist instantiierbar in einer Umgebung U <--->

A ist in U sichtbar
oder
(A ist in mindestens einer unmittelbaren Vorgängerumgebung V(U) instantiierbar
und
∃ Trigger T(E, A): T instantiierbar in U
)

Hinsichtlich der ausführbaren Operationen, haben die Begriffe Sichtbarkeit und Instantiierbarkeit folgende Bedeutung:

Ereignisse:

Ein Ereignistyp E ist sichtbar (instantiierbar) in U →
In U Ausführbarkeit der Operationen
RAISE E
TRIGGER T = ON E DO A

(d.h. Instantiierung des Ereignistyps sowie Triggerdefinitionen der Art (E, *) sind ausführbar. Voraussetzung für die Triggerdefinition ist zusätzlich die Sichtbarkeit von A.)

Trigger:

Ein Trigger T = (E, A) ist sichtbar in U →
In U Ausführbarkeit der Operationen
ACTIVATE T
DEACTIVATE T

Ein Trigger T = (E, A) ist instantiierbar in U →
RAISE E triggert Ausführung von A

Gültigkeit eines Triggers ohne gleichzeitige Sichtbarkeit bedeutet also, daß zwar der Triggerbezeichner verdeckt ist, der Trigger jedoch bei Ereignisauslösung wirksam wird.

Aktionen:

Ein Aktionstyp mit Bezeichner A ist sichtbar in U →
A ist instantiierbar in U
und
in U Ausführbarkeit der Operationen
EXEC A
TRIGGER T = ON E DO A

(d.h. explizite Ausführung des Aktionstyps sowie Triggerdefinitionen der Art (*, A) sind ausführbar. Voraussetzung für die Triggerdefinition ist zusätzlich die Sichtbarkeit von E.)

Ein Aktionstyp A ist instantiierbar U →
∀ T(E, A) mit
T definiert in einer Umgebung V mit Definition von A sichtbar in V
und
T instantiierbar in U:
RAISE E triggert Ausführung von A

(Gültigkeit einer Aktion ohne gleichzeitige Sichtbarkeit besagt folglich, daß zwar der Bezeichner verdeckt ist, die Aktion aber durch Ereignisauslösung getriggert zur Ausführung gelangen kann.)

Eine ETM-Umgebung enthält als Elemente alle Ereignisse, Aktionen und Trigger, die nach obigen Definitionen in ihr sichtbar oder instantiierbar sind. Alle anderen Elemente aus Vorgängerumgebungen gelten als **überlagert** und werden nicht in die Umgebung vererbt. Im folgenden soll die Sichtbarkeit nochmals für die Fälle einer bzw. mehrerer Vorgängerumgebungen erläutert werden.

Vererbung aus einer Vorgängerumgebung (Abb.5-2):

Abb.5-2: U_1 als Vorgängerumgebung von U_2

1. E/A/T in U1 sichtbar und in U2 kein ETM-Konstrukt mit demselben Namen definiert → E/A/T in U2 sichtbar

   Definitionen, die in der übergeordneten Umgebung sichtbar sind, sind es auch in der abhängigen Umgebung, sofern sie dort nicht durch Definitionen mit identischen Bezeichnern lokal überlagert sind. (siehe Punkt 3.)

2. E/A/T in U2 definiert → E/A/T in U1 nicht sichtbar und nicht instantiierbar.

   Eine Vererbung von Definitionen in Richtung der Vorgängerumgebung ist nicht möglich.

3. E/A/T in U1 sichtbar und in U2 mit **gleichem Bezeichner** neu definiert → in U1 und U2 sind jeweils lokale Definitionen sichtbar.

   Die Sichtbarkeit von Bezeichnern kann lokal überlagert sein.

Der Aktivierungszustand von Triggern aus U1, die in U2 sichtbar sind, kann in U2 lokal verändert werden. (De-)Aktivierung eines Triggers in U2 wirkt dabei nicht zurück nach U1, d.h. ein in U1 aktivierter/deaktivierter Trigger bleibt auch nach **DEACTIVATE/ACTIVATE** in U2 in U1 aktiviert/deaktiviert. Wird in U2 der Trigger nicht explizit (de-)aktiviert, so gilt der Aktivierungszustand aus U1 auch in U2.

Die Instantiierbarkeit von Triggern und in diesen Triggern verwendeten Aktionen kann auch dann von U1 nach U2 vererbt werden, wenn die zugehörigen Definitionen in U2 lokal überlagert, d.h. nicht sichtbar sind. Voraussetzung ist, daß in U2 die triggernden Ereignisse nicht lokal überlagert sind und die Trigger sich im Zustand aktiviert befinden.

Beispiel 5-1:

Sichtbar in U_1:

```
EVENT E1, E2, E3;
ACTION A1 = . . . ;
ACTION A2 = . . . ;
ACTION A3 = . . . ;
TRIGGER T1 = ON E1 DO A1;
TRIGGER T2 = ON E2 DO A2;
TRIGGER T3 = ON E3 DO A3;

ACTIVATE T1;
ACTIVATE T2;
DEACTIVATE T3;
```

Lokale Definitionen in U_2:

```
EVENT E2;
ACTION A1 = . . . ;
ACTION A2 = . . . ;
TRIGGER T4 = ON E1 DO A1;
TRIGGER T5 = ON E2 DO A2;

ACTIVATE T4;
ACTIVATE T5;
```

RAISE E1 in U_1 → Ausführung von A1(U_1)
RAISE E2 in U_1 → Ausführung von A2(U_1)
RAISE E3 in U_1 → keine Aktion

RAISE E1 in U_2 → Ausführung von $A1(U_1)$ **und** $A1(U_2)$
RAISE E2 in U_2 → Ausführung von $A2(U_2)$
RAISE E3 in U_2 → keine Aktion

Die gleiche Wirkung hat auch eine Triggerdefinition in U2 mit identischem Triggerbezeichner T1 = (E1, A1) in U_2.

Wenn in U_2 zusätzlich die Operationen

```
DEACTIVATE T1;
ACTIVATE T3;
```

durchgeführt werden, was aufgrund der Sichtbarkeit von T1 und T3 möglich ist, so gilt:

RAISE E1 in U_1 → Ausführung von $A1(U_1)$
RAISE E3 in U_1 → keine Aktion, da T3 nicht aktiviert
RAISE E1 in U_2 → Ausführung von $A1(U_2)$
RAISE E3 in U_2 → Ausführung von $A3(U_1)$

Multiple Vererbung aus mehreren Vorgängerumgebungen (Abb.5-3):

Bisher wurde der Fall betrachtet, daß eine Umgebung nur **eine** Vorgängerumgebung besitzt. Umgebungen können in der Hierarchie aber von beliebig vielen Vorgängerumgebungen abhängig sein.

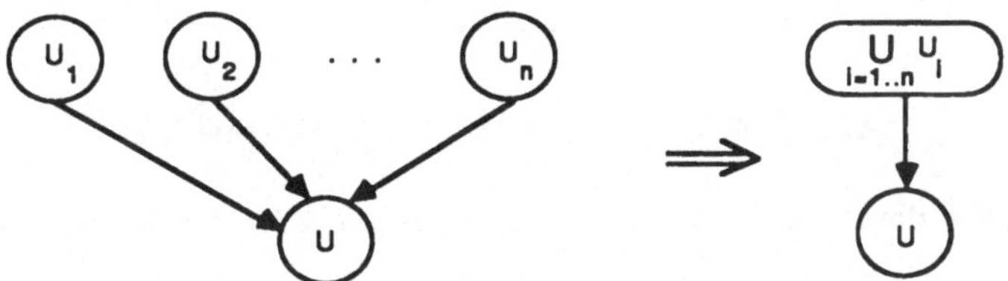

Abb.5-3: U_1, ..., U_n als Vorgängerumgebungen von U

Für diesen Fall wird die Vererbung wie folgt geregelt: Es wird eine Vereinigung aller Vorgängerumgebungen vorgenommen. Bezüglich dieser Vereinigung gelten alle obigen Aussagen für einfache Vorgängerbeziehungen. Bei der Bildung der Vereinigung kann allerdings das Problem auftreten, daß in mehreren Vorgängerumgebungen U_i Definitionen mit gleichen Bezeichnern sichtbar sind. Für diesen Fall treffen wir die Regelungen:

- Es ist möglich, explizit eine Ordnung über den Vorgängerumgebungen U_i zu spezifizieren. Falls in mehreren der U_i verschiedene ETM-Definitionen mit identischem Bezeichner B sichtbar sind, so wird in die Vereinigung als sichtbar nur die Definition aus der Umgebung aufgenommen, die entsprechend der Ordnung höchste Priorität besitzt.
- Falls keine Ordnung über den Umgebungen spezifiziert ist, tritt folgende Regelung in Kraft: Sind in mehreren Vorgängerumgebungen U_i ETM-Definitionen mit demselben Bezeichner B sichtbar, so gilt B in U als undefiniert.

- Unabhängig davon ist es immer möglich, ein ETM-Konstrukt, das in einer Umgebung U_i unter der Bezeichnung B definiert wurde, entlang der Vererbungshierarchie zusätzlich unter dem erweiterten Bezeichner U_i.B anzusprechen. (d.h. dem Bezeichner B kann der Name der Umgebung vorangestellt werden, in der die entsprechende Definition stattgefunden hat). Dieser erweiterte Bezeichner ist wegen der Eindeutigkeit der Umgebungsnamen auch bei multipler Vererbung nie verdeckt.

Beispiel 5-2:

In Abb.5-4 ist die Umgebungsstruktur des Beispiels mit den Definitionen, die in den einzelnen Umgebungen stattgefunden haben, dargestellt.

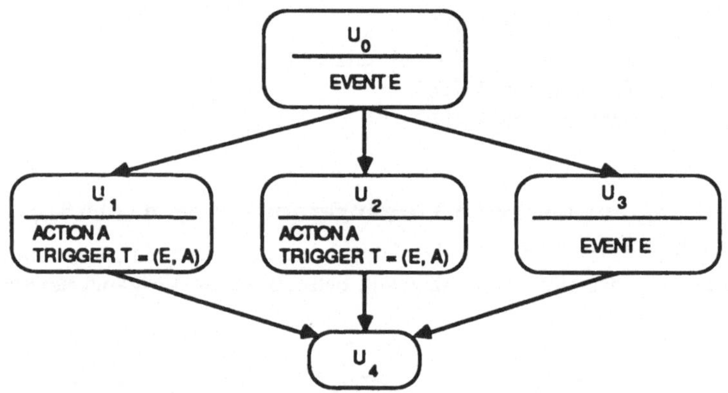

Abb.5-4: Umgebungsstruktur zu Beispiel 5-2

Im folgenden werden die Reaktionen auf Operationen in U4 für 4 Fälle dargestellt.

1. Fall: Eine Ordnung über U1, U2, U3 ist nicht gegeben.

RAISE U0.E → Ausführung von U1.A und U2.A
RAISE U3.E → Keine Aktion

EXEC U1.A → Ausführung von U1.A
EXEC U2.A → Ausführung von U2.A

RAISE E → Undefiniert
EXEC A → Undefiniert

2. Fall: Ordnung U1 > U3 > U2.

RAISE E → Ausführung von U1.A und U2.A
EXEC A → Ausführung von U1.A

RAISE U0.E usw. → wie Fall 1.

3. Fall: Ordnung U3 > U2 > U1.

```
RAISE E      → Keine Aktion
EXEC A       → Ausführung von U2.A
RAISE U0.E usw. → wie Fall 1.
```

4.Fall: Lokale Definitionen in U4.

```
EVENT E
ACTION A = . . .
TRIGGER T = ON E DO A
RAISE E          → Ausführung von U4.A
EXEC A           → Ausführung von U4.A
RAISE U0.E usw. → wie Fall 1.
```

5.3 Operatoren im Zusammenhang mit ETM-Umgebungen:

Die Operatoren im Zusammenhang mit ETM-Umgebungen gliedern sich in zwei Klassen, die hierarchisch aufeinander aufbauen. Die Operatoren der ersten Klasse dienen dazu, statisch eine Umgebungshierarchie aufzubauen oder umzustrukturieren. Es muß sich dabei um benannte Umgebungen handeln, damit die Umgebungen zum späteren Betreten eindeutig identifiziert werden können. Operatoren der zweiten Klasse regeln dagegen den Ablauf bei gegebener Umgebungshierarchie, indem sie das dynamische Betreten und Verlassen von Umgebungen erlauben. Unbenannte Umgebungen stellen hierbei einen Sonderfall dar, sie werden beim Betreten dynamisch angelegt.

1. *Operatoren zum Aufbau der Umgebungshierarchie*

DEFINE_ENV (env_name, permanent/temporary);

Es wird eine neue, mit **env_name** bezeichnete ETM-Umgebung definiert. Die Umgebung ist zunächst nicht in eine Umgebungshierarchie eingeordnet. Es ist anzugeben, ob die Umgebung permanent oder temporär angelegt werden soll.

DROP_ENV (env_name);

Die mit **env_name** bezeichnete ETM-Umgebung wird gelöscht. Hierarchisch abhängige Umgebungen sind anschließend dem (den) Vorgänger(n) von **env_name** untergeordnet bzw. unabhängig, falls die gelöschte Umgebung Wurzel einer Hierarchie war. Die Menge der sichtbaren bzw. instantiierbaren Elemente dieser Umgebungen ändert sich entsprechend.

CONNECT_ENV (env_name, to_env_name_list, {env_priority_list});

Die Umgebung **env_name** wird den Umgebungen, die in **to_env_name_list** angegeben sind, hierarchisch untergeordnet. Dabei treten die oben erklärten Gültigkeits- und Sichtbarkeitsregeln in Kraft. Durch den optionalen Parameter **env_priority_list** kann die Rangfolge dieser Umgebungen hinsichtlich der Sichtbarkeit von Bezeichnern angegeben werden. Falls die Umgebung **env_name** infolge vorangegangener **CONNECT_ENV**-Operationen bereits eine Menge von Vorgängerumgebungen besitzt, wird diese Menge um die Umgebungen aus **to_env_name_list** erweitert. Die neuen Umgebungen ordnen sich dabei gemäß der angegebenen Prioritäten ein. Eine permanente Umgebung kann nicht von temporären Umgebungen abhängig gemacht werden, in einem solchen Fall wird die Operation **CONNECT_ENV** zurückgewiesen.

DISCONNECT_ENV (env_name, from_env_name_list);

Die Operation löst die hierarchische Abhängigkeit zwischen der ETM-Umgebung **env_name** und ihren in **from_env_name_list** angegebenen Vorgängerumgebungen. Von der Umgebung **env_name** abhängige Umgebungen bleiben weiterhin von ihr abhängig. Für Umgebungen, die neben **env_name** weitere Vorgänger besitzen, wird die Menge der sichtbaren Definitionen — soweit notwendig — neu bestimmt.

2. *Operatoren zum dynamischen Betreten und Verlassen von ETM-Umgebungen:*

ENTER_ENV (env_name);

Die Umgebung **env_name** wird als aktuelle Arbeitsumgebung betreten und damit für die Instantiierbarkeit und Sichtbarkeit von Ereignissen, Aktionen und Triggern bestimmend.

BEGIN_ENV (env_name_list, env_priority);

Diese Operation ermöglicht das dynamische Anlegen und gleichzeitige Betreten von *ETM-Umgebungen ohne Bezeichner.* In **env_name_list** werden die Umgebungen angegeben, denen die neu eröffnete Umgebung hinsichtlich Sichtbarkeit und Instantiierbarkeit hierarchisch untergeordnet sein soll. Der Parameter **env_priority** gibt an, ob die Ordnung von **env_name_list** relevant ist, d.h. eine Priorität der Umgebungen bzgl. Sichtbarkeit identischer Bezeichner angibt. Bei **env_priority**=FALSE existiert keine Ordnung der Vorgängerumgebungen. **env_name_list** kann auch leer sein, es wird in diesem Fall eine hierarchisch unabhängige Umgebung betreten. Als spezielles Element ist in **env_name_list** ein reservierter Bezeichner ('&') für die aktuelle Arbeitsumgebung bei Ausführung von **BEGIN_ENV** möglich. Dadurch kann insbesondere dynamisch eine Hierarchie unbenannter Umgebungen (vergleichbar der Blockschachtelung in höheren Programmiersprachen) aufgebaut werden. Die reservierte Umgebungsbezeichnung kann bei Bezeichnerkonflikten auch in erweiterten Bezeichnernamen (&.B) auftreten. Unbenannte ETM-Umgebungen können im Gegensatz zu benannten Umgebungen nur *einmal* betreten werden.

LEAVE_ENV;

Die aktuelle ETM-Umgebung, die mit **ENTER_ENV** bzw. **BEGIN_ENV** betreten wurde, wird wieder verlassen. Falls eine unbenannte Umgebung verlassen wird, kann diese anschließend nicht wieder betreten werden.

Die Operationen **ENTER_ENV** und **BEGIN_ENV** sind verschachtelt anwendbar, d.h. sie können mehrfach verwendet werden, ohne daß zwischendurch die **LEAVE_ENV**-Operation durchgeführt werden muß. Diese Schachtelung hat *keinen* Einfluß auf den Inhalt der Umgebungen (sichtbare bzw. instantiierbare Elemente), sondern nur auf die dynamische Reihenfolge, in der die

Umgebungen betreten werden. Falls mehrere Umgebungen auf diese Weise hintereinander betreten wurden, wird bei **LEAVE_ENV** jeweils in die Umgebung zurückgekehrt, die durch das nächstäußere **ENTER_ENV** bzw. **BEGIN_ENV** definiert ist.

Die Verwendung der Operatoren erfolgt i.d.R. derart, daß die statischen Umgebungsstruktur vom Datenbankadministrator und/oder einzelnen Datenbankbenutzern vordefiniert wird. Bei der späteren Arbeit auf der Datenbasis (unter Einsatz von Entwurfswerkzeugen) werden die jeweils geeigneten Umgebungen betreten sowie ggf. weitere temporäre Umgebungen erzeugt. Die folgenden Beispiele verdeutlichen die Verwendung des Umgebungskonzepts.

5.4 Beispiele für die Verwendung von ETM-Umgebungen

Individuelle ETM-Umgebungen für Benutzer und Benutzergruppen

Im Entwurfsbereich existiert in der Regel eine typische Hierarchie von Benutzergruppen, die durch die Projektorganisation vorgegeben ist. Eine typische Gliederung (Abb.5-5) umfaßt z.B. die Ebenen:

- Gesamtunternehmen
- Unternehmensbereich
- Projekt
- Teilprojekt
- Entwerferteam
- Einzelner Entwerfer
- CAD-Werkzeug im Sinne eines Benutzers

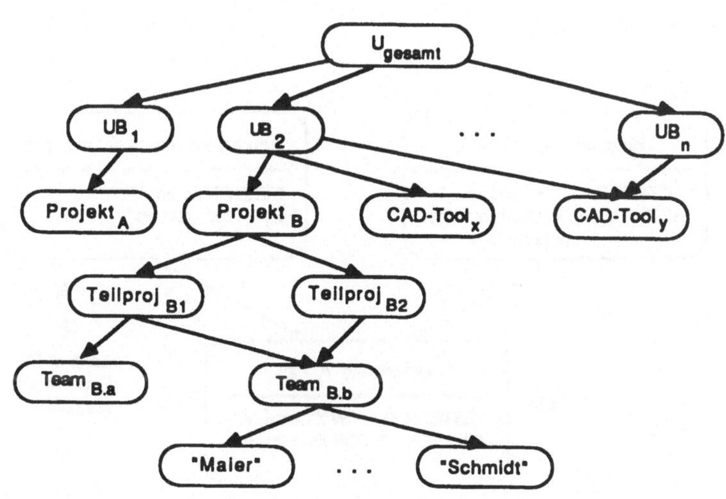

Abb.5-5: Benutzerhierarchie in Entwurfsumgebungen

Im konkreten Fall kann diese Hierarchie stärker oder weniger stark untergliedert sein. Allgemein gilt, daß das DBMS keine feste Gruppenstruktur vorgeben darf, sondern die Definition einer individuellen Struktur unterstützen muß.

Durch das Konzept der ETM-Umgebung wird die Forderung nach flexibler Strukturierung direkt unterstützt. Für die einzelnen Benutzer und Benutzergruppen sind benannte ETM-Umgebungen zu erzeugen, die jeweils die für den Benutzer bzw. die Gruppe instantiierbaren/sichtbaren Elemente beinhalten. Die Umgebungen werden der Gruppenhierarchie entsprechend angeordnet. Der Aufbau der Umgebungsstruktur sowie die Definition von ETM-Konstrukten in den verschiedenen Umgebungen erfolgt interaktiv durch jeweils verantwortliche Administratoren. Der einzelne Entwerfer kann innerhalb seiner Umgebung eigene ETM-Definitionen durchführen. Ein Benutzer bzw. Gruppenadministrator arbeitet i.a. in der ihm zugeordneten ETM-Umgebung (systemseitig durch automatisches **ENTER_ENV** bei Anmeldung zu realisieren).

ETM-Umgebungen erlauben beliebige Variationen dieser Grundstruktur, z.B. verschiedene Umgebungen für denselben Benutzer (falls er in mehreren Projekten beteiligt ist u.ä.), Wechsel des Benutzers in Umgebungen von Teamkollegen usw.

ETM-Umgebungen für DB-Objekte und -Objektmengen

Zur lokalen Bearbeitung von bestimmten Entwurfsobjekten oder deren Teilen sowie für Klassen von Entwurfsobjekten können individuelle ETM-Umgebungen definiert werden.

Beispielhaft ist hier zu denken an ETM-Umgebungen für

- Objektklassen, die nach verschiedenen Technologien entworfen werden,
- Objekte, die eine Ausnahme von der üblichen Bearbeitung erfordern,
- verschiedene Repräsentationen eines Entwurfsobjekts,
- einzelne Varianten.

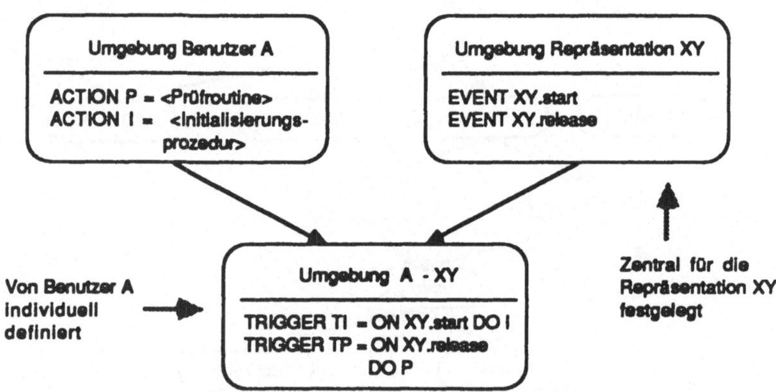

Abb.5-6: Vereinigung der Umgebungen Benutzer A und Repräsentation XY

Derartige Umgebungen lassen sich auch mit Umgebungen für einzelne Benutzer vereinigen. Innerhalb einer solchen Vereinigungsumgebung kann der Benutzer z.B. zu objektspezifischen Ereignissen eigene Trigger definieren (Abb.5-6).

Ablauf von Programmen in ETM-Umgebungen

Bei der Ausführung von Programmen (CAD-Werkzeugen, Aktionen) ist festzulegen, in welcher ETM-Umgebung die Ausführung stattfinden soll. Bei Beginn des Werkzeugs muß die entsprechende Umgebung explizit betreten werden. Der Aufruf der Operation **ENTER_ENV** kann hierzu entweder im Programm selbst stehen oder vorher vom Benutzer (interaktiv) ausgeführt worden sein. Es sei hier nochmals betont, daß als Geltungsbereich diejenige Umgebung fungiert, in der die Ausführung einer Aktion erfolgt, nicht die Umgebung, in der die statische Aufschreibung dieser Aktion (**ACTION A = . . .**) stattgefunden hat. Dies ist nicht zu verwechseln mit dem Begriff der "Definitionsumgebung", der unten verwendet wird, um die Umgebung des Werkzeugerstellers von derjenigen des Werkzeuganwenders zu unterscheiden.

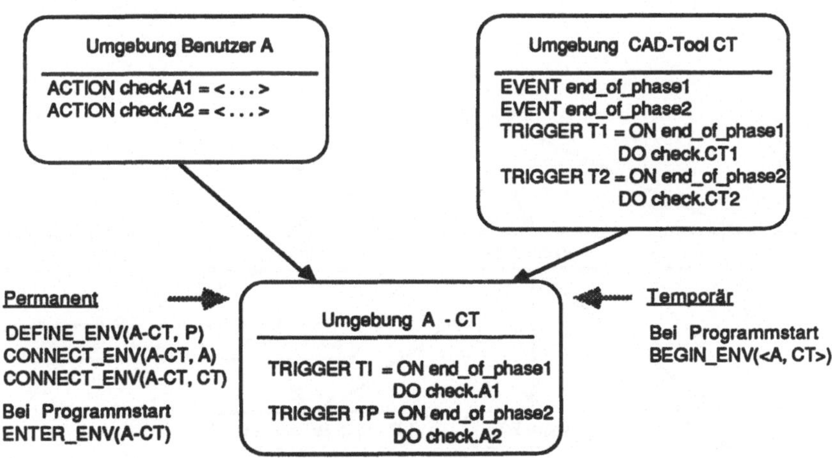

Abb.5-7: Vereinigung von Definitions- und Aktivierungsumgebung

CAD-Programme können je nach dem Anwendungsumfeld in verschiedenen Umgebungen ablaufen. Im folgenden werden die wichtigsten Fälle genannt:

- In einer bei der Werkzeugerstellung festgelegten Umgebung (Definitionsumgebung). Dies kann beispielsweise die Projektumgebung oder eine speziell für dieses CAD-Werkzeug definierte Umgebung sein. Der Operator zum Betreten der Umgebung wird zu Beginn des Werkzeugs aufgerufen, bei Programmende wird die Umgebung verlassen. Es kann sich um eine permanente oder um eine temporäre Umgebung handeln. Bei einer permanenten Umgebung werden im Programmablauf definierte ETM-Elemente als Objekte der Datenbasis behandelt und sind auch nach Ende des Programmablaufs in der Datenbasis vorhanden. Wird dagegen bei Programmbeginn eine temporäre Umgebung erzeugt, so sind die während des Programmablaufs erzeugten ETM-Elemente nach Ende des Programms nicht mehr verfügbar.

- In einer Umgebung, die bei jeder Ausführung des Werkzeugs neu festgelegt wird (Aktivierungsumgebung). Dabei kann es sich z.B. um die Umgebung des einzelnen Entwerfers, des Entwerferteams usw. handeln. Die Umgebung muß vor Beginn des Werkzeugs explizit betreten oder dem Werkzeug mitgeteilt werden. Wie oben lassen sich dabei permanente und temporäre Umgebungen unterscheiden.
- In einer Umgebung, die Definitions- und Aktivierungsumgebung vereinigt (Abb.5-7). Hierbei kann es sich wieder um eine permanente oder eine temporäre Umgebung handeln. Eine permanente Umgebung wird z.B. dann benötigt, wenn der Entwerfer zu den Ereignissen der Werkzeugdefinitionsumgebung eigene Trigger definieren will.

Außerdem kann während des Ablaufs per **ENTER_ENV** dynamisch ein Umgebungswechsel durchgeführt werden. Für Programmteile können durch Aufruf von **BEGIN_ENV** im CAD-Werkzeug lokal neue ETM-Umgebungen erzeugt werden.

In Abb.5-8 wird eine umfassende ETM-Umgebungsstruktur dargestellt, die verschiedene Benutzer(-gruppen), CAD-Werkzeuge und Technologieklassen sowie lokale Ablaufumgebungen umfaßt.

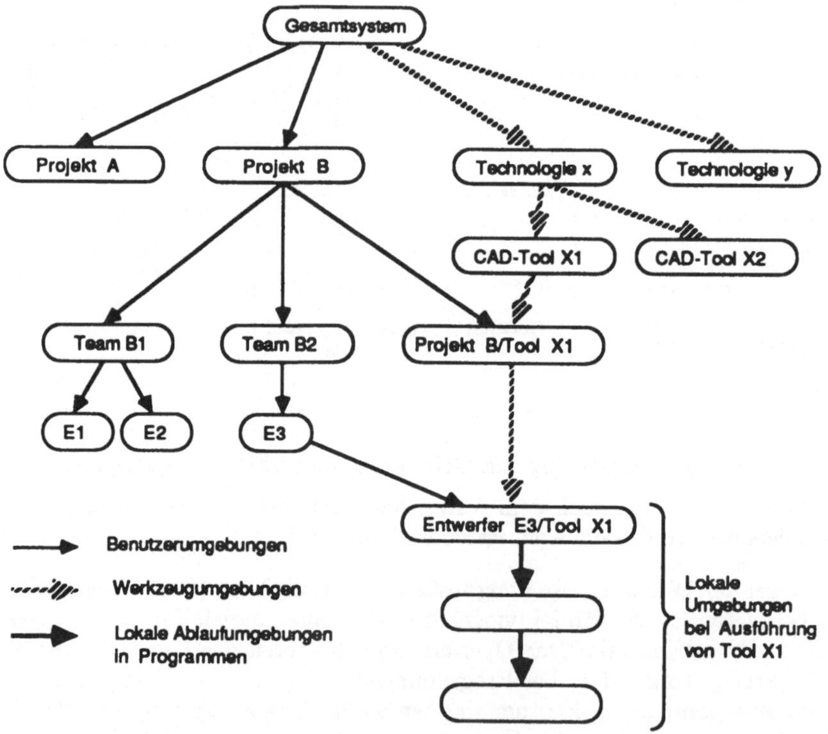

Abb.5-8: Beispiel einer ETM-Umgebungsstruktur

6. Verwendung des ETM am Beispiel des DBMS

In den vorausgegangenen Kapiteln wurde der ETM als Ablaufsteuerungsmechanismus mit loser Kopplung zwischen auslösendem Ereignis und ausgeführten Aktionen vorgestellt. Im folgenden soll nun die Verbindung zwischen dem ETM und einem anwendenden Grundsystem dargestellt werden. Dabei stellt das DBMS im engeren Sinne ein spezielles solches Grundsystem dar, das als Anwender des ETM auftritt. Im Rahmen der Systemarchitektur wird der ETM in einer eigenen Komponente realisiert, die über ihre Schnittstelle sowohl vom Endbenutzer als auch von anderen Systemteilen angesprochen werden kann. Umgekehrt kann die ETM-Komponente ihrerseits von Leistungen des Grundsystems Gebrauch machen, z.B. vom DBMS, um Information über ETM-Konstrukte abzuspeichern oder Synchronisation der Aktionen durchzuführen. Im folgenden wird die Grobarchitektur gemäß Abb.6-1 zugrundegelegt, wobei an der Stelle des Grundsystems z.B. das DBMS stehen kann.

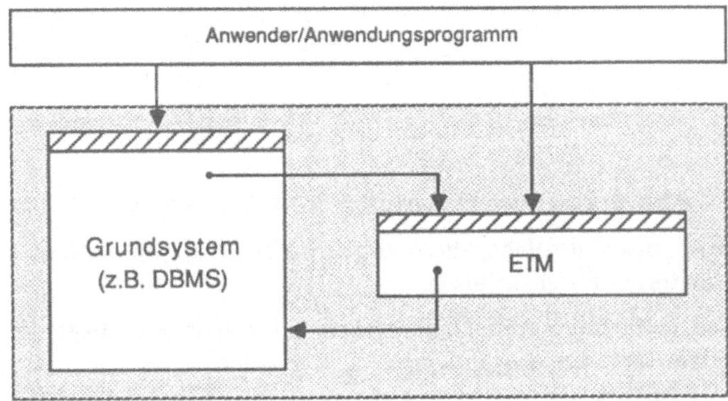

Abb.6-1: Einordnung des ETM in die Systemarchitektur

Im Rahmen dieser Architektur ist nun zu entscheiden, in welcher Komponente Situationsklassen erkannt und durch Ereignisse signalisiert werden. Ein Ereignis stellt einen Indikator für den Eintritt einer Situation (aus einer gegebenen Situationsklasse) dar. Die Situationsklasse wird durch den Ereignisbezeichner angezeigt. Damit ist zunächst völlig offen gelassen, auf welche Weise die entsprechende **Situation erkannt und in die Klasse eingeordnet** wird. Dies stellt **keine Aufgabe des Event-/Trigger-Mechanismus**, wie er in Kap.4 beschrieben wurde, dar.

In der Systemumgebung gibt es zwei Möglichkeiten für die Feststellung von Situationen.

- Das Erkennen und Einordnen der Situation wird von der das Grundsystem anwendenden Instánz vorgenommen. Hierbei kann es sich um ein Anwendungsprogramm oder den menschlichen Benutzer handeln.
- Das Erkennen und Klassifizieren erfolgt innerhalb des Grundsystems und wird von dort an die ETM-Komponente übermittelt.

Falls die Situation extern von der anwendenden Instanz festgestellt wird, muß die Auslösung des Ereignisses explizit über einen Schnittstellenoperator erfolgen ---> **explizites RAISE**.

Falls dagegen die Situation im Grundsystem selbst identifiziert werden kann, wird das Ereignis dort intern ausgelöst ---> **implizites RAISE**. Abb.6-2 gibt die Schnittstellenverwendung wieder.

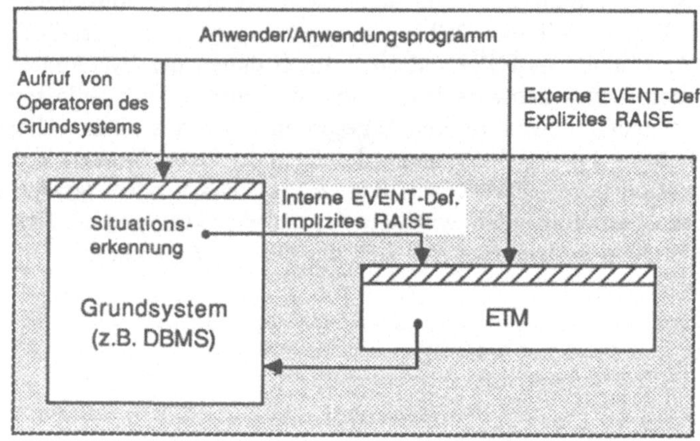

Abb.6-2: Verwendungsarten der ETM-Schnittstelle

Die Einteilung in Ereignisse in solche, die explizit, und solche, die implizit ausgelöst werden, ist nach folgenden Kriterien durchzuführen:

- Ist die Situation tatsächlich vom Grundsystem erkennbar oder liegt das Wissen darüber nur beim Benutzer bzw. im Anwendungsprogramm vor?
- Ist der Aufwand für die automatische Erkennung im Grundsystem vertretbar? Die Anwenderinstanz ist ggf. aufgrund ihres Wissens mit geringem Aufwand in der Lage, gezielt eine Situation anzuzeigen, zu deren Erkennung im Grundsystem laufend komplexe Zusammenhänge zu überprüfen wären. Hier bleibt abzuwägen zwischen Effizienz des Systems einerseits und Zumutbarkeit und Komfort für den Anwender bzw. Aufwand im Anwendungsprogramm andererseits.

Zusätzlich zur Frage nach der auslösenden Stelle lassen sich Ereignisse dahingehend unterscheiden, wo ihre Definition stattgefunden hat:

- außerhalb des Grundsystems durch die Anwenderinstanz ---> **externe EVENT-Definition**
- innerhalb des Grundsystems ---> **interne EVENT-Definition**

Aus der Kombination dieser zwei Einordnungskriterien ergeben sich vier Ereignisklassen:

1. **Intern definierte Ereignisse mit impliziter Auslösung**

   Solche Ereignisse sollen im folgenden als **Standardereignisse** bezeichnet werden. Ihnen kommt eine große Bedeutung für die praktische Einsetzbarkeit des Mechanismus zu, wie noch zu zeigen sein wird. Derartige Ereignisse zeigen den Eintritt bestimmter Situationen innerhalb des Grundsystems an. Eine große Anzahl solcher Ereignisse muß vorgesehen werden, um Ansatzpunkte für potentielle Reaktionen zu bieten. Standardereignisse sind den Standardausnahmen in Programmiersprachen ("Division durch 0", "arithmetischer Überlauf" u.ä.) vergleichbar. Sie werden für solche Situationen verwendet, die nur im Grundsystem erkennbar sind bzw. dort effizient festgestellt werden können, da sie unmittelbar mit definierten Punkten im Systemablauf gekoppelt sind.

Beispiele:
Ereignis "Ende der Operation zum Erzeugen eines Objekts im Grundsystem"
Ereignis "Beginn der Operation zum Ändern eines Objekts vom Typ A im Grundsystem"

2. **Extern definierte Ereignisse mit expliziter Auslösung**

Diese Art von Ereignissen entspricht der Anwendung des ETM in seiner "reinen" Form. Zusätzliche Vorkehrungen im Grundsystem sind hierfür nicht notwendig. Solche Ereignisse stellen das Instrument für die anwendungsgesteuerte Aktivierung von Aktionen dar. Situationsklassen, die nur der der Anwenderinstanz bekannt sind, da sie sich nicht aus Zuständen im DBMS herleiten lassen, müssen durch solche Ereignisse angezeigt werden.

Beispiele:
Das Ereignis "Ende der Entwurfsphase 'funktionale Spezifikation' "
Das Ereignis "Beginn des CAD-Werkzeugs X"

3. **Intern definierte Ereignisse mit expliziter Auslösung**

Ein Satz solcher Ereignisse kann für Situationsklassen bereitgestellt werden, die erwartungsgemäß für die Anwender des Grundsystems von Interesse sind, für die eine interne Auslösung jedoch nicht möglich oder zu aufwendig ist. Der Anwender wird lediglich von der Deklaration entlastet. Im übrigen besitzt diese Ereignisklasse weiter keine Relevanz, da die entsprechenden Ereignisse ebenso extern (ggf. in der Art einer Benutzerbibliothek) definiert werden können. Entsprechende Ereignisse werden im weiteren nicht vorgesehen.

Beispiele:
Das Ereignis "Reorganisation wird gewünscht"
Das Ereignis "Zeitpunkt für explizites Anstoßen einer Sicherung erreicht"

4. **Extern definierte Ereignisse mit impliziter Auslösung**

Ereignisse dieser Art zeigen Situationsklassen an, die zwar von Seiten der Anwenderinstanz definiert werden, aber aufgrund von Zuständen oder Zustandsübergängen innerhalb des Grundsystems festgestellt werden sollen. Für diese Ereignisse übernimmt das Grundsystem die automatische Erkennung der entsprechenden Situationen.

Für solche Ereignisse ist die Identifikation über Bezeichner nicht ausreichend. Vielmehr ist zusätzlich eine **Ereignisdefinitionssprache (EDL)** notwendig, mit der Situationsklassen, die im Grundsystem erkannt werden sollen, beschrieben werden können. Diese Ereignisdefinitionssprache stellt keinen Bestandteil des ETM, sondern eine *zusätzliche Komponente des Grundsystems* dar, die auf der ETM-Schnittstelle aufsetzt (Abb.6-3). Die EDL muß jeweils in Abhängigkeit von den Möglichkeiten des Grundsystems formuliert werden. Mithilfe der EDL können sogenannte Dämonen zu Ereignissen definiert werden, wobei in der Definition eines Dämons jeweils spezifiziert wird, unter welcher

Bedingung ein bestimmtes Ereignis implizit ausgelöst werden soll. Eine explizite Auslösung desselben Ereignisses wird dadurch nicht ausgeschlossen.

Beispiele:
Das Ereignis "Anzahl der Objekte vom Typ A übersteigt 1000"
Das Ereignis "In Objekt X wurde der Wert des Attributs ATT1 erniedrigt"

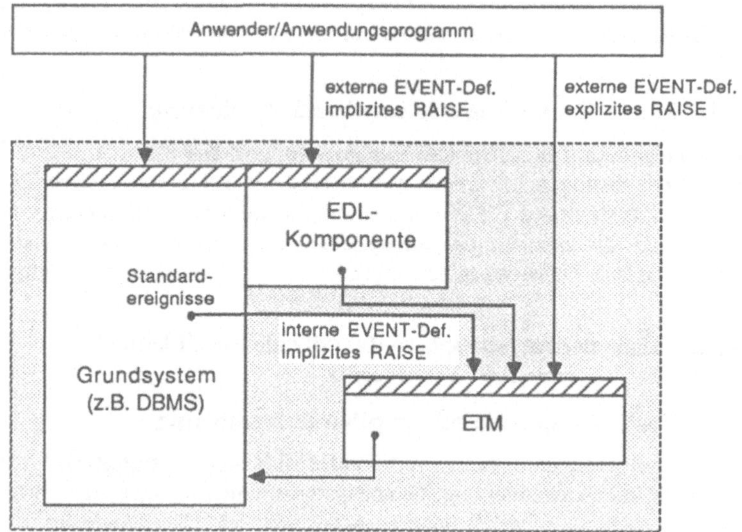

Abb.6-3: Einordnung der EDL in die Systemarchitektur

Im folgenden werden die Klassen 1 (Standardereignisse) und 4 (EDL) ausführlich betrachtet.

6.1 Standardereignisse

Standardereignisse dienen dazu, Situationen, die während interner Abläufe des Grundsystems auftreten, anzuzeigen. Sie stellen wie alle übrigen Ereignisse potentielle Auslösestellen für Reaktionen dar. Standardereignisse werden in der Regel an *die Operationen und dadurch bewirkten internen Zustände und Zustandsübergänge des Grundsystems* geknüpft. Daneben können bestimmte Standardereignisse durch *systeminterne Unterbrechungen, z.B. von seiten einer Systemuhr*, definiert sein. Hiermit wird es z.B. möglich, auch zeitliche Ereignisse als Auslöser für Reaktionen zu verwenden.

Die Menge der Standardereignisse muß im Grundsystem vordefiniert werden. Sie muß für ein konkretes Grundsystem so gewählt werden, daß alle Situationen angezeigt werden, die typischerweise als Anknüpfungspunkte für weitere Aktionen infrage kommen. Standardereignisse erhalten innerhalb des Systems ausgezeichnete Bezeichner gemäß einer strukturierten

Namensgebung (siehe folgende Beispiele), die zu den benutzerdefinierten Ereignisbezeichnern disjunkt sein müssen. Im folgenden wird die Konvention gewählt, daß Bezeichner von Standardereignissen durch vorangestellte %-Zeichen ausgezeichnet sind.

Im folgenden wird die Wahl von Standardereignissen für ein DBMS als Spezialfall eines Grundsystems dargestellt. Im Rahmen einer DBMS-Schichtenarchitektur wie etwa derjenigen in Abb.6-4 existieren Standardereignisse auf allen Schichten, an die Operatoren der jeweiligen Schicht geknüpft. Hierbei zeigen die Standardereignisse der Schicht n jeweils den Eintritt bestimmter Situationen innerhalb dieser Schicht an und werden unter anderem zur Realisierung der Schicht n+1 verwendet (in Abb.4-6 sind die Schichten mit wachsendem n von unten nach oben dargestellt).

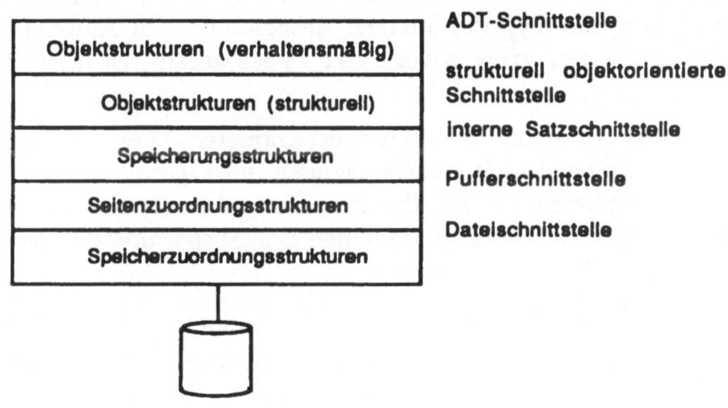

Abb.6-4: Schichtung eines DBMS (beispielhaft)

Man wird i.d.R. für jeden Operator O die Ereignisse

```
EVENT %O_begin
EVENT %O_end
```

vorsehen. **%O_begin** wird jeweils am Anfang der Operation O vor allen weiteren Verarbeitungsschritten ausgelöst. **%O_end** wird unmittelbar vor dem Ende der Operation ausgelöst. Je nach Anwendung und Schicht kann es ausreichend sein, für den Operator nur eines dieser beiden Ereignisse vorzusehen. Die Erzeugung dieser Standardereignisse kann für die Operatoren bei vorgegebener Schnittstellendeklaration automatisch erfolgen, ebenso die Erzeugung der **RAISE**-Aufrufe bei Beginn bzw. Ende der Operationen.

Falls es sich um eine Schicht des DBMS handelt, die generische Operatoren auf typisierten Datenelementen zur Verfügung stellt, muß entschieden werden, auf welche Weise der Typ in das entsprechende Standardereignis eingeht. Hierfür gibt es die Möglichkeiten:

1. Generische Ereignisse, parametrisiert mit der Typbezeichnung, d.h. pro generischem Operator O die Ereignisse:

```
EVENT %O_begin (typ)
EVENT %O_end (typ)
```

2. Typisierte Ereignisse, d.h. pro Operator O und Typ TP die Ereignisse:

```
EVENT %O_TP_begin
EVENT %O_TP_end
```

Fall 1 erlaubt jederzeit die Definition neuer Typen (beispielsweise auf dem Wege einer Schema- oder Subschemadefinition), ohne daß sich die Menge der Ereignisse ändert. Diese hängen ausschließlich von den generischen Operatoren des Datenmodells ab. Die Menge der Ereignisse bleibt hierdurch klein. Andererseits kann der aktuelle Wertebereich des Typ-Parameters groß und damit die Auswertung dieses Parameters hinsichtlich vorhandener Trigger aufwendig werden.

Fall 2 erfordert bei der Definition neuer Typen (beispielsweise einer (Sub-)Schemaübersetzung) die Erzeugung neuer Ereignisse. Diese benötigen dafür bei ihrer Auslösung keine ggf. kostenintensive Auswertung des Typ-Parameters. Insbesondere für Anwendungsbereiche bzw. DBMS-Schichten, bei denen eine große Menge von Typen anfällt, ist diese zweite Lösung daher vorzuziehen.

Operatoren besitzen i.d.R. Ein- und/oder Ausgabeparameter. Diese müssen als Kontext für Reaktionen auf die entsprechenden Standardereignisse des Operators zur Verfügung stehen. Hierfür werden die Standardereignisse mit den Parametern des Operators parametrisiert. Das Ereignis zu Beginn der Operation wird nur mit den Eingabeparametern des Operators versehen.

Operator: O (IN p_1, . . ., IN p_m, OUT p_{m+1}, . . ., OUT p_{m+n})

```
EVENT %O_begin (p1, . . . , pm)
EVENT %O_end (p1, . . . , pm+n)
bzw.
EVENT %O_TP_begin (p1, . . . , pm)
EVENT %O_TP_end (p1, . . . , pm+n)
```

Beispiel 6-1:

Das folgende Beispiel zeigt mögliche Ereignisse innerhalb verschiedener Schichten des DBMS (es wird keine Unterscheidung der Ereignisse nach Beginn und Ende der Operationen getroffen):

Operatoren auf ADT Zylinder:

```
EVENT %rotate_zylinder (zylinder_id, rotate_param)
```

Objektoperatoren (strukturell) auf Objekttyp Zylinder:

```
EVENT %read_object_zylinder (zylinder_id)
EVENT %update_object_zylinder (zylinder_id, new_attribute_values)
```

Satzoperatoren/ Operatoren auf Zugriffspfaden:

```
EVENT %find_record (access_path_id, zylinder_id, record_id)
EVENT %read_record (record_id)
EVENT %update_record (record_id, new_record)
```

Seitenoperatoren:

```
EVENT %read_page (segment_id, page_id)
EVENT %write_page (segment_id, page_id)
```

Dateioperatoren:

```
EVENT %read_block (file_id, block_no)
EVENT %write_block (file_id, block_no)
```

Für Zwecke der Konsistenzsicherung relevant sind nur die Standardereignisse der benutzernahen Schichten (strukturelle und verhaltensmäßige Objektstrukturen). Standardereignisse tieferer Schichten können für systeminterne Aufgaben verwendet werden. Falls dies nicht gewünscht wird, kann auf die Definition der Standardereignisse unterhalb der Objektstrukturen verzichtet werden.

Standardereignisse brauchen sich nicht auf Zugriffsoperatoren des Datenmodells bzw. der jeweiligen Schicht zu beschränken, sondern können für alle Arten von Operatoren erzeugt werden. Beispielsweise ist hier an die CHECKIN/CHECKOUT-Operationen zu denken, wie sie für technische Datenbanksysteme vorgeschlagen wurden [HL82]. Einen wichtigen Fall stellen ferner die Operatoren dar, die im Rahmen eines Transaktionsmechanismus im DBMS existieren:

```
BEGIN_TRANSACTION
COMMIT_TRANSACTION
ABORT_TRANSACTION
```

Hierbei werden die Standardereignisse

```
EVENT %begin_of_transaction
EVENT %end_of_transaction
EVENT %abort_transaction
```

ausgelöst.

Innerhalb des in Kap.5 beschriebenen Konzepts der ETM-Umgebungen ordnen sich die Standardereignisse wie folgt ein: Standardereignisse, die nicht typisiert, also nicht durch ein Schema oder Subschema festgelegt sind, befinden sich in einer obersten Umgebung, die Vorgänger aller anderen Umgebungen ist. Für typisierte Ereignisse wird pro definiertem Schema bzw. Subschema eine gesonderte Umgebung definiert. Diese Umgebung muß zum Vorgänger aller Umgebungen gemacht werden, in denen Trigger zu Operatoren auf dem entsprechenden (Sub-)schema definiert oder ausgeführt werden sollen. Speziell gilt: Wenn ein CAD-Werkzeug auf einem Subschema arbeitet, muß dafür gesorgt werden, daß dieses Werkzeug in einer Umgebung abläuft, in der alle Standardereignisse für Typen dieses Subschemas sichtbar sind. Dazu müssen natürlich die Standardumgebungen dem Werkzeugbauer bekanntgemacht werden.

6.2 Event Definition Language (EDL)

Wie bereits oben erwähnt, wird die EDL in einer zusätzlichen Komponente des Grundsystems realisiert, die auf der ETM-Schnittstelle aufsetzt. Die EDL ermöglicht die externe Definition von Situationsklassen, deren Eintritt aufgrund bestimmter Bedingungen automatisch erkannt werden und zur impliziten Auslösung entsprechender Ereignisse führen soll. Mithilfe der EDL werden sogenannte Dämonen zu Ereignissen definiert, wobei in der Definition eines Dämonen jeweils anzugeben ist, unter welcher Bedingung ein bestimmtes – vorher definiertes – Ereignis ausgelöst werden soll. Es wird hierdurch nicht ausgeschlossen, daß dasselbe Ereignis zusätzlich auch explizit ausgelöst werden kann.

Eine EDL-Deklaration hat die allgemeine Form

```
DEMON <D> = RAISE <E> (aep₁, . . ., aepₙ)
            {ALWAYS} ON <CONDITION>;
```

Vorausgesetzt wird eine vorhergehende Ereignisdefinition, die direkt per ETM-Operator durchgeführt und damit in die ETM-Komponente eingebracht wird:

```
EVENT <E> (fep₁: etyp₁, . . ., fepₙ: etypₙ);
```

Das Ereignis **<E>** kann im übrigen genauso verwendet werden wie ein explizit definiertes Ereignis, d.h. insbesondere zur Definition von Triggern der Art **(<E>, A)**. Die Trigger zu **<E>** werden nicht über die EDL, sondern direkt über die ETM-Schnittstelle definiert.

Durch die Definition des Dämonen **<D>** wird angezeigt, daß die implizite Auslösung des Ereignisses **<E>** dann zu erfolgen hat, wenn die Bedingung **<CONDITION>** erfüllt wird. Fehlt die Angabe **ALWAYS**, so wird das Ereignis **<E>** genau dann ausgelöst, wenn die Bedingung aus dem Status unerfüllt in den Status erfüllt übergeht. Mit der Option **ALWAYS** wird dagegen gefordert, daß das Ereignis immer dann ausgelöst wird, wenn die Bedingung nach einer Operation, die den Status der Bedingung potentiell verändert, erfüllt ist (unabhängig davon, welcher Status vor der Operation vorlag). Ist bei Deklaration eines Dämonen **<D>** seine Bedingung bereits erfüllt, so wird das Ereignis **<E>** unmittelbar nach der **DEMON**-Definition ausgelöst.

<CONDITION> ist ein logischer Ausdruck zur Beschreibung

- eines Zustands im Grundsystem bzw.
- eines Zustandsübergangs im Grundsystem.

Die Formulierung der **<CONDITION>** ist abhängig vom verwendeten Grundsystem (z.B. besteht in verschiedenen Datenbanksystemen spezielle Abhängigkeit vom Datenmodell). Für verschiedene Grundsysteme werden sich die Ereignisdefinitionssprachen daher i.a. unterscheiden. **<CONDITION>** ist nicht zu verwechseln mit der Bedingung über den Ereignisparametern, die im ETM bei der Triggerdefinition verwendet werden kann (Kap.4.5). Die dort formulierbaren Bedingungen beziehen sich auf den Ereigniskontext, nicht auf Zustände des Grundsystems.

Die Überwachung von **<CONDITION>** erfolgt durch Anknüpfung an Standardereignisse (siehe Abb.6-5). Innerhalb der EDL-Komponente werden aus der Definition eines **DEMON** D(E) automatisch Trigger T_i generiert, die bei relevanten Standardereignissen SE_j Überwachungsaktionen A_i auslösen. Die Aktionen A_i überprüfen, ob die Situation für Ereignis E vorliegt, und führen ggf. **RAISE E** aus.

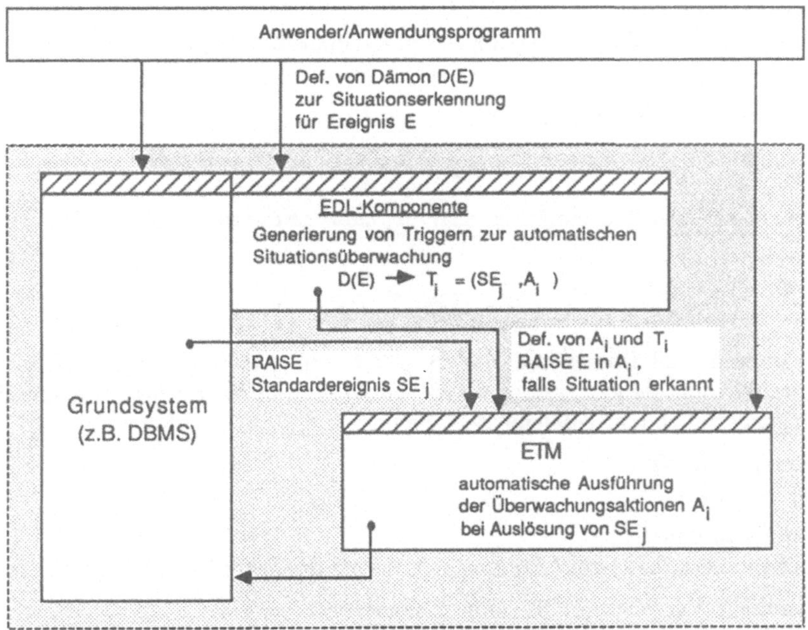

Abb.6-5: Realisierung von Dämonen

Wir stellen im folgenden einen Rahmen für eine EDL vor, der für die Verwendung im einem DBMS geeignet ist. Dieser sprachliche Rahmen basiert auf der Prädikatenlogik 1.Ordnung, erweitert um Aggregatfunktionen, und erlaubt das Einbringen frei definierbarer Funktionen und Prädikate (Funktionen mit Booleschem Ergebnis). Eine Menge von Prädikaten und Funktionen ist bereits in der logischen Sprache vorgegeben, die übrigen **Prädikate können abhängig vom Datenmodell gewählt** werden. Die freie Definition von Funktionen kann mit logischen Konstrukten **oder** in einer höheren Programmiersprache mit eingebetteten DML-Befehlen erfolgen. Letzteres ermöglicht eine Verbindung der logischen Formulierung von Bedingungen mit einer funktionalen Formulierung. Eine entsprechende Kombination des logischen mit dem algorithmischen Ansatz der Formulierung wird auch in anderen Bereichen der DB-Forschung als erfolgversprechend angesehen [Bay87]. Die detaillierte Definition einer EDL im Rahmen eines vorgegebenen objektorientierten Datenbanksystems (siehe Kap.9) wurde in [Her88] vorgenommen.

Als Elemente zur Bildung wohlgeformter Ausdrücke zur Beschreibung von Bedingungen in der EDL sind die folgenden zugelassen:

Individuenkonstanten:
: Übliche typabhängige Notation von Konstantensymbolen; Vereinigung aller durch das Schema vorgegebenen Attributdomänen. Insbesondere können hier auch DB-Identifikatoren verwendet werden, sofern sie im Datenmodell vorgesehen sind (implizite Annahme eines Attributs 'db-id' für jedes DB-Element).

Selektionskonstanten:
: Feld-/Attributbezeichner der im Schema definierten Typen

Variablensymbole:
: Alphanumerische Bezeichner

Logische Symbole
: $\wedge$, V, $\neg$ $\rightarrow$
bzw. in verbaler Schreibweise: **and**, **or**, **not**, **implies**

Quantoren
: $\exists$, $\forall$
bzw. in verbaler Schreibweise: **there is**, **for {all}**

Quantoren sind immer auf das in der Datenbasis repräsentierte Universum beschränkt, d.h. die gebundenen Variablen können als Werte jeweils genau die aktuell vorhandenen Datenbasiselemente annehmen.

Begrenzungssymbole
: ( ) : . , [ ]

Prädikatkonstanten:
: Alphanumerische Bezeichner bzw. definierte Sonderzeichen. Beliebige Stelligkeit.

Dyadische Vergleichsprädikate in Infixnotation: =, /=, >, >=, <, <=.

Monadische Prädikate, die die Zugehörigkeit zu einem Typ ausdrücken. Das Prädikatsymbol entspricht hierbei dem Typnamen.

Außerdem Prädikate, die **spezifisch für ein Datenmodell** ausgewertet werden können, z.B. für ein Modell mit hierarchischen Objekten, Mengenkonstruktor und Versionsmechanismus:

```
ist_unterobjekt_von (o1, o2)
enthält_als_unterobjekt (o1, o2)
ist_enthalten_in (element, set)
objekt_besitzt_version (o, v)
```

Die Menge der Prädikate kann für ein Datenmodell geeignet vordefiniert werden. Zusätzlich ist es jederzeit möglich, beliebige Prädikate in Form von Funktionen mit Booleschem Ergebnis zu definieren.

Funktionskonstanten

Alphanumerische Bezeichner und Sonderzeichen.

Speziell werden die Aggregatfunktionen COUNT, SUM, MAX, MIN, AVG vorgesehen. Ebenso wie die Menge der Prädikatkonstanten ist die Menge der Funktionskonstanten ist durch zusätzliche Definition von Funktionen erweiterbar.

Wohlgeformte Ausdrücke werden in der für die Prädikatenlogik 1.Ordnung üblichen Form, ergänzt um die Angabe von Aggregatfunktionsausdrücken, gebildet. Für die quantifizierten prädikatenlogischen Formeln findet folgende abkürzende Notation Verwendung:

Prädikate, die eine Typzugehörigkeit beschreiben, können direkt bei der Bindung durch einen Quantor vor der Variablen angegeben werden, d.h.

$\forall\ TYP_i\ x : P(x)$ ist äquivalent zu

$\forall\ x : P(x) \vee \neg\ TYP_i(x)$

bzw.

$\exists\ TYP_i\ x : P(x)$ ist äquivalent zu

$\exists\ x : P(x) \wedge TYP_i(x)$

Außerdem können bei universal gebundenen Variablen zusätzlich bindende Qualifikationen angegeben werden (ausgedrückt durch **where**):

$\forall$ x where Q(x) : P(x) ist äquivalent zu

$\forall\ x : P(x) \vee \neg\ Q(x)$

Diese Schreibweise dient der übersichtlicheren Formulierung von Bedingungen und bietet Ansatzpunkte für Optimierungen (z.B. durch Einrichten geeigneter Zugriffspfade). Statt eines einfachen Prädikats Q(x) kann als zusätzliche Qualifikation auch eine beliebige logische Formel (mit Quantoren) angegeben werden, die x als einzige freie Variable enthält. Die Umformung ist analog durchzuführen.

Als Argument von Aggregatfunktionen ist eine Mengenangabe erforderlich, wobei die Typzugehörigkeit der Mengenelemente angegeben wird, ggf. ergänzt durch eine zusätzliche Qualifikation mittels **where**. Ferner muß für bestimmte Aggregatfunktionen das Attribut spezifiziert werden, auf dem die Berechnung durchzuführen ist.

aggregatfunktion (TYP_i x where Q(x) {: x.attributname})

Im folgenden soll durch Beispiele ein Eindruck von möglichen Anwendungen der EDL gegeben werden. In den Beispielen wird die verbale Form der Quantoren und logischen Symbole verwendet.

Beispiel 6-2:

Löse Ereignis aus, falls eine CMOS-Schaltung mit einer Chipfläche größer als 1000 Einheiten existiert. Die Option ALWAYS bedeutet dabei, daß das Ereignis jedesmal beim Einfügen oder Ändern einer Schaltung ausgelöst wird, sofern die Bedingung erfüllt ist.

```
EVENT schaltung_größer_max;
DEMON dsgm = RAISE schaltung_größer_max ALWAYS ON
             there is schaltung S:
                S.technologie = 'CMOS' and S.fläche > 1000
```

Beispiel 6-3:

Löse das Ereignis **cmos_national** aus, sobald es für alle Bestandteile der Bauelementkataloge in CMOS-Technologie mindestens einen Hersteller in der Bundesrepublik gibt.

```
EVENT cmos_national;
DEMON dcn = RAISE cmos_national ON
            for all bauelemente B where
                                       (there is katalog K:
                                         K.technologie = 'CMOS' and
                                         ist_enthalten_in (B, K)):
            there is hersteller H:
             H.land = 'BRD' and B.hersteller = H.name;
```

Beispiel 6-4:

Löse das Ereignis **komp_aequiv** aus, sobald ein Entwurfobjekt zwei Komponenten (Teil-Entwurfsobjekte) besitzt, die sich nach außen hin äquivalent verhalten, aber unterschiedlich hohe Produktionskosten verursachen. Zur Bestimmung der Komponenten wird das (datenmodellspezifische) Prädikat **ist_unterobjekt_von** verwendet. Zur Äquivalenzbestimmung wurde ferner – per Anschluß einer geeigneten Programmiersprache – ein Prädikat **aequiv_test** definiert. Die Kostenberechnung erfolgt durch eine Funktion **f_kosten**.

```
EVENT komp_aequiv;
DEMON dkae = RAISE komp_aequiv ON
             there is entwurfsobjekt EO, EO1, EO2:
                ist_unterobjekt_von (EO1, EO) and
                ist_unterobjekt_von (EO2, EO) and
                aequiv_test (EO1, EO2) and
                f_kosten (EO1) <> f_kosten (EO2);
```

Beispiel 6-5:

Löse Ereignis aus, sobald die Anzahl der Schaltungen in der Bibliothek Bibl 1000 überschreitet und eine Bibliothek mit weniger Elementen existiert.

```
EVENT max_anzahl_b1
DEMON dmab1 = RAISE max_anzahl_b1 ON
              COUNT (schaltung S where
                                   for bibliothek B1:
                                   B1.name = 'Bib1' and
                                   ist_enthalten_in(S, B1.schaltungen))
                    >= 1000
              and
              there is bibliothek B:
              COUNT (schaltung S where
                                   ist_enthalten_in(S, B.schaltungen))
                    < 1000
```

Ebenso wie explizit ausgelöste Ereignisse sind die mittels der EDL definierten Ereignisse **parametrisierbar**. Durch die Parametrisierung kann ein Ereignis mit Information über die Auswertung der zugrundeliegenden Bedingung versehen werden. Hierdurch können Folgeaktionen, die ggf. durch das Ereignis getriggert werden, auf Ergebnisse der Bedingungsüberprüfung zurückgreifen. Von speziellem Interesse als Parameter sind die existentiell gebundenen Variablen der Bedingung, d.h. die Werte dieser Variablen, für die die Bedingung den Wert TRUE annimmt. (Der Begriff existentiell gebunden wird hier in dem Sinn verwendet, daß dem bindenden $\exists$-Quantor kein $\forall$-Quantor vorausgehen darf.) Zum Zugriff auf diese Werte werden hier zwei Operatoren definiert, die angewendet auf eine existentiell gebundene Variable jeweils den ersten der von der Variablen angenommenen Werte (*fv*) bzw. die Menge aller angenommenen Werte (*av*) liefern. (fv ist vergleichbar dem μ-Operator in der Theorie der μ-rekursiven Funktionen.)

Fx sei eine logische Formel, in der x als einzige freie Variable auftritt. $\exists$x Fx ist die geschlossene Formel, die aus Fx entsteht, wenn x existentiell gebunden wird. Die Anwendung von *fv* bzw. *av* auf die geschlossene Formel hat dann folgende Wirkung:

*fv*x $\exists$x Fx $\rightarrow$ liefert einen Wert x mit Fx = TRUE,
*fv*x undefiniert, falls kein x mit Fx = TRUE existiert

*av*x $\exists$x Fx $\rightarrow$ liefert die Menge aller Werte x mit Fx =TRUE
ggf. kann dies die leere Menge sein

Die Funktionen *fv* und *av* müssen in der Parameterliste einer **DEMON**-Definition nicht explizit angeschrieben werden. Sie werden bei Namensgleichheit zwischen aktuellem Ereignisparameter und gebundener Variablen implizit angenommen. Die Unterscheidung zwischen *fv* und *av* geschieht dabei über den erwarteten Datentyp (skalarer Wert oder Liste).

Beispiel 6-6:

Das Ereignis **max_anzahl_b1** aus Beispiel 6-5 soll parametrisiert werden mit dem db_id und dem Namen einer Bibliothek, in der die Anzahl von 1000 Schaltungen noch nicht überschritten ist. Die Bestimmung der aktuellen Parameter geschieht durch Verwendung des Bezeichners der existenziell gebundenen Variablen B.

```
EVENT max_anzahl_b1 (B_id: db-id, B_name: text);
DEMON dmab1 = RAISE max_anzahl_b1 (B.db-id, B.name) ON
              COUNT (schaltung S where
                                      for bibliothek B1:
                                      B1.name = 'Bib.1'
                                      and ist_enthalten_in(S, B1.schaltungen))
                    >= 1000
              and
              there is bibliothek B:
              COUNT (schaltung S where
                                      ist_enthalten_in(S, B.schaltungen))
                    < 1000
```

Alternativ kann als Ereignisparameter die Liste der db_id's und Namen aller Bibliotheken übergeben werden, in denen sich weniger als 1000 Schaltungen befinden. (Listentypen werden durch Klammerung $< ... >$ angezeigt.)

```
EVENT max_anzahl_b1 ( B_ids: <db-id>, B_names: <text> )
DEMON dmab1 = RAISE max_anzahl_b1 (B.db-id, B.name>) ON . . .
```

Zum Abschluß dieses Kapitels soll die grundsätzliche Vorgehensweise erläutert werden, nach der in der EDL-Komponente Dämonen D(E) auf Trigger $T_i = (SE_j, A_i)$ abgebildet werden (vgl. Abb.6-5). Aus D(E) werden automatisch Trigger generiert, durch die auf "relevante" Standardereignisse im DBMS mit geeigneten Überwachungsaktionen reagiert wird. "Relevante" Standardereignisse sind solche, die das Einfügen, Löschen oder Ändern von DB-Elementen signalisieren, welche in der **<CONDITION>** von D(E) auftreten. Diese Standardereignisse werden im folgenden bezeichnet mit:

```
EVENT %insert_typ_i (elem: typ_i)
EVENT %delete_typ_i (elem: typ_i)
EVENT %update_typ_i (elem_old, elem_new: typ_i)
```

Die Auswahl der Standardereignisse und die Art der Überwachungsaktion werden bestimmt durch

- die in **<condition>** auftretenden Quantoren,
- die verwendeten (Aggregat-)Funktionen,
- Zusatzwissen über Typen, Konsistenzbedingungen u.ä.

Wir gehen zusätzlich davon aus, daß zu jedem Dämonen D eine Boolesche Variable C(D) geführt wird, die jeweils anzeigt, ob die zu überwachende Bedingung im bisherigen DB-Zustand (auf den die DML-Operation angewandt wird) erfüllt ist oder nicht (C(D) = TRUE oder C(D) = FALSE). Durch Auswerten dieser Variablen kann die Überwachung der **DEMON**-Bedingung bei Änderungen des DB-Zustands durch DML-Operationen beschleunigt werden.

Die Abhängigkeit von den auftretenden Quantoren soll an folgenden **DEMON**-Definitionen erklärt werden:

```
DEMON D1 = RAISE E1 ON
           for all typ_i x where P(x): Q(x)
DEMON D2 = RAISE E2 ON
           there is typ_i x: Q(x)
```

Bei Bindung durch **for all** kann die Bedingung nur durch Löschen oder Modifizieren von Elementen des Typs wahr werden. Eine Auslösung von **E1** kommt also nur infolge der Standardereignisse **%delete_typ**$_i$ und **update_typ**$_i$ infrage. Durch **%insert_typ**$_i$ kann die Bedingung höchstens falsch werden **C(D1) := FALSE**.

Umgekehrt gilt bei Bindung durch **there is**, daß nur Einfügen oder Modifizieren entsprechender Elemente die Bedingung vom Zustand "unerfüllt" in den Zustand "erfüllt" überführen können. Das Ereignis **E2** kann also nur infolge der Standardereignisse **%insert_typ**$_i$ oder **update_typ**$_i$ ausgelöst werden. **%delete_typ**$_i$ kann wiederum höchstens zu **C(D2) := FALSE** führen.

(Bei **%update_typ**$_i$ gilt in beiden Fällen zusätzlich, daß solche Attribute betroffen sein müssen, die in **P(x)** oder **Q(x)** auftreten. Diese Voraussetzung wird hier nicht weiter ausgeführt.)

Aus D1 werden die Trigger generiert:

```
TRIGGER t1_D1 = ON %delete_typ_i DO
                if not C(D1) and P(elem) and not Q(elem)
                then
                   if for all typ_i y where P(y) and y /= elem: Q(y)
                   then begin
                          C(D1) := TRUE;
                          RAISE E1;
                        end;

TRIGGER t2_D1 = ON %update_typ_i DO
                if not C(D1) and P(elem_old) and not Q(elem_old)
                then
                   if for all typ_i y where P(y) and y /= elem_old: Q(y)
                      and
                      (not P(elem_new) or Q(elem_new))
                   then begin
                          C(D1) := TRUE;
                          RAISE E1;
                        end;
TRIGGER t3_D1 = ON %insert_typ_i DO
                if C(D1) and P(elem) and not Q(elem)
                then C(D1) := FALSE;
```

Aus D2 werden folgende Trigger erzeugt:

```
TRIGGER t1_D2 = ON %insert_typi DO
                if not C(D2) and Q(elem)
                then begin
                        C(D2) := TRUE;
                        RAISE E2;
                     end;
TRIGGER t2_D2 = ON %update_typi DO
                if not C(D2) and Q(elem_new)
                then begin
                        C(D2) := TRUE;
                        RAISE E2;
                     end;
TRIGGER t3_D2 = ON %delete_typi DO
                if C(D2) and Q(elem)
                then
                   if for all typi y where y /= elem: not Q(x)
                   then C(D2) := FALSE;
```

Für Dämonen mit Option **ALWAYS** werden Trigger auf analoge Weise generiert, wobei allerdings die Operation **RAISE E** auch dann ausgeführt wird, wenn vor **und** nach der DML-Operation C(D) gilt. Zum Beispiel würde der Trigger t1_D1 bei Verwendung der **ALWAYS**-Option modifiziert zu:

```
TRIGGER t1_D1 = ON %delete_typi DO
                if C(D1)
                then RAISE E
                else
                   if P(elem) and not Q(elem)
                   then
                      if for all typi y where P(y) and y /= elem: Q(y)
                      then begin
                              C(D1) := TRUE;
                              RAISE E;
                           end;
```

Die Abbildung von Dämonen mit (Aggregat-)Funktionen ist abhängig von:

- Monotonieeigenschaften der Funktion
- Art des Vergleichsoperators, der auf das Ergebnis der Funktion angewandt wird
- Wissen über die Argumente der Funktion, z.B. Vorzeichen, Minimal-/Maximalwerte usw.

Dies soll im folgenden Beispiel anhand der Aggregatfunktion SUM (Summierung von Attributwerten) verdeutlicht werden:

Beispiel 6-7:

Das Ereignis **leitungssumme_s1** wird ausgelöst, wenn die Summe der Leitungslängen in Schaltung s1 10000 Einheiten überschreitet.

```
EVENT leitungssumme_s1;
DEMON dls1 = RAISE leitungssumme_s1 ON
             SUM (leitungen l where l.schaltung = s1: l.laenge)
             > 10000;
```

Es sei zusätzlich durch Typdefinition oder Konsistenzregeln bekannt, daß Leitungslängen nur positive Zahlenwerte annehmen. Die Summenfunktion ist monoton steigend für positive Argumentwerte. Die Bedingung kann nur durch Einfügen oder Ändern von Leitungen (genauer: Ändern der Leitungslänge) in den Zustand "erfüllt" überwechseln. Es wird eine nullstelliges Prädikat C(dls1) angenommen, das den bisherigen Zustand der Bedingung anzeigt. Folgende Trigger werden generiert:

```
TRIGGER t1_dls1 = ON %insert_leitungen DO
                  if not C(dls1) and
                     elem.schaltung = s1 and
                     (elem.laenge +
                      SUM(leitungen l where l.schaltung = s1: l.laenge))
                     > 10000
                  then begin
                        C(dls1) := TRUE;
                        RAISE leitungssumme_s1;
                       end;
TRIGGER t2_dls1 = ON %update_leitungen DO
                  if not C(dls1) and
                     elem_new.schaltung = s1 and
                     (elem_new.laenge +
                      SUM(leitungen l
                        where l.schaltung = s1 and l /= elem_old:
                        l.laenge))
                     > 10000
                  then begin
                        C(dls1) := TRUE;
                        RAISE leitungssumme_s1;
                       end;
TRIGGER t3_dls1 = ON %delete_leitungen DO
                  if C(dls1) and
                     SUM (leitungen l
                        where l.schaltung = s1 and l /= elem)
                     <= 1000
                  then C(dls1) := FALSE;
```

7. Anwendung des ETM für die Konsistenzsicherung

7.1 Grundsätzliche Vorgehensweise

Das Event/Trigger-Konzept in seiner Grundform stellt, wie oben bereits betont, einen allgemeinen Ablaufsteuerungsmechanismus dar und ist prinzipiell unabhängig von seiner Anwendung im Rahmen der Konsistenzsicherung. Im folgenden wird nun ausführlich dargestellt, wie der Mechanismus als flexibles und mächtiges Werkzeug für die Überwachung und Erzeugung der Datenkonsistenz eingesetzt wird.

Zunächst soll motiviert werden, aufgrund welcher Eigenschaften sich der ETM für die Anforderungen der Konsistenzsicherung in einem EDBMS eignet. Wie in Kap.3 betont wurde, handelt es sich bei der Konsistenzsicherung in Entwurfsdatenbanken um ein formales strukturelles Problem, bei dem statischer Datenbasisinhalt und dynamisches Ablaufverhalten der in der Datenbasis beschriebenen Entwurfsobjekte zusammen betrachtet werden müssen. Hierfür bietet der ETM als Steuerungsmechanismus mit loser Kopplung zwischen auslösenden Situationen und Aktionen eine geeignete Grundlage.

Es ist möglich, eine Menge potentieller Situationsklassen, die für die Konsistenzsicherung relevant sind, sowie eine Anzahl von Aktionen zur Prüfung und Sicherstellung der Datenkonsistenz zu definieren. Solche Aktionen können insbesondere das Verhalten der beschriebenen Entwurfsobjekte simulieren. Die Situationsklassen, bzw. als deren Indikatoren entsprechende Ereignisse, können mit bestimmten DB-Operationen oder DB-Zuständen in Zusammenhang stehen, können aber ebenso Zustände in der Anwendungsumgebung (z.B. den Abschluß eines Entwurfsschritts) betreffen. Die Auslösung der für die Konsistenzsicherung relevanten Ereignisse kann sowohl implizit im DBMS (Standardereignisse oder mit EDL-Dämonen überwachte Ereignisse) als auch benutzergesteuert durch explizites **RAISE** erfolgen.

Da der ETM beliebige Aktionen vorsieht, können sowohl Prüfroutinen für (möglicherweise hochkomplexe) Konsistenzbedingungen als auch beliebige Folgeaktionen zur Reaktion bei Konsistenzverletzungen als Aktionen definiert werden.

Die Definition der Ereignisse und Aktionen kann zunächst unabhängig voneinander durchgeführt werden. Durch Einrichten von Triggern lassen sich anschließend Ereignisse (d.h. konsistenzrelevante Situationen bzw. Zeitpunkte) und Aktionen zur Konsistenzprüfung und -wiederherstellung beliebig verbinden. Insbesondere können solche Verbindungen dynamisch aufgebaut und verändert werden, um neue Konsistenzregeln einzubringen (Neudefinition von Triggern) bzw. Prüfungen und Folgeaktionen zu- oder abzuschalten (Aktivieren/Deaktivieren von Triggern).

Das Vorgehen ist im einzelnen wie folgt:

- Die Situation, in der eine potentielle Konsistenzprüfung stattfinden soll, wird durch ein entsprechendes Ereignis E_{KP} angezeigt. Es kann sich dabei sowohl um ein benutzerdefiniertes Ereignis als auch um ein Standardereignis handeln. Die Auslösung kann über den expliziten **RAISE**-Operator oder implizit im System erfolgen.
- Zur Überwachung der Konsistenzregel KR steht eine Prüfaktion A_{KR} zur Verfügung. Wie man für die Konsistenzregeln zu geeigneten Prüfroutinen gelangt, wird im weiteren Verlauf dieses Kapitels erläutert.

- Sofern die Konsistenzprüfung in der betreffenden Situation stattfinden soll, existiert ein aktivierter Trigger T = (E_{KP}, A_{KR}), d.h. bei Auslösung des Ereignisses E_{KP} wird die Prüfroutine A_{KR} ausgeführt.
- Am Ende der Prüfaktion wird wiederum ein Ereignis ausgelöst, das die Situation nach der Überprüfung anzeigt: **EVENT %KR.SUCCESS**, falls Konsistenz festgestellt, bzw. **EVENT %KR.FAIL**, falls Inkonsistenz aufgetreten.
- Durch die Ereignisse **%KR.SUCCESS** bzw. **%KR.FAIL** lassen sich durch Definition weiterer Trigger ihrerseits Folgeaktionen auslösen. Insbesondere können auf diese Weise durch **%KR.FAIL** Korrekturaktionen auf der Datenbasis, Meldungen an den Benutzer od.ä. angestoßen werden.

Abb.7-1 gibt die Zusammenhänge schematisch wieder.

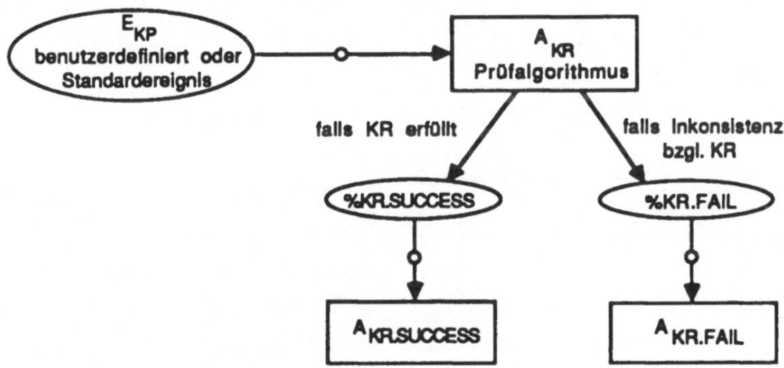

Abb.7-1: Einsatz des ETM bei der Konsistenzsicherung

Die Formulierung von Konsistenzregeln ist – ähnlich der EDL – nicht als Bestandteil des Event-/Trigger-Basismechanismus zu betrachten, sondern geschieht in einer **zusätzlichen Konsistenzkomponente des DBMS** (CDL-Komponente), die auf dem ETM aufsetzt (Abb.7-2). In der Abbildung ist angedeutet, daß EDL- und CDL-Komponente wegen der Verwandtschaft der Definitionssprachen und der ähnlichen Abbildung auf die ETM-Schnittstelle einen gemeinsamen Systemteil besitzen. Die CDL-Komponente bietet an ihrer Schnittstelle eine Sprache zur Definition von Konsistenzregeln (**Constraint Definition Language CDL**). Das Löschen von Konsistenzregeln erfolgt ebenfalls über diese Komponente. Definieren und Löschen sind über die CDL-Komponente dynamisch jederzeit möglich.

Innerhalb der Komponente werden folgende Aufgaben erfüllt:

- Analyse der Definitionen auf Korrektheit
- Erzeugung von Prüfprozeduren aus deklarativen Definitionen
- Direkte Übernahme von Prüfroutinen aus prozeduralen Definitionen
- In bestimmten Fällen Generierung von Triggern der Art
  T = (<Standardereignis>, <Prüfprozedur>)

- Weitergabe der Prüfaktionen und Trigger an die ETM-Komponente
- Entfernen der entsprechenden Aktionen und Trigger bei Löschen der Konsistenzregel

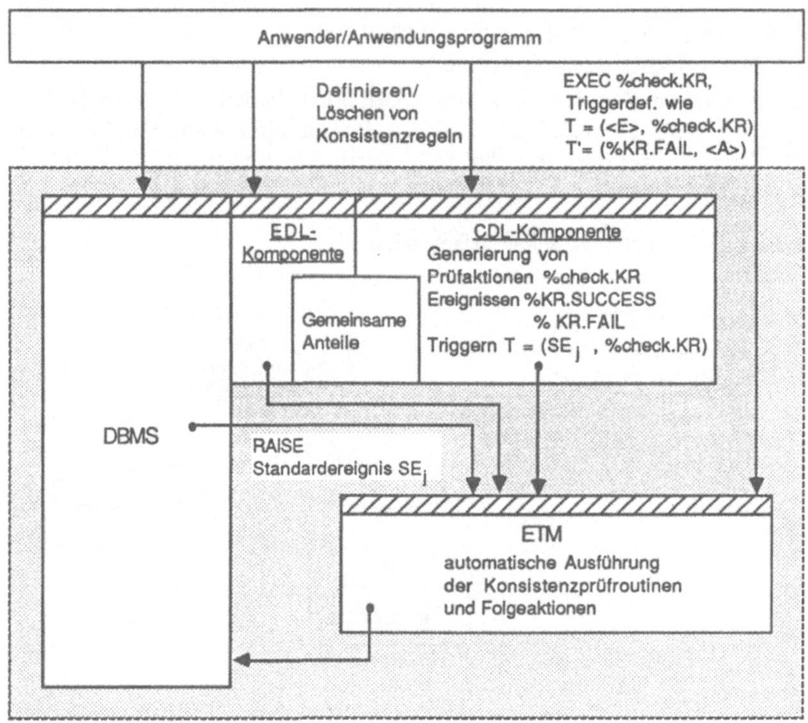

Abb.7-2: Einordnung der CDL-Komponente in die Systemarchitektur

In Kap.7.2 wird beschrieben, wie Konsistenzregeln mit Mitteln der CDL definiert werden können. Anschließend wird in Kap.7.3 dargestellt, wie die definierten Konsistenzregeln durch die CDL-Komponente auf ETM-Konstrukte abgebildet werden.

7.2 Definition von Konsistenzregeln mithilfe der CDL

Durch den Event-/Trigger-Mechanismus ist in keiner Weise eingeschränkt, wie eine CDL konkret auszusehen hat und wie ihre Abbildung innerhalb der Konsistenzkomponente durchgeführt wird. Im folgenden wird eine CDL vorgestellt, die auf prädikatenlogischen Ausdrücken und Funktionen (entsprechend der in Kap.6 definierten EDL) basiert. In bestimmten Aspekten stellt die hier definierte Konsistenzkomponente mit der CDL einen Rahmen dar, der abhängig von den Gegebenheiten in einem konkreten DBMS geeignet auszufüllen ist. Speziell hängen Teile der Konsistenzkomponente und ihrer Sprache vom Datenmodell und von im System vorhandenen Transaktionsmechanismen ab. Diese Randbedingungen wirken sich auf die

Menge der auswertbaren Prädikate sowie auf die Prüfmodi von Konsistenzregeln und das Optimierungspotential bei der Erzeugung von Prüfalgorithmen aus.

Im folgenden wird ein Datenmodell angenommen, in dem jedes Objekt eindeutig typisiert ist und entsprechend einem Surrogatkonzept einen systemgenerierten eindeutigen Identifikator besitzt. Ferner wird ein Transaktionsmechanismus im DBMS vorausgesetzt, der eine für die Konsistenzprüfung geeignet auswertbare Protokollierung sowie die Rücksetzmöglichkeit für Transaktionen beinhaltet.

Die hier vorgestellt CDL stellt nur **einen möglichen Sprachformalismus** dar. Alternativ können Sprachen mit anderen Formalismen – z.B. mengenorientierte (SQL-ähnliche) Sprachen – gewählt und in analoger Weise auf ETM-Konstrukte abgebildet werden.

Konsistenzregeln können mithilfe der CDL dynamisch definiert und gelöscht werden. Die Definition einer Konsistenzregel hat die allgemeine Form:

```
CONSTRAINT <C> (<in_parameterlist>; <out_parameterlist>)
               = <constraint_body>
               CHECK <mode>;
```

Gelöscht werden kann die Konsistenzregel per

```
DELETE_CONSTRAINT <C>;
```

<C> ist der eindeutige Bezeichner der Konsistenzregel. Die übrigen Bestandteile der Definition, **<constraint_body>**, **<in|out_parameterlist>** und **<mode>**, haben folgende Bedeutung:

<constraint_body> enthält die eigentliche Konsistenzregel. Die Regel kann (entsprechend den Anforderungen in EDBMS) auf zwei Arten spezifiziert sein:

- **Deklarative Definition**: Die Konsistenzregel wird als prädikatenlogische Formel formuliert.
- **Funktionale Definition**: Die Konsistenzregel wird direkt in Form eines Prüfalgorithmus angegeben, d.h. als beliebige Funktion mit Booleschem Ergebnis. Hierdurch können beispielsweise bereits existierende Prüfprogramme des Anwendungsbereichs problemlos in die Konsistenzkomponente eingebracht werden.

Die CDL erlaubt ebenso wie die EDL die freie Kombination von logischen und funktionalen Sprachanteilen. Im folgenden wird zwischen Konsistenzregeln unterschieden, bei denen auf oberster Ebene ein prädikatenlogischer Ausdruck vorliegt (deklarativ definierte KR), und solchen, die durch eine Funktion mit Booleschem Ergebnis spezifiziert sind (funktional definierte KR). Der Sprachanteil der CDL zur Formulierung des **<condition_body>** ist identisch mit dem EDL-Anteil zur Formulierung der Bedingung eines Dämonen (Kap.6). Die verwendeten Funktionen werden auf Freiheit von Seiteneffekten (keine Schreiboperationen auf der Datenbasis) geprüft. Ferner wird bei funktional definierten KR analysiert, ob die Funktion ein Boolesches Ergebnis liefert.

<in_parameterlist> und **<out_parameterlist>** enthalten Ein- bzw. Ausgabeparameter der Konsistenzbedingung. Eingabeparameter dienen unter anderem zur Angabe, auf welchen Daten die Konsistenzbedingung geprüft werden soll. Ausgabeparameter werden zur Ausgabe von Prüfergebnissen bzw. zur Erklärung, wie ein Prüfergebnis zustande gekommen ist, benutzt. Die Parametrisierung wird in Kap.7.2.1 behandelt.

<mode> gibt an, wann die Konsistenzregel überprüft werden soll. Dabei kann zwischen Überprüfung auf Anforderung, Überprüfung nach jeder DB-Transaktion oder unmittelbar nach jeder DML-Operation gewählt werden (siehe Kap.7.2.2).

Es folgen einige Beispiele für Konsistenzregeln (zunächst ohne Parametrisierung und Prüfmodusangabe).

Beispiel 7-1:

Für alle Leitungen in CMOS-Schaltungen muß eine minimale Leiterbahnbreite von 2 Mikrometern eingehalten werden.

```
CONSTRAINT min_width = FOR ALL leitungen l WHERE
                         (THERE IS schaltung s:
                            s.technologie = 'cmos' AND
                            ist_enthalten_in(l, s.leitungen)):
                         l.width >= 2
```

Beispiel 7-2:

Alle Objekte des Typs Leitung müssen Unterobjekt genau eines Objekts des Typs Schaltung sein.

```
CONSTRAINT L_in_S = FOR ALL leitungen l:
                    THERE IS schaltung s:
                       ist_unterobjekt_von (l, s)
                       AND
                       FOR ALL schaltung s':
                       s' /= s IMPLIES
                             (NOT ist_unterobjekt_von (l, s'))
```

Beispiel 7-3:

Die Zahl der Ausgangsports einer Schaltung soll höchstens so groß wie die Zahl der Eingangsports sein dürfen.

```
CONSTRAINT ports_in_out = FOR ALL schaltungen s:
                          COUNT (ports p WHERE
                                 ist_enthalten_in (p, s.ports)
                                 AND p.type = 'OUT') <=
                          COUNT (ports p WHERE
                                 ist_enthalten_in (p, s.ports)
                                 AND p.type = 'IN')
```

Beispiel 7-4:

Die Definition der Konsistenzregel **dsc** erfolgt durch Angabe des Namens einer vorher definierten Prüfroutine, d.h. es handelt sich um eine funktional definierte KR. Die Funktion 'design_rule_check' führt die Überprüfung eines Schaltungslayouts auf Einhaltung der Entwurfsregeln aus. Sie muß seiteneffektfrei sein und einen Wahrheitswert als Ergebnis liefern.

```
CONSTRAINT dsc = design_rule_check;
```

7.2.1 Parametrisierung von Konsistenzregeln

Konsistenzregeln können sowohl Eingabe- als auch Ausgabeparameter besitzen. Im folgenden werden die formale Notation und die Verwendungsweise der beiden Parameterklassen erläutert.

7.2.1.1 Eingabeparameter

Eingabeparameter einer Konsistenzregel können grundsätzlich zwei verschiedene Funktionen erfüllen:

1. Beschränkung des zu überprüfenden DB-Ausschnitts
2. Auswahl einer konkreten Regel aus einer Klasse von Regeln

zu 1.: Das einfachste Vorgehen bei der Überprüfung einer Konsistenzregel ist, die gesamte Datenbasis zu durchsuchen. Dieses Vorgehen ist jedoch sehr ineffizient und sollte deshalb wenn möglich vermieden werden. Ziel muß es daher sein, daß bei Ausführung der Überprüfung der Ausschnitt der Datenbasis, der betroffen ist, näher eingeschränkt werden kann. Eine entsprechende Möglichkeit zur Spezifikation der zu prüfenden DB-Elemente muß durch Eingabeparameter der Bedingung gegeben werden. Diese Forderung gilt sowohl für deklarativ als auch für funktional definierte Konsistenzregeln. Bei deklarativen Konsistenzregeln bedeutet das Vorgehen konkret, daß mit $\forall$ quantifizierte Variable mit zusätzlicher Qualifizierung gebunden werden.

zu 2.: Eingabeparameter können andererseits dazu dienen, eine Regel grundsätzlich zu modifizieren. Die Parametrisierung dient in diesem Fall nicht dazu, dieselbe Bedingung auf an unterschiedliche Bereiche gebundene Variablen anzuwenden, sondern dazu, auf denselben Variablenbereichen verschiedene Bedingungen auszuwerten. Die Regeldefinition verliert hierdurch einen Teil ihres dokumentierenden Charakters.

Der Unterschied der beiden Funktionen von Eingabeparametern wird am folgenden Beispiel deutlich.

Beispiel 7-5:

```
CONSTRAINT min_width = FOR ALL leitungen l: l.width >= 2;
```

Wird die Bedingung nicht parametrisiert, so müssen jedesmal alle Leitungen in der Datenbasis überprüft werden. Häufig sollen jedoch nur lokal diejenigen Leitungen überprüft werden, die zur aktuellen Schaltung s bzw. zum gerade bearbeiteten Teilbereich (z.B. einem bestimmten Ausschnitt des Koordinatensystems) gehören. Eine derartige Einschränkung kann durch Eingabeparameter vorgenommen werden, die in den die Quantoren bindenden WHERE-Klauseln auftreten:

```
CONSTRAINT min_width1 (IN p_s: schaltung) =
                         FOR ALL leitungen l WHERE
                            ist_enthalten_in (l, p_s.leitungen):
                         l.width >= 2;
```

```
CONSTRAINT min_width2 (IN x1, y1, x2, y2: integer) =
                         FOR ALL leitungen l WHERE
                            l.xanfang >= x1 AND l.yanfang >= y1 AND
                            l.xende <= x2 AND l.yende <= y2:
                         l.width >= 2;
```

Wird dagegen die minimale Leitungslänge selbst als Eingabeparameter angegeben, so handelt es sich um einen Parameter der zweiten Klasse im oben beschriebenen Sinn. Der Parameter **min** in der folgenden Konsistenzregel **min_width3** dient hier nicht dazu, den Variablenbereich der Bedingung zu binden, sondern beschreibt eine Bedingungsklasse, deren sämtliche Elemente auf denselben Bereich der Datenbasis (in diesem Fall alle Objekte vom Typ **leitungen**) angewendet werden. Welches Element dieser Klasse konkret auf die Datenbasis anzuwenden ist, wird erst durch Einsetzen eines aktuellen Wertes für **min** entschieden.

```
CONSTRAINT min_width3 (IN min: integer) =
                         FOR ALL leitungen l:
                            l.width >= min;
```

Wir erläutern nun, wie die Eingabeparameter jeweils bei funktional und deklarativ definierten Konsistenzregeln verwendet werden:

Bei funktional definierten Konsistenzregeln werden die Eingabeparameter der Funktion direkt als Parameter der Konsistenzregel übernommen (es liegt in der Verantwortung des Erstellers der Funktion, um welche Klasse von Parametern es sich dabei handelt). Die Parameter werden innerhalb von **<in_parameterlist>** wie folgt angegeben, wobei eine leere Liste von Eingabeparametern entfallen kann.

```
IN [<par_name>: <par_typ>]*
```

Im obigen Beispiel 7-4 kann die Prüfprozedur mit der Angabe der zu prüfenden Schaltung parametrisiert werden:

```
CONSTRAINT dsc (IN s: schaltungs_id)
               = design_rule_check (IN s: schaltungs_id);
```

Bei deklarativ definierten Regeln stellen die Eingabeparameter freie Variablen in **<constraint_body>** dar. Die Angabe erfolgt in **<in_parameterlist>** wie oben angegeben. Bei der Definition der Konsistenzregel wird die Typprüfung vorgenommen.

Wie Beispiel 7-5 zeigt, muß man sich bei Parametern der ersten Klasse bereits bei der Definition der Bedingung festlegen, wie später die Einschränkung des zu überprüfenden DB-Bereichs erfolgen soll (durch Angabe der Schaltung, der Koordinaten, ...). Es ist wünschenswert, statt verschiedener beschränkter Auswahlkriterien allgemein qualifizierende Ausdrücke vorzusehen, die bei konkreter Überprüfung der Bedingung an der entsprechenden Stelle ausgewertet werden. Die qualifizierenden Ausdrücke werden in Textform übergeben, auf syntaktische und semantische Korrektheit überprüft und bei der Auswertung der Konsistenzregel interpretiert. Dabei kann ein qualifizierender Ausdruck für jede Variable angegeben werden, die in der Konsistenzregel universal quantifiziert ist, wobei dem Allquantor kein Existenzquantor vorausgehen darf. Falls die Variable in der Bedingung bereits mit einer **WHERE**-Klausel qualifiziert ist, werden **WHERE**-Klausel und zusätzlicher Qualifikationsparameter konjunktiv verknüpft.

Der Benutzer kann von der expliziten Angabe dieser Eingabeparameter entlastet werden, indem für jede deklarativ definierte Konsistenzregel *in der CDL-Komponente automatisch entsprechende Qualifikationsausdrücke als zusätzliche Eingabeparameter generiert* werden. Diese Parameter werden bei Definition der Bedingung systematisch erzeugt und automatisch am Ende von **<in_parameterlist>** angefügt. Jede Bedingung wird standardmäßig entsprechend modifiziert, so daß der Benutzer immer von derartigen zusätzlichen Qualifikationen Gebrauch machen kann (über Informationsoperatoren der CDL-Komponente, die hier nicht näher ausgeführt werden, kann die modifizierte Bedingung zusätzlich explizit abgerufen werden). Zur Auswirkung auf den generierten Prüfalgorithmus siehe Kap.7.3.2.

Zu einer Konsistenzregel der Form

```
CONSTRAINT <C> (<in_parameterlist>; <out_parameterlist>) =
               FOR ALL A1
               FOR ALL A2 . . .
               FOR ALL Am
               THERE IS Am+1
               FOR ALL Am+2 . . .THERE IS An:
               P (A1, A2, . . ., Am, . . ., An);
```

werden die Eingabeparameter Qu_A_i, $1 <= i <= m$ generiert. Durch diese qualifizierenden Ausdrücke wird die Bedingung modifiziert zu:

```
CONSTRAINT <C> (<in_parameterlist>, Qu_A1, ..., Qu_An: text;
                <out_parameterlist>) =
                 FOR ALL A1 WHERE Qu_A1
                 FOR ALL A2 WHERE Qu_A2 . . .
                 FOR ALL An WHERE Qu_An
                 THERE IS An+1
                 FOR ALL An+2 . . .THERE IS Az:
                 P (A1, A2, . . ., An, . . ., Az);
```

Beispiel 7-6:

Die Konsistenzregel in Beispiel 7-5 wird bei ihrer Definition in der CDL-Komponente automatisch modifiziert zu

```
CONSTRAINT min_width (IN Qu_l: text) =
            FOR ALL leitungen l WHERE Qu_l:
            l.width >= 2;
```

Als aktuelle Parameter können beliebige Qualifikationen übergeben werden, z.B.

```
Qu_l = "THERE IS schaltung s :
            s.id = "io-prozessor" AND ist_enthalten_in (l, s.leitungen)"
Qu_l = "l.xanfang >= 1 AND l.yanfang >= 1 AND
        l.xende <= 512 AND l.yende <= 512"
```

7.2.1.2 *Ausgabeparameter*

Nach Ende einer Konsistenzprüfung kann es für Folgeaktionen notwendig sein, auf Prüfergebnisse zuzugreifen. Z.B. soll eine Korrekturaktion für genau diejenigen Elemente durchgeführt werden, bei denen eine Inkonsistenz festgestellt wurde, oder dem Benutzer sollen erklärende Informationen geliefert werden, aus welchem Grund die Bedingung nicht zutrifft. Die Ausgabeparameter einer Konsistenzregel werden als Parameter der Ereignisse **%KR.FAIL** bzw. **%KR.SUCCESS** an etwaige Folgeaktionen weitergegeben. *Im Gegensatz zu den Eingabeparametern einer Konsistenzregel fungieren demnach die Ausgabeparameter nicht direkt als Parameter der Prüfprozedur, sondern werden über die abschließend ausgelösten Ereignisse weitergeleitet.*

Die Ausgabeparameter werden bei der Definition einer Konsistenzregel in **<out_parameterlist>** angegeben, und zwar in folgender Form (die Einträge können bei leeren Parameterlisten auch entfallen):

```
OUT ON FAIL [<par_name>: <par_typ>]*     bzw.
OUT ON SUCCESS [<par_name>: <par_typ>]*
```

Im einfachsten Fall ist es möglich, einen Eingabeparameter der Konsistenzregel aus **<in_parameterlist>** direkt als Ausgabeparameter zu verwenden. Hinsichtlich der übrigen möglichen Ausgabeparameter werden nun funktional und deklarativ definierte Bedingungen gesondert betrachtet. Bei funktional spezifizierten Konsistenzregeln können Ausgabeparameter der Funktion optional als FAIL- bzw. SUCCESS-Ausgabeparameter angegeben werden.

```
CONSTRAINT <C> (in_parameterlist;
                {OUT ON FAIL par_list_fail},
                {OUT ON SUCCESS par_list_success}) =
                <boolean_function (IN par_list_i, OUT par_list_o)>;
                CHECK <mode>;
```

par_list_success, par_list_fail $\subseteq$ **in_parameterlist** $\cup$ **par_list_o**

Beispiel 7-7:

```
CONSTRAINT drc (IN p1: p1_typ;
                OUT ON FAIL p1: p1_typ, p5: p5_typ,
                OUT ON SUCCESS p2: p2_typ, p4: p4_typ)
                = design_rule_check (IN p1: p1_typ,
                                     OUT p2: p2_typ, OUT p3: p3_typ,
                                     OUT p4: p4_typ, OUT p5: p5_typ);
```

Bei deklarativ definierten Konsistenzregeln interessieren als Ausgabeparameter Informationen über Elemente, deren Existenz bei Prüfung der Konsistenzregel festgestellt wurde. Die Auswahl der Parameter ist der Übergabe von Ereignisparametern in EDL-Dämonen (Kap.6.2) ähnlich. Auch hier benötigt man einen Wert bzw. die Menge aller Werte, die von einer existentiell gebundenen Variablen angenommen werden (Operatoren *fv* bzw. *av*). Allerdings ist in der CDL zwischen Parametern in **<par_list_fail>** und **<par_list_success>** zu unterscheiden: Im SUCCESS-Fall interessiert, welche Datenelemente zur Konsistenz beigetragen haben ($\exists$-quantifizierte Variablen), im FAIL-Fall dagegen, auf welche Daten die Inkonsistenz zurückzuführen ist ($\forall$-quantifizierte Variablen bzw. $\exists$-quantifierte Variablen in der negierten Bedingung).

Sei constraint(X_i, Y_j) eine Konsistenzregel (geschlossene Formel), in der Variablen X_i mit $\exists$ und Y_j mit $\forall$ quantifiziert sind. Zur Parametrisierung des SUCCESS-Ereignisses können jeweils Werte von Variablen verwendet werden, die in der Bedingung existentiell gebunden sind:

$fv X_i$ constraint(X_i, Y_j) bzw.
$av X_i$ constraint(X_i, Y_j)

Für das FAIL-Ereignis sind als Parameter die Werte der Variablen verwendbar, die in der Bedingung universell (und damit in der Negation der Bedingung existentiell) gebunden sind

$fv Y_i \neg$ constraint(X_i, Y_j) bzw.
$av Y_i \neg$ constraint(X_i, Y_j)

Bei der Definition einer Konsistenzregel können demnach die folgenden Parameter, bzw. eine beliebige Teilmenge davon, angegeben werden (die Operationen *fv* bzw. *av* werden analog zur EDL implizit bei Bezeichnergleichheit angewendet):

```
CONSTRAINT <C> (<in_parameterlist>;
                OUT ON FAIL,                    (* leer *)
                OUT ON SUCCESS A1, ..., An)
                = ∃ A1 ∃ A2 ... ∃ An:
                  P(A1, A2, ..., An);
```

bzw.

```
CONSTRAINT <C> (<in_parameterlist>;
                OUT ON FAIL A1, ..., An
                OUT ON SUCCESS)                 (* leer *)
                = ∀ A1 ∀ A2 ... ∀ An:
                  P(A1, A2, ..., An);
```

Die direkte Verwendung von Eingabeparametern als Ausgabeparameter ist zusätzlich jederzeit möglich. Die Überprüfung der Parametertypen wird bei der Definition der Bedingung unter Berücksichtigung des DB-Schemas durchgeführt.

Beispiel 7-8:

Bei Inkonsistenz soll die erste gefundene Leitung, die der Bedingung nicht genügt, mit dem Wert der Leiterbahnbreite ausgegeben werden.

```
CONSTRAINT min_width (OUT ON FAIL l.db_id: db_id, l.width: int) =
                     FOR ALL leitungen l
                     l.width >= 2;
```

Erzeugt wird das Ereignis

```
EVENT %min_width.FAIL (l.db_id: db_id, l.width: int);
```

Alternativ sollen bei Inkonsistenz **alle** Leitungen mit ihrer Leiterbahnbreite geliefert werden, die die Bedingung nicht erfüllen. In diesem Fall reicht es folglich nicht, nur bis zum ersten Auftreten einer Inkonsistenz zu prüfen, sondern es müssen systematisch alle Leitungen getestet werden.

```
CONSTRAINT min_width (OUT ON FAIL l.db_ids: <db_id>, l.widths: <int>) =
                     FOR ALL leitungen l:
                     l.width >= 2;
```

7.2.2 Prüfmodus von Konsistenzregeln

Für Konsistenzbedingungen sind verschiedene **Überprüfungmodi** vorgesehen:

- benutzergesteuert
- automatisch, unverzögert
- automatisch, verzögert im Rahmen eine Transaktionskonzepts

Bei der Definition von Konsistenzregeln ist anzugeben, ob die Regel nur auf explizite Anforderung (ON DEMAND), automatisch bei jeder DB-Operation (IMMEDIATE) oder am Ende jeder Transaktion (ON EOT) zu überwachen ist.

Die automatische Überprüfung stellt hierbei ein Zusatzkonzept dar, das es erlaubt, Konsistenz wie in herkömmlichen Systemen nach jeder DB-Operation bzw. Transaktion zu gewährleisten. Die Angabe hat Einfluß auf die Optimierung innerhalb der generierten Prüfaktionen und entscheidet darüber, ob bestimmte Trigger automatisch angelegt werden (siehe Kap.7.3). Im Fall der Optionen IMMEDIATE und ON EOT liegt nämlich zusätzliches Wissen über die Konsistenzregel vor (sie kann nur durch die DB-Operation bzw. durch eine Operation innerhalb der Transaktion verletzt worden sein, die durchzuführende Prüfoperation hängt von der Art dieser Operation ab). Es lassen sich damit effizientere Prüfalgorithmen generieren als im allgemeinen Fall. Ferner wird der Benutzer hierbei davon entlastet, die Zuordnung zwischen Standardereignissen und Prüfaktion explizit durchführen zu müssen, da die entsprechenden Trigger automatisch generiert werden können.

Bei der Überwachung dieser Regeln wird ausgenutzt, daß als Vorbedingung der Operation oder Transaktion Konsistenz bzgl. der Regeln herrscht. Damit diese Voraussetzung auch direkt nach Einbringen der Regel gilt, wird für Konsistenzregeln mit Modus IMMEDIATE oder ON EOT bei der Definition (genauer: nach Beendigung der ggf. während der Definition laufenden DB-Operationen bzw. Transaktionen) geprüft, ob die Bedingung auf der Datenbasis erfüllt ist. Falls Konsistenz festgestellt wurde, wird die Definition akzeptiert, andernfalls wird versucht, eine (optional angebbare) Korrekturaktion auszuführen, bzw. die Definition wird ganz zurückgewiesen. Die Option ON DEMAND hat dagegen zunächst keine Überprüfung der Konsistenzregel zur Folge, die Definition wird unbedingt akzeptiert.

Um als Vorbedingung Konsistenz voraussetzen zu können, muß ferner im Modus IMMEDIATE oder ON EOT unbedingt erzwungen werden, daß bei Ende jeder Operation oder Transaktion Konsistenz herrscht. Bei Inkonsistenz muß daher entweder rückgesetzt oder eine Korrekturaktion erfolgreich durchgeführt werden. **<modus>** wird daher in diesen Fällen ergänzt um die optionale Angabe einer Korrekturaktion **<aktion>**. Diese Aktion wird immer dann angestoßen, wenn – bei Definition der Bedingung oder bei nachfolgenden Überprüfungen – Inkonsistenz festgestellt wurde (Näheres zur Umsetzung in Trigger siehe Kap.7.3). Wenn keine Korrekturaktion angegeben wurde, wird bei Feststellung von Inkonsistenzen automatisch das Rücksetzen der Operation bzw. der Transaktion angestoßen.

Bemerkung:
Diese im Vergleich zur Flexibilität des ETM starre Regelung wird in den Modi IMMEDIATE und ON EOT getroffen, um die **Voraussetzungen für die in diesen Fällen effizienteren Prüfalgorithmen** zu erhalten. Eine Prüfung von Konsistenzregeln am

Transaktionsende mit beliebigen, jederzeit änderbaren Folgeaktionen wird dadurch keineswegs ausgeschlossen. Hierzu müssen die Konsistenzregeln lediglich im Modus ON DEMAND definiert und Triggerdefinitionen der Art

```
TRIGGER T1 = ON %end_of_transaction DO <prüfe Bedingung>;
TRIGGER T2 = ON <Bedingung>.FAIL DO <beliebige Aktion>;
```

explizit vom Benutzer formuliert werden. Optimierungen im Rahmen des Transaktionskonzepts entfallen dann natürlich.

Zusammengefaßt gilt in der Definition der Konsistenzregel

```
CONSTRAINT <C> (<parameterlist>) = <constraint_body>
                                   CHECK <mode>;

<mode> = ON DEMAND              oder
<mode> = IMMEDIATE {aktion}     oder
<mode> = ON EOT    {aktion}
```

7.3 Abbildung von Konsistenzregeln auf ETM-Konstrukte

Innerhalb der CDL-Komponente werden die definierten Konsistenzregeln in Prüfroutinen umgesetzt und diese Routinen als Aktionen an die ETM-Komponente weitergeleitet.
Zu jeder Konsistenzregel

```
CONSTRAINT <C> (<in_parameterlist>;
                <out_parameterlist>) =
                <constraint_body>;
                 CHECK <mode>; mit
<out_parameterlist> :=
   {OUT ON FAIL par_list_fail} {OUT ON SUCCESS par_list_success}
```

wird eine Aktion

```
ACTION %check.<C> (<in_parameterlist>) = <action_body>;
```

generiert. Über ETM-Operatoren kann diese Aktion anschließend – je nach Entscheidung des Benutzers – direkt angestoßen oder in Triggerdefinitionen verwendet werden:

```
EXEC %check.<C> (<actual_in_parameterlist>);
```

bzw.

```
TRIGGER <T> = ON <E> DO %check.<C> (<in_parameterlist_expr>);
```

EXEC stößt die Überprüfung einmalig auf Anforderung hin an. Die aktuellen Eingabeparameter der Konsistenzregel können dabei direkt angegeben werden. Die Triggerdefinition bewirkt dagegen, daß jeweils bei (**RAISE <E>**) die Überprüfung von <C> automatisch angestoßen wird. Die aktuellen Eingabearameter werden hierbei entsprechend **<in_parameterlist_expr>** aus den Ereignisparametern von <E> berechnet.

Die generierte Aktion ist so aufgebaut, daß sie an ihrem Ende eines der beiden Ereignisse %<C>.SUCCESS oder %<C>.FAIL auslöst, wodurch der konsistente bzw. der inkonsistente Fall angezeigt werden. Pro Konsistenzregel werden folglich außer der Aktion **%check.<C>** zwei Ereignisse generiert:

```
EVENT %<C>.SUCCESS (par_list_success);
EVENT %<C>.FAIL (par_list_fail);
```

Diese Ereignisse können in Triggerdefinitionen der Art

```
TRIGGER <T> = ON %<C>.SUCCESS DO <A>;
TRIGGER <T> = ON %<C>.FAIL DO <A>;
```

verwendet werden, um an den positiven bzw. negativen Ausgang der Überprüfung geeignete Folgeaktionen zu knüpfen. Die Ereignisparameter können als Eingabeparameter an die Aktion <A> weitergeleitet werden.

Die Vorgehensweise bei der Generierung der Prüfaktion zu einer KR ist abhängig von:

- der Art der KR-Definition (funktional oder deklarativ),
- dem Modus (ON DEMAND, ON EOT, IMMEDIATE).

Im folgenden werden die Abbildung funktional und deklarativ definierter Konsistenzregeln jeweils für die verschiedenen Modi gesondert behandelt.

7.3.1 Abbildung funktional definierter Konsistenzregeln

Im Fall funktional definierter Konsistenzregeln entspricht die generierte Aktion mit einer geringen Modifikation genau der definierenden Booleschen Funktion. Die Aktion enthält als einzige Erweiterung an ihrem Ende die Auslösung der Ereignisse %<C>.SUCCESS bzw. %<C>.FAIL in Abhängigkeit vom errechneten Funktionsergebnis. Eingabeparameter der Konsistenzregel werden zu Eingabeparametern der erzeugten Aktion, Ausgabeparameter der Konsistenzregel werden als aktuelle Parameter der Ereignisse bei Aktionsende übergeben.

A. Modus = ON DEMAND

Hierbei werden lediglich die Aktion **%check.<C>** und die Ereignisse %<C>.SUCCESS und %<C>.FAIL generiert. Trigger werden nicht automatisch erzeugt, sondern müssen vom Anwender explizit definiert werden. Das folgende Beispiel veranschaulicht das Vorgehen:

Beispiel 7-9:

Die funktional spezifizierte Konsistenzregel zur Überwachung der Entwurfsregeln in einem Schaltungslayout (Funktion design_rule_check) sei wie folgt parametrisiert: Eingabeparameter der Prüffunktion ist der Name des zu kontrollierenden Layouts, Ausgabeparameter der Funktion sind die Verbindungswege und Rechtecke, die den Entwurfsregeln nicht entsprechen. Diese Ausgabeparameter der Funktion sollen als Parameter des FAIL-Ereignisses verwendet werden.

```
CONSTRAINT drc (IN layout name: text;
                OUT ON FAIL wires: <wire_id>, boxes: <box_id>) =
                design_rule_check (IN layout_name: text,
                                   OUT wires: <wire_id>,
                                   OUT boxes: <box_id>);
                CHECK ON DEMAND;
```

Die hieraus erzeugte Aktion **%check.drc** hat (in einer PASCAL-ähnlichen Notation) das folgende Aussehen:

```
ACTION %check.drc (layout_name: text) =
       var result: boolean;
           w     : <wire_id>;
           b     : <box_id>;
       begin
          result := design_rule_check (layout_name, w, b);

          if result
          then RAISE %drc.SUCCESS
          else RAISE %drc.FAIL (w, b);
       end;
```

Außer dieser Aktion werden die zwei Ereignisdefinitionen generiert:

```
EVENT %drc.SUCCESS;
EVENT %drc.FAIL (wires: <wire_id>; boxes: <box_id>);
```

Eine Ausführung der Prüfaktion kann von außen angestoßen werden durch

```
EXEC %check.drc (act_layout_name);
```

bzw. getriggert werden gemäß einer Definition wie der folgenden

```
EVENT layout_finished (act_layout_name: text);
TRIGGER tdrc = ON layout_finished
               DO %check.drc (act_layout_name);
```

Eine Reaktion bei Erkennung von Inkonsistenzen im Layout läßt sich definieren, indem zum Ereignis **%drc.FAIL** geeignete Aktionen getriggert werden. Beispielsweise sollen bei Inkonsistenz die fehlerhaften Rechtecke automatisch korrigiert, die falschen Verbindungswege dagegen an den Benutzer gemeldet werden:

```
ACTION correct_boxes (boxes: <box_id>) = . . . ;
ACTION report_wires (wires: <wire_id>) = . . . ;

TRIGGER react1_on_drc = ON %drc.FAIL
                        DO correct_boxes (boxes);

TRIGGER react2_on_drc = ON %drc.FAIL
                        DO report_wires (wires);
```

B. Modus = ON EOT {aktion}

In diesem Fall wird ein Trigger generiert, der bei Transaktionsende die Durchführung der Prüfroutine anstößt. Die Routine kann intern ggf. auf das Transaktionsprotokoll zugreifen. Ferner wird ein Trigger erzeugt, der bei Inkonsistenz die durch {aktion} bezeichnete Korrekturaktion ausführt und danach nochmals die Konsistenzprüfung anstößt. Zu dadurch ggf. entstehenden Terminierungsproblemen ist auf Kap.4.8 zu verweisen. Wenn die Angabe von {aktion} fehlt, wird per Default das Rücksetzen der Transaktion (Standardaktion **%reject**) angestoßen. **%reject** ist hier im Rahmen der Transaktionsverwaltung zu verstehen, d.h. in der Terminologie von Kap.4.7 als Rücksetzen der Aktion oberster Ebene.

```
TRIGGER %<C>.EOT = ON %end_of_transaction DO %check.<C>;

TRIGGER %<C>.tfail = ON %<C>.FAIL DO
                                    BEGIN
                                      aktion;
                                      %check.<C>
                                    END;
bzw.
TRIGGER %<C>.tfail = ON %<C>.FAIL DO %reject;
```

C. Modus = IMMEDIATE {aktion}

In diesem Fall sind zwei Vorgehensweisen denkbar:

1. Die Prüfaktion wird nach jeder DB-Operation, die schreibenden Charakter besitzt, d.h. durch die mit diesen Operationen assoziierten Standardereignisse, angestoßen. Hierdurch entstehen eine Vielzahl von Triggern, die Überwachung geschieht völlig ungezielt.
2. Durch Analyse der Funktion wird festgestellt, welche DB-Elemente bei der Überprüfung gelesen werden. Trigger werden nur für solche Standardereignisse generiert, die schreibende Operationen auf entsprechenden Elementen signalisieren.

Lösung 1 ist aus Gründen des hohen laufenden Prüfaufwandes, Lösung 2 wegen der notwendigen Aktionsanalyse problematisch. Der Fall ist praktisch ohnehin von untergeordneter Bedeutung, so daß auf Lösung zwei verzichtet werden soll. Es bleibt in der Verantwortung des

Anwenders, ob er diesen teuren Modus wählt. Er kann alternativ die Trigger zu geeigneten Standardereignissen gezielt definieren. Im übrigen wird hinsichtlich Korrekturaktion bzw. Rücksetzen der DB-Operation analog vorgegangen wie im Modus ON EOT.

7.3.2 Abbildung deklarativ definierter Konsistenzregeln

Für deklarativ definierte KR wird automatisch ein Algorithmus generiert, der die Auswertung des prädikatenlogischen Ausdrucks leistet. Eingabeparameter aus **<in_parameterlist>** gehen hierbei ein. Wie in 7.2.1 beschrieben werden als zusätzliche Eingabeparameter qualifizierende Ausdrücke für universal gebundene Variablen generiert. Diese Qualifikationsausdrücke werden im generierten Algorithmus zur Einschränkung des Suchraums benutzt (in der untenstehenden Aktion **%check.<C>** informell angedeutet durch die Anweisungen **for Ai where Qu_Ai do** ...).

Zu einer Konsistenzregel der Art

```
CONSTRAINT <C> (<in_parameterlist>;
                OUT ON FAIL par_list_fail
                OUT ON SUCCESS par_list_success) =
                FOR ALL A1 FOR ALL A2 . . . FOR ALL Ai
                THERE IS Aj
                FOR ALL Aj+1 . . .THERE IS An:
                P (A1, A2, . . . , An);
                CHECK ON DEMAND;
```

wird folgende Aktion generiert:

```
ACTION %check.<C> (<in_parameterlist>,
                   Qu_A1, Qu_A2, . . ., Qu_Ai: text) =
                  begin
                   result := TRUE;
                   for A1 where Qu_A1 do
                    for A2 where Qu_A2 do
                     . . . for Ai where Qu_Ai do
                      result := result AND
                                evaluate
                                (THERE IS Aj
                                 FOR ALL Aj+1 . . . THERE IS An:
                                 P(A1, A2, . . ., An));
                   if result
                   then RAISE %<C>.SUCCESS (par_list_success)
                   else RAISE %<C>.FAIL (par_list_fail);
                  end;
```

In den Prüfmodi ON EOT bzw. IMMEDIATE können Aktionen mit zusätzlicher Optimierung erzeugt werden, indem innerhalb der Aktion Informationen des Transaktionsprotokolls bzw. die Information über den auslösenden Operator (gekennzeichnet durch das triggernde Standardereignis) ausgewertet werden. Aufgrund dieser Information kann der Prüfalgorithmus mit höherer Effizienz ablaufen.

Die erzeugte Prüfroutine kann in allen Fällen durch verschiedene Methoden (Verwendung vorhandener Zugriffspfade, einmalige Berechnung mehrfach auftretender Ausdrücke usw.) optimiert werden. Die Optimierungsmethoden unterscheiden sich nicht von denjenigen zur Anfrageoptimierung und stellen daher kein Spezialproblem dieser Konsistenzkomponente dar. Im folgenden werden die Unterschiede erläutert der verschiedenen Prüfmodi erläutert.

A. Modus = ON DEMAND

Es findet keine automatische Generierung von Triggern statt, die erzeugte Aktion kann explizit angestoßen oder in Triggerdefinitionen verwendet werden. Hierbei kann durch die Eingabeparameter der Aktion die Menge der DB-Elemente eingeschränkt werden, für die die Bedingung zu prüfen ist.

B. Modus = ON EOT {aktion}

Hierbei wertet die generierte Prüfaktion den prädikatenlogischen Ausdruck nur über den DB-Elementen aus, die von der Transaktion (durch Einfügen, Modifizieren oder Löschen) betroffen sind. Es wird vorausgesetzt, daß die Konsistenzregel zu Beginn der Transaktion erfüllt ist, so daß nur die Operationen innerhalb der Transaktion die Bedingung verletzt haben können.

Um die Überprüfung geeignet einzuschränken, wird Information aus dem Transaktionsprotokoll in der Prüfaktion ausgewertet (wobei die Protokollierung selbst ggf. durch die entsprechenden Standardereignisse während der Transaktion angestoßen werden kann). Bei der Optimierung der Überprüfung werden zwei Methoden kombiniert:

- Modifikation des generierten Prüfalgorithmus.
  Bei Prüfung ON EOT sind durch das zusätzliche Wissen darüber, daß zu Beginn der Transaktion Konsistenz herrscht, Optimierungen innerhalb des Prüfalgorithmus möglich, die im Modus ON DEMAND nicht vorgenommen werden können. Die generierten Aktionen unterscheiden sich demnach abhängig vom Prüfmodus.

- Geeignete Berechnung der Eingabeparameter im Vorfeld der Aktion.
  Als Eingabeparameter für die Konsistenzprüfung werden Qualifikationen generiert, die über dem Transaktionsprotokoll ausgewertet werden können. Es wird hier angenommen, daß sich durch Protokollauswertung Prädikate der Art

  ```
  INSERTED_DURING_TRANSACTION (DB-Element);
  DELETED_DURING_TRANSACTION (DB-Element);
  MODIFIED_DURING_TRANSACTION (DB-Element{, attributbezeichner});
  ```

  berechnen lassen. Diese Prädikate werden zur Qualifikation der zu überprüfenden Elemente verwendet.

Bemerkung: Für komplexere Fälle muß jeweils durch Kostenabschätzung festgestellt werden, in welchem Verhältnis Optimierungsaufwand einerseits und dadurch eingesparter Aufwand zum Durchsuchen der Datenbasis andererseits stehen. Prinzipiell sind beliebig komplexe Optimierungsmethoden, die aufgrund eines gegebenen Datenmodells und Transaktionskonzepts möglich sind, auch auf Basis des ETM realisierbar.

Anhand einiger einfacher Beispiele soll die Vorgehensweise bei der Optimierung veranschaulicht werden. Im Modus ON EOT wird jeweils automatisch ein Trigger generiert, der bei **RAISE %end_of_transaction** die (optimierte) Konsistenzprüfung mit den ebenfalls automatisch generierten Qualifikationsausdrücken als Eingabeparameter anstößt.

Beispiel 7-10:

```
CONSTRAINT C1 = THERE IS a: P(a);
```

Zur Überprüfung einer solchen Bedingung muß im Fall ON DEMAND die gesamte Datenbasis durchsucht werden. Im Modus ON EOT reicht es aus, die Bedingung nur zu prüfen, falls in der Transaktion Elemente a gelöscht oder modifiziert wurden, für die vorher P(a) galt. Die generierte Prüfaktion kann also aufgrund des Transaktionsprotokolls entscheiden, ob ein Durchsuchen der Datenbasis überhaupt notwendig ist.

Beispiel 7-11:

```
CONSTRAINT C2 = FOR ALL a THERE IS b: P(a, b);
```

Die Konsistenzregel C2 muß am Transaktionsende nur für eine Teilmenge aller a überprüft werden. Es sind dies alle a, die in der Transaktion neu eingefügt oder modifiziert wurden, sowie solche a, zu denen ein zu Transaktionsbeginn existierendes b mit P(a,b) gelöscht bzw. modifiziert worden ist.

```
TRIGGER %C2.EOT = ON %end_of_transaction
                  DO %check.C2
                      ("INS/MOD_DURING_TRANSACTION (a)      (* Qu_a *)
                        OR
                        (DEL/MOD_DURING_TRANSACTION (b)
                         AND P(a, b))"
                      );
```

Beispiel 7-12:

```
CONSTRAINT C3 = FOR ALL a FOR ALL b: P(a, b);
```

Auch diese Bedingung braucht zu Transaktionsende nur für eine Teilmenge der a und b überprüft zu werden. Es sind dies genau solche Kombinationen (a, b), in denen mindestens eines der beiden Elemente in der Transaktion neu eingefügt bzw. modifiziert worden ist.

```
TRIGGER %C3.EOT = ON %end_of_transaction
                  DO %check.C3
                     ("INS/MOD_DURING_TRANSACTION (a) OR        (* Qu_a *)
                      THERE IS b:
                      INS/MOD_DURING_TRANSACTION (b)",
                     "INS/MOD_DURING_TRANSACTION (b) OR         (* Qu_b *)
                      INS/MOD_DURING_TRANSACTION (a)")
```

Wie bei funktional definierten Konsistenzregeln werden auch hier zusätzlich zur Prüfaktion automatisch Trigger generiert, die am Transaktionsende die Prüfroutine anstoßen sowie bei Inkonsistenz korrigieren bzw. rücksetzen.

```
TRIGGER %<C>.EOT = ON %end_of_transaction DO %check.<C>;

TRIGGER %<C>.tfail = ON %<C>.FAIL
                     DO BEGIN
                        aktion;
                        %check.<C>
                        END;
bzw.
TRIGGER %<C>.tfail = ON %<C>.FAIL
                     DO %reject;
```

Der Trigger %<C>.EOT soll nur dann bei Transaktionsende aktiviert sein, wenn die Bedingung potentiell von der Transaktion betroffen wurde (dies sei durch die Operationsmenge {DB_Operation.i} der Fall sein). Der Trigger %<C>.EOT wird folglich durch entsprechende Standardereignisse aktiviert und nach seiner Auslösung zu Transaktionsende wieder deaktiviert. Dies geschieht ebenfalls durch generierte Trigger:

```
TRIGGER %<C>.TACT.i = ON %DB_Operation.i DO ACTIVATE %<C>.EOT;

TRIGGER %<C>.TDEACT = ON %end_of_transaction DO DEACTIVATE %<C>.EOT;
```

%<C>.TDEACT wird mit geringerer Priorität definiert als %<C>.EOT.

C. Modus = IMMEDIATE {aktion}

In diesem Fall wird eine Prüfaktion generiert, deren Algorithmus in Abhängigkeit von der auslösenden Operation optimiert arbeitet (die Information über das triggernde Standardereignis steht in der globalen Aktionsumgebung zur Verfügung). Die Auswahl der DB-Operatoren, angezeigt durch Standardereignisse, durch die die Aktion getriggert werden soll, entspricht der Wahl der aktivierenden Ereignisse im Modus ON EOT. Es soll angenommen werden, daß die Konsistenzregel sich nur durch eine Operation aus der Menge {DB_Operation.i} ändern kann. Generiert werden Trigger der Form

```
TRIGGER %<C>.TR.i = ON %DB_Operation.i DO %<C>.check;
```

Es ist allerdings zu betonen, daß der Modus IMMEDIATE einen Fall von sehr untergeordneter praktischer Bedeutung darstellt, für den aufwendige Optimierungsmethoden nicht lohnend sind.

Das folgende Beispiel veranschaulicht nochmals im Überblick die Behandlung deklarativ definierter Konsistenzregeln:

Beispiel 7-13:

Die Konsistenzregel **box_size** beschreibt die Einschränkung, daß die Fläche eines Rechtecks, berechnet aus dessen Attributen Höhe und Breite, die Größe von 40 Einheiten nicht überschreiten darf.

```
CONSTRAINT box_size (OUT ON FAIL b.id: box_id,
                                   b.height, b.width: real) =
                         FOR ALL boxes b:
                         b.height * b.width <= 40;
```

Im Modus **CHECK ON DEMAND** hat die erzeugte Prüfaktion die Form:

```
ACTION %check.box_size (Qu_b: text) =
       var result: boolean;
           box    : box_type;
       begin
          result := true;
          for box ∈ {boxes b where Qu_b} do
              result := result and (box.width * box.height <= 40 )
          until not result;
          if result
          then RAISE %box_size.SUCCESS
          else RAISE %box_size.FAIL (box.id, box.height, box.width);
       end;
```

Außerdem werden die beiden Ereignisse generiert:

```
EVENT %box_size.SUCCESS;
EVENT %box_size.FAIL (id: box_id; height, width: int);
```

Eine Überprüfung der Bedingung für sämtliche Rechtecke in der Datenbasis (ohne zusätzliche Qualifikation) kann explizit angestoßen werden durch

```
EXEC %check.box_size()
```

Sollen dagegen nur die Rechtecke in der Metallisierungsebene 1 des Schaltungslayouts (layer = metal1) überprüft werden, so wird die Konsistenzprüfung angestoßen mit

```
EXEC %check.box_size("b.layer = metal1")
```

Eine getriggerte Überwachung der Konsistenzregel ist analog möglich

```
EVENT layout_box_control;
TRIGGER tlbc = ON layout_box_control
               DO %check.box_size ();

EVENT window_box_control (wx1, wy1, wx2, wy2: int);

TRIGGER twbc = ON window_box_control
               DO %check.box_size ("b.x1 >= wx1 AND b.y1 >= wy1
                                    AND
                                    b.x2 <= wx2 AND b.y2 <= wy2")
```

Der Trigger **twbc** bedeutet, daß beim Ereignis **window_box_control** nur diejenigen Rechtecke überprüft werden, die ganz im beschriebenen Fenster liegen.

Im Modus **CHECK ON EOT** (in diesem Beispiel angenommen ohne Korrekturaktion) wird dieselbe Prüfaktion vereinbart, eine spezielle Optimierung des Algorithmus, die intern Informationen des Transaktionsprotokolls auswertet, ist in diesem Beispiel nicht möglich.

Es werden automatisch folgende Trigger generiert:

```
TRIGGER %box_size.EOT = ON %end_of_transaction
                        DO %check.box_size
                           ("INSERTED_DURING_TRANSACTION (b) OR
                             MODIFIED_DURING_TRANSACTION (b, width) OR
                             MODIFIED_DURING_TRANSACTION (b, height)")
                        PRIORITY <greater_than_lowest_val>;

TRIGGER %box_size.tdeact = ON %end_of_transaction
                           DO DEACTIVATE %box_size.EOT
                           PRIORITY <lowest_val>;

TRIGGER %box_size.tact1 = ON %insert_box
                          DO ACTIVATE %box_size.EOT;

TRIGGER %box_size.tact2 = ON %modify_box
                          DO ACTIVATE %box_size.EOT;

TRIGGER %box_size.tfail = ON %box_size.FAIl
                          DO %reject;
```

Im Modus **CHECK IMMEDIATE** werden Trigger direkt an die relevanten DML-Operationen geknüpft:

```
EVENT %insert_box (new_box: box_id);
EVENT %modify_box_width (mod_box: box_id);
EVENT %modify_box_height (mod_box: box_id);
```

```
TRIGGER %box_size.tr.1 = ON %insert_box
                         DO %check.box_size ("b.id = new_box");
TRIGGER %box_size.tr.2 = ON %modify_box_width
                         DO %check.box_size ("b.id = mod_box");
TRIGGER %box_size.tr.3 = ON %modify_box_height
                         DO %check.box_size ("b.id = mod_box");
TRIGGER %box_size.tfail = ON %box_size.FAIl
                          DO %reject;
```

Das Konzept der *ETM-Umgebungen* (Kap.5) läßt sich bei der Definition von Konsistenzregeln durch die CDL-Komponente wie folgt verwenden: Die CDL-Komponente führt über die ETM-Schnittstelle die Definition von Prüfaktionen, von SUCCESS- und FAIL-Ereignissen sowie – in den Modi ON EOT und IMMEDIATE – von Triggern durch. Diese Definitionen werden innerhalb von ETM-Umgebungen durchgeführt, indem vor der Definition einer Regelmenge die entsprechende Umgebung betreten wird (Aufruf der Operation **ENTER_ENV**). So können z.B. allgemeinverbindliche Regeln in der Umgebung des Gesamtunternehmens, projektrelevante Regeln in der Projektumgebung, individuelle Vorgaben in der Umgebung eines Entwerfers vereinbart und damit entsprechend der Umgebungshierarchie gültig sein.

Wir haben gezeigt, wie der ETM über die CDL-Komponente zur Konsistenzsicherung in einem DBMS eingesetzt werden kann. Konsistenzregeln können in Form von Prozeduren oder in deklarativer Form definiert werden. Prozedurale Formulierungen werden direkt übernommen, aus prädikatenlogischen Ausdrücken werden Prüfalgorithmen generiert. Die Prüfprozeduren werden als Aktionen des ETM abgelegt. Per Triggerdefinition ist das Anstoßen der Prüfroutinen durch beliebige Ereignisse (benutzerdefinierte Ereignisse **und** Standardereignisse) möglich. Das (Boolesche) Ergebnis der Prüfung wird wiederum durch Ereignisse angezeigt, die weitere Aktionen triggern können. Das beschriebene Vorgehen erfüllt damit folgende Forderungen aus Kap.3:

- flexible Prüfzeitpunkte,
- Möglichkeit der vom Anwender ausgelösten Konsistenzüberwachung,
- flexible Reaktion auf Konsistenzverletzungen,
- beliebig hohe Komplexität der prüfbaren Konsistenzregeln (deskriptiv und prozedural formulierbar),
- dynamische Veränderungen der Regelmenge
- lokale Zu- und Abschaltbarkeit der Konsistenzüberwachung mit gradueller Tolerierung von Inkonsistenzen.
- Integration existierender Prüfprogramme und Verfahrensabläufe

Zusätzlich ist die herkömmliche Art der Konsistenzsicherung im Rahmen des Transaktionskonzepts als ein Spezialfall integriert und kann damit gleichartig behandelt werden. Für die Konsistenzüberwachung auf herkömmliche Weise fällt dabei derselbe Aufwand an wie bisher (Entscheidung, wann geprüft werden muß, Auswertung von Transaktionsprotokollen usw.). Die Integration bietet den Vorteil der **Minimalität von Mechanismen** im Bereich Konsistenzsicherung.

8. Beispiele für die Verwendung des ETM in Entwurfsumgebungen

Im folgenden werden wir die Leistungsfähigkeit des ETM anhand typischer Strukturen der Entwurfsumgebung beispielhaft darstellen. Es handelt sich dabei um die folgenden Aspekte:

- hierarchischer Aufbau von Objekten
- Zusammensetzung eines Objekts aus Schnittstelle und Implementierung
- Verwendung unvollständiger Unterobjekte
- Teamarbeit/Change Notification
- Strukturierung von Entwürfen (Repräsentationen, Varianten, Konfigurationen)
- Verfahrensplan
- Integration existierender Prüfwerkzeuge

Notwendigerweise kann die komplexe Semantik der Beispiele hier nur schematisch wiedergegeben werden. Die Anteile der Beispiele, die über die eigentliche Verwendung des ETM hinausgehen, sind daher weitgehend informal dargestellt. Die Sachverhalte werden der besseren Übersichtlichkeit halber in mehreren getrennten Beispielen dargestellt. Bei der Verwendung in einer Entwurfsumgebung bestehen natürlich Querbezüge, die eine Kombination (keine reine Summierung) der ETM-Konstrukte aus Beispiel 8-1 bis 8-3 erfordern. Beispiel 8-4 zeigt zusätzlich, daß es durch Verwendung des ETM möglich ist, ein Datenmodell mit einer Vielzahl anwendungsbezogener (semantisch teilweise nur geringfügig unterschiedlicher) Konstrukte auf ein Datenmodell mit wenigen einfachen Konstrukten abzubilden und die verbleibenden – nun modellexternen – Konsistenzregeln durch Trigger zu gewährleisten.

Beispiel 8-1:

Im Verlauf eines Entwurfsprozesses werden Objekte häufig unter Verwendung von anderen Objekten (Unterobjekten) aufgebaut. Dabei kann es sich z.B. um Module bei der Softwareerstellung oder Teilschaltungen im VLSI-Entwurf handeln. Im folgenden wird vorausgesetzt, daß jedes Objekt durch ein Surrogat, den OID, eindeutig identifizierbar ist.

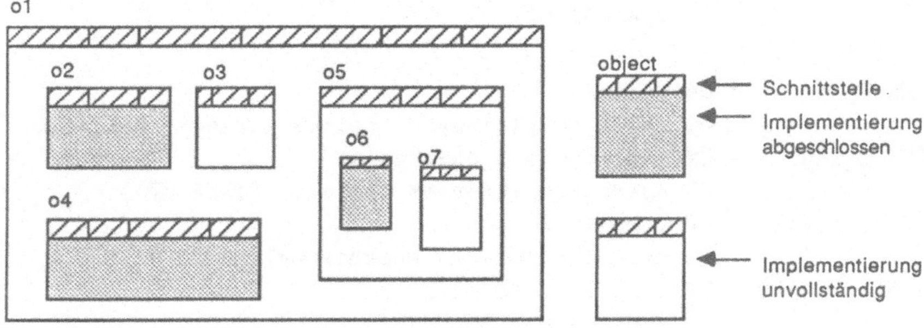

Abb.8-1: Aufbau eines Objekts aus teilweise unvollständigen Unterobjekten

Jedes Objekt setzt sich zusammen aus einer Schnittstelle (der Spezifikation seiner Wirkungsweise nach außen) und einer Implementierung (der extern nicht zugänglichen Realisierung dieser Spezifikation). Dabei nehmen wir an, daß die Implementierungen nicht automatisch aus den Schnittstellenspezifikationen generiert, sondern durch die Arbeit von Entwurfsingenieuren konstruiert werden. Zu einem vollständigen Objekt müssen Schnittstelle und Implementierung existieren, wobei natürlich die Implementierung die Schnittstelle korrekt zu realisieren hat. Im Verlauf der Entwurfsarbeit muß ein Objekt jedoch noch nicht in diesem Sinne vollständig sein. Es kann bereits als Unterobjekt in die Konstruktion eingehen, sobald seine Schnittstelle definiert ist, auch wenn die Implementierung noch aussteht (siehe Abb.8-1).

Dieses Beispiel stellt einen typischen Fall dar, in dem die Konsistenzprüfung (auf Vollständigkeit der Objekte) nicht am Ende der üblichen Transaktionen durchgeführt werden kann, sondern an eine spezifische DB-Operation (die Freigabe des Oberobjekts per Operator **RELEASE**) gebunden ist. Zusätzlich ist es möglich, daß der Entwurfsingenieur die Konsistenzprüfung zu selbstgewählten Zeitpunkten anstoßen möchte, um sich über die aktuell noch unvollständigen Unterobjekte zu informieren. Mithilfe des ETM lassen sich diese Anforderungen durch die folgenden Definitionen erfüllen:

```
EVENT release (release_object: OID);
EVENT intermediate_checkpoint (object: OID);
EVENT completeness.FAIL (incomplete_subobjects: <OID>,
                         operation: (RELEASE, OTHER_OP));

ACTION check_completeness (check_object: OID,
                           operation: (RELEASE, OTHER_OP)) =
      BEGIN
       ok :=
       (∀ objects o_sub where subobject(o_sub, check_object):
           ∃ o_sub.implementation);
       IF not ok
       THEN RAISE completeness.FAIL
                  (<o_sub where not ∃ o_sub.implementation>,
                   operation);
      END;

TRIGGER t_ro      = ON release
                    DO check_completeness (release_object, RELEASE);
TRIGGER t_icp     = ON intermediate_checkpoint
                    DO check_completeness (object, OTHER_OP);
TRIGGER t_cfail1 = ON completeness.FAIL
                    DO write(incomplete_subobjects);
TRIGGER t_cfail2 = ON completeness.FAIL
                    IF operation = RELEASE
                    DO %reject;
```

Die Ereignisse `release` und `intermediate_checkpoint` markieren die oben erwähnten Prüfzeitpunkte. `release` wird als Standardereignis innerhalb der Freigabeperation, `intermediate_checkpoint` dagegen als extern definiertes Ereignis direkt vom Benutzer ausgelöst.

Die Aktion **check_completeness** überprüft die Vollständigkeit aller Unterobjekte (dabei wird angenommen, daß das Prädikat **subobject (o1, o2)** innerhalb des Datenmodells auswertbar ist). Falls unvollständige Unterobjekte existieren (Ereignis **completeness.FAIL**), werden diese aufgelistet und eine etwaige Freigabe zurückgewiesen. Durch den Parameter **operation** wird angegeben, ob die Vollständigkeitsprüfung im Rahmen der Freigabe oder bei anderen Operationen angestoßen wurde. Dieser Parameter wird weitergeleitet an das Ereignis **completeness.FAIL** und dient dazu, die **%reject**-Operation nur auf den Freigabeoperator anzuwenden (Trigger **t_cfail2**), während bei anderen Operationen lediglich die Ausgabe der unvollständigen Unterobjekte erfolgt (Trigger **t_cfail1**).

Die Definition der Aktion **check_completeness** und des Ereignisses **completeness.FAIL** lassen sich bei Verwendung einer CDL direkt ersetzen durch:

```
CONSTRAINT completeness (IN check_object: OID,
                            operation: (RELEASE, OTHER_OP);
                         OUT ON FAIL o_sub: <OID>,
                            operation: (RELEASE, OTHER_OP))
      = ∀ objects o_sub where subobject(o_sub, check_object):
        ∃ o_sub.implementation;
```

Die Implementierung von Unterobjekten wird bei größeren Entwurfsaufgaben häufig an Kollegen eines Entwerferteams delegiert. In diesem Fall kann eine zusätzliche Aktion bei **completeness.FAIL** darin bestehen, die für die fehlenden Unterobjekte Verantwortlichen zu benachrichtigen.

Eine andere, innerhalb eines Teams wichtige Aktion besteht darin, bei Änderung der Schnittstelle eines Objekts alle Verwender dieses Objekts zu benachrichtigen (**change notification**). Die folgenden Triggerdefinitionen leisten das Gewünschte:

```
TRIGGER t_cfail1 = ON completeness.FAIL
                   DO notify_implementors_of(incomplete_subobjects);
EVENT change_of_interface (changed_object: OID);
TRIGGER t_int = ON change_of_interface
                DO notify_implementors_of
                   (objects o where subobject(changed_object, o));
```

Beispiel 8-2 zeigt, daß der ETM die individuelle und unabhängige Definition von anwendungsspezifischen Situationen und Reaktionen erlaubt. Die Anwendungsprogramme bzw. der Code des DBMS werden auf diese Weise von einer Vielzahl spezieller Prüfungen und Folgeaktionen, die in einer Entwurfsumgebung zudem häufigen Änderungen unterworfen sein können, entlastet. Abbildung 8-2 gibt zusammenfassend den Graph der Ereignisse, Aktionen und Trigger zu Beispiel 8-1 wieder.

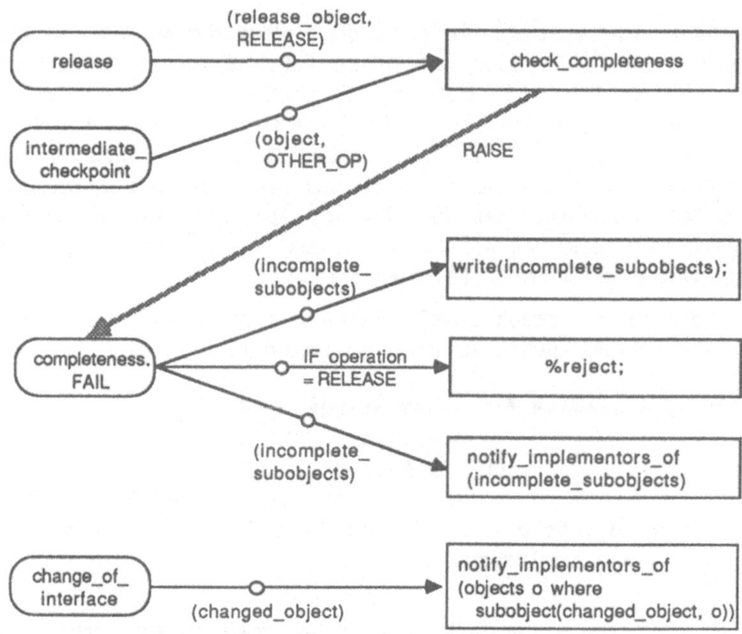

Abb.8-2: ETM-Graph zu Beispiel 8-1

Beispiel 8-2:

In Kap.1.4 wurde bereits dargestellt, daß Entwurfsobjekte häufig eine globale Struktur entsprechend Abb.8-3 aufweisen. Das Entwurfsobjekt besitzt verschiedene Repräsentationen, die Ein- und/oder Ausgabe unterschiedlicher Entwurfsphasen sind. Zu jeder Repräsentation können alternative Entwicklungen, als Varianten bezeichnet, existieren, die wiederum eine zeitlich lineare Folge von Zuständen durchlaufen. Bei der Freigabe einer Variante wird deren letzter Zustand eingefroren, d.h. die Variante kann nicht mehr modifiziert werden. Für eine konkrete Konfiguration des Objekts muß schließlich eine freigegebene Variante pro Repräsentation ausgewählt werden.

Innerhalb dieser Struktur existieren Konsistenzregeln unterschiedlicher Lokalität. Innerhalb der einzelnen Repräsentationen sind jeweils eine Menge von Regeln lokal zu erfüllen. Für eine bestimmte Variante können zusätzliche Regeln, z.B. hinsichtlich der Leistungsdaten oder der technologischen Beschränkungen dieser Variante, hinzukommen. Die Überprüfungen dieser Regeln muß spätestens erfolgen, wenn eine Variante freigegeben wird (natürlich findet ein Teil der Überprüfungen schon während der Entwicklung statt). Die folgenden Trigger lösen die Prüfaktionen jeweils bei Freigabe einer Variante der Repräsentation i aus:

```
TRIGGER t_rrules_i = ON release_repr_i
                     DO check_repr_i_rules;
TRIGGER t_vrules_i = ON release_repr_i
                     DO check_repr_i_vrules(var_no);
```

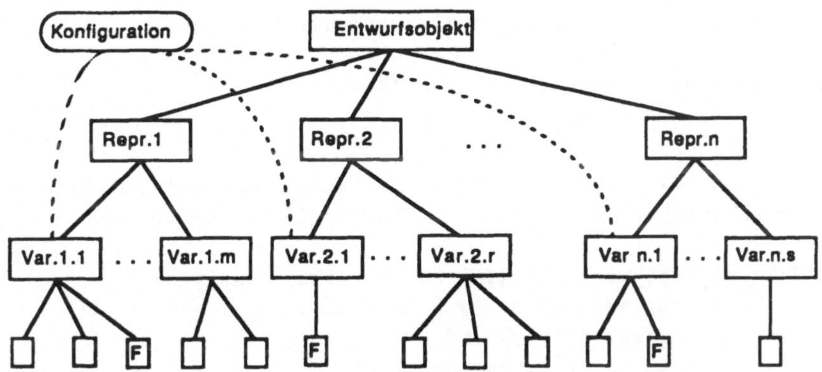

Abb.8-3: Globale Struktur eines Entwurfsobjekts

Falls eine der Prüfaktionen eine Inkonsistenz feststellt, löst sie ein entsprechendes **FAIL**-Ereignis aus, auf das mit dem Zurückweisen der Freigabeoperation oder, wenn möglich, mit einer automatischen Korrekturaktion reagiert werden kann.

```
TRIGGER t_rej_i = ON check_repr_i_rules.FAIL
                  DO %reject;
TRIGGER t_cor_i = ON check_repr_i_vrules.FAIL
                  DO automatic_correction;
```

Beim Aufbau einer Konfiguration müssen ebenfalls Konsistenzregeln erfüllt werden, die jedoch globalen Charakter besitzen, d.h. repräsentationsübergreifend sind. Für eine Konfiguration muß sichergestellt werden, daß pro Repräsentation eine Variante ausgewählt wurde, daß die Varianten freigegeben sind und gemäß den Inter-Repräsentations-Regeln zusammenpassen. Dies läßt sich damit erreichen, daß bei Auslösung des Standardereignisses **create_configuration** die Prüfaktion **configuration_check** getriggert wird.

```
EVENT create_configuration(variant_list: <var_type>);
EVENT configuration_check.FAIL;
ACTION configuration_check(variant_list: <var_type>) =
      BEGIN
        ok1 :=
            (∀ representations r ∃ variant v:
               variant_of(v,r) and
               element_of(v, variant_list) and
               released(v));
        ok2 :=
            check_inter_representation_rules(variant_list);
        IF not ok1 or not ok2
        THEN raise configuration_check.FAIL;
      END;
```

```
TRIGGER t_creconf = ON create_configuration(variant_list)
                    DO configuration_check(variant_list);
TRIGGER t_rejconf = ON configuration_check.FAIL
                    DO %reject;
```

Bei Verwendung der CDL können die Aktion **configuration_check** und das Ereignis **configuration_check.FAIL** durch entsprechende **CONSTRAINT**-Definitionen ersetzt werden:

```
CONSTRAINT released_variants (IN variant_list: <var_type>)
           = (∀ representations r ∃ variant v:
               variant_of(v,r) and
               element_of(v, variant_list) and
               released(v));
CONSTRAINT inter_repr_rules (IN variant_list: <var_type>)
           = . . .;
```

Abb.8-4 stellt die ETM-Struktur des Beispiels zusammenfassend dar.

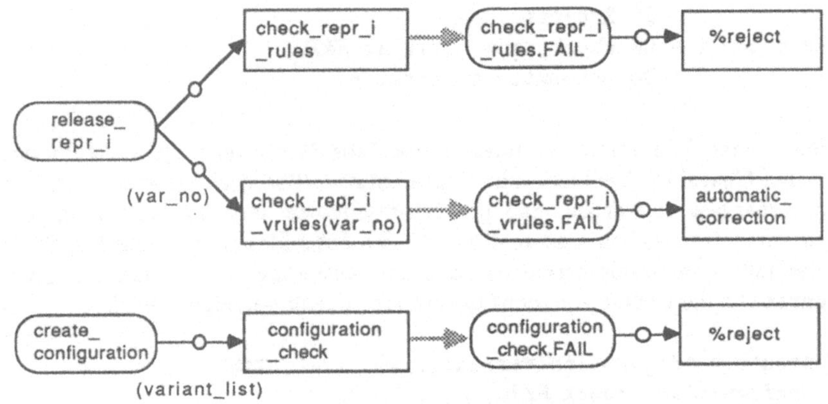

Abb.8-4: ETM-Graph zu Beispiel 8-2

Beispiel 8-3:

Dieses Beispiel zeigt die Realisierung eines Verfahrensplans im VLSI-Entwurf sowie die Einbeziehung von in dieser Entwurfsumgebung existierenden Prüfwerkzeugen (Verifikations- und Simulationsprogrammen). Bei der Entwicklung eines VLSI-Chips muß der Entwurfsingenieur (mehr oder weniger strikt) einen Ablaufplan wie denjenigen in Abb.8-5 befolgen. Die Entwurf erfolgt in verschiedenen Ebenen, auf denen je nach den vorhandenen Werkzeugen entweder eine **Konstruktionsphase gefolgt von einer Prüfphase** (z.B. **chip construction** und **layout analysis**) oder eine **automatische Generierungsphase** (z.B. **layout compiler**) ablaufen. In Entwurfsumgebungen treten i.a. beide Arten kombiniert auf.

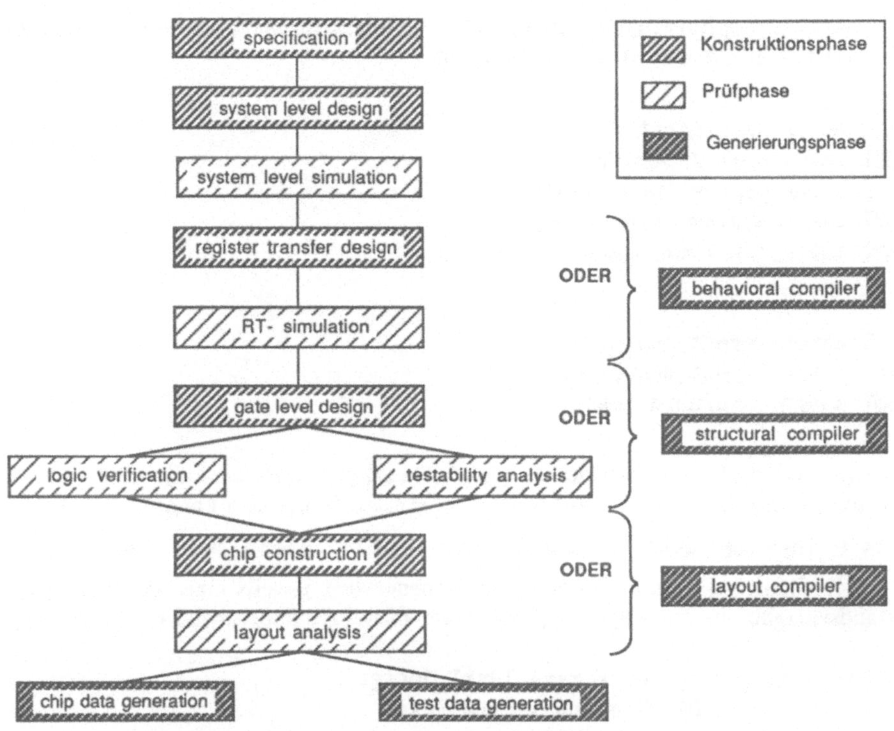

Abb.8-5: Beispielhafter Verfahrensplan im VLSI-Entwurf

Der Verfahrensplan kann wie folgt auf ETM-Konstrukte abgebildet werden. Zunächst werden alle Prüf- und Generierungswerkzeuge als Aktionen deklariert:

```
ACTION system_level_sim = <system level simulator>;   . . .
ACTION layout_analysis  = <layout analyzer>;

ACTION behavioral_comp  = <behavioral compiler>;      . . .
ACTION test_data_gen    = <test data generator>;
```

Am Ende der Prüfprogramme werden jeweils Ereignisse ausgelöst, die das Boolesche Ergebnis der Prüfung signalisieren (bei Simulationen erfordert dies i.a. einen Eingriff des menschlichen Benutzers, der entscheiden muß, ob das Ergebnis als erfolgreich anzusehen ist).

```
EVENT system_level_sim.SUCCESS
EVENT system_level_sim.FAIL
EVENT RT_sim.SUCCESS                    . . .
```

Für jede Entwurfsebene werden ferner zwei Ereignisse definiert, die jeweils Beginn bzw. Ende der Konstruktions- oder Generierungsphase auf dieser Ebene anzeigen. Diese Ereignisse werden innerhalb der Entwurfswerkzeuge oder – falls kein spezifisches Werkzeug auf einer Ebene existiert – direkt vom Benutzer ausgelöst.

```
EVENT enter_specification;
EVENT leave_specification;
EVENT enter_system_level_design;
EVENT leave_system_level_design;
EVENT enter_register_transfer_design;
        .
        .
EVENT enter_layout_compiler;
EVENT leave_layout_compiler;
EVENT enter_manufacturing;
```

Zur Anzeige, welche Entwurfsebene als nächste bearbeitet werden muß, wird eine Zustandsvariable **state** angenommen, die mit folgenden Werten belegt sein kann:

state $\in$ **{system_level, RT_level, gate_level, layout_level, manufact_level}**

Durch das Ereignis am Beginn einer Entwurfsebene wird jeweils eine Aktion getriggert, die die Zustandsvariable liest und bei unzutreffendem Zustand entsprechend reagiert, z.B.:

```
TRIGGER t_esld = ON enter_gate_level_design
                 DO IF state < gate_level
                    THEN BEGIN
                           write('bad design level');
                           further_reaction
                         END
                    ELSE state := gate_level;
```

Durch das Ereignis am Ende einer Entwurfsphase wird eine Aktion getriggert, die von der Art dieser Entwurfsphase (konstruktiv oder generativ) und der Art der folgenden Entwurfsphase abhängt.

Am Ende einer *Generierungsphase* wird die Zustandsvariable inkrementiert. Falls auch auf der nächsten Entwurfsebene ein Generierungsprogramm existiert, wird dieses direkt getriggert, z.B.:

```
TRIGGER t_leave_bc   = ON leave_behavioral_comp
                       DO state := gate_level;
TRIGGER t_leave_bc_1 = ON leave_behavioral_comp
                       DO structural_comp;
```

Durch das Ereignis am Ende einer *Konstruktionsphase* wird dagegen das entsprechende Prüfwerkzeug angestoßen:

```
TRIGGER t_sl = ON leave_system_level_design
               DO system_level_sim;
               .
               .
TRIGGER t_cc = ON leave_chip_construction
               DO layout_analysis;
```

Die Zustandsvariable wird nur dann inkrementiert, wenn das Prüfwerkzeug Konsistenz feststellt (SUCCESS-Ereignis). Falls auf der folgenden Entwurfsebene ein Generierungswerkzeug vorliegt, wird dieses ebenfalls durch das SUCCESS-Ereignis getriggert. Auf einer Entwurfsebene können mehrere Prüfwerkzeuge existieren (z.B. **logic verification** und **testability analysis**). Durch die Standardaktion **%reject_to_event** wird erzwungen, daß die nächste Ebene nur erreicht werden kann, falls alle Prüfungen erfolgreich verlaufen.

```
TRIGGER t_ls_state = ON leave_specification
                     DO state := system_level;

TRIGGER t_sl       = ON leave_system_level_design
                     DO system_level_sim;
TRIGGER t_slssuc   = ON system_level_sim.SUCCESS
                     DO state := RT_level;
TRIGGER t_slssuc_1 = ON system_level_sim.SUCCESS
                     DO behavioral_comp;
                     .
                     .
TRIGGER t_sl       = ON leave_gate_level_design
                     DO logic_verification;
TRIGGER t_sl       = ON leave_gate_level_design
                     DO testability_analysis;
TRIGGER t_lvsuc    = ON logic_verification.SUCCESS
                     DO state := layout_level;
TRIGGER t_tasuc    = ON testability_analysis.SUCCESS
                     DO state := layout_level;
TRIGGER t_lvfail   = ON logic_verification.FAIL
                     DO %reject_to_event;
TRIGGER t_tafail   = ON testability_analysis.FAIL
                     DO %reject_to_event;
                     .
                     .
TRIGGER t_cc       = ON leave_chip_construction
                     DO layout_analysis;
TRIGGER t_lasuc    = ON layout_analysis.SUCCESS
                     DO state := manufact_level;
TRIGGER t_lasuc_1  = ON layout_analysis.SUCCESS
                     DO chip_data_gen;
TRIGGER t_lasuc_2  = ON layout_analysis.SUCCESS
                     DO test_data_gen;
```

Abb.8-6 zeigt die allgemeine ETM-Struktur für eine beliebige Entwurfsebene i. Die ETM-Konstrukte können bei Vorgabe einer Beschreibung des Verfahrensplans mit beliebigen Ebenen und Werkzeugen automatisch generiert werden.

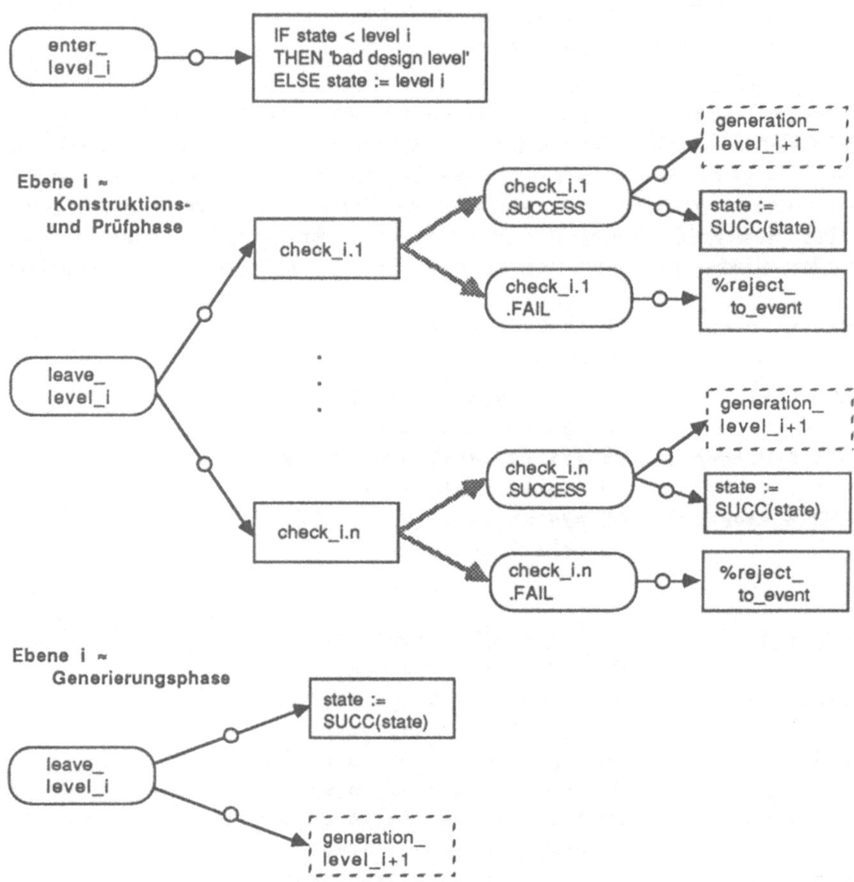

Abb.8-6: ETM-Graph für Entwurfsebene i

Zum Abschluß dieses Beispiels sei betont, welche Vorteile die Verwendung des ETM bei der Realisierung von Verfahrensplänen bietet. Die Kontrolle der Entwurfsphasen könnte natürlich stattdessen in die Werkzeuge hineinverlegt werden (durch Modifikation des Werkzeug-Codes). Der Verfahrensplan wäre in diesem Fall jedoch in den Werkzeugen verborgen und nicht, wie durch den ETM möglich, explizit im DBMS repräsentiert. Eine Änderung des Verfahrensplans würde in jedem Fall Recompilierung der Werkzeuge erfordern. Die Verwendung des ETM erlaubt es außerdem, daß der Verfahrensplan nach unterschiedlich strikten Strategien verfolgt werden kann, indem an die **enter**-Ereignisse verschiedene Aktionen (vom Verbot der Werkzeugausführung bis zur bloßen Warnung an den Entwerfer) gebunden werden.

Beispiel 8-4:

Dieses Beispiel zeigt die Verwendung des ETM bei der Abbildung eines Datenmodells mit spezieller Anwendungssemantik auf ein allgemeineres Datenmodell. Das Datenbanksystem PRODAT [Bat87] stellt an seiner Schnittstelle das PROSYT-Objektmodell (POM) zur Verfügung. Grundelemente der Modellierung sind hierin Objekte, deren Struktur jeweils einem gerichteten, azyklischen und zusammenhängenden Graphen entspricht. Die Kanten dieser Graphen können vier verschiedenen Typen angehören:

- HAT_KOMPONENTE: Beschreibt eine Zerlegung in Bestandteile.
- HAT_AUSPRAEGUNG: Beschreibt verschiedene Varianten.
- HAT_REPRAESENTATION: Beschreibt unterschiedliche Darstellungsformen.
- HAT_ELEMENT: Beschreibt Zusammensetzung einer Menge.

Von jedem Knotentyp innerhalb des Graphen darf nur jeweils eine Art von Kanten ausgehen, wobei zusätzlich die möglichen Typen der Nachfolgeknoten eingeschränkt werden.

Die Unterschiede zwischen den Kantenarten drücken sich in modellinternen Konsistenzregeln aus:

- HAT_KOMPONENTE

  Typnotation: TYPE t STRUCT [* (t1, t2, . . ., tn)];

  Für alle Objekte o_t vom Typ t muß gelten:
  - o_t kann beliebig viele Nachfolger der Typen t1 bis tn besitzen.
  - In einem vollständigen Objekt muß o_t mindestens einen Nachfolger je Typ ti besitzen.
  - Wird o_t in eine Konfiguration übernommen, so müssen alle direkten Nachfolger ebenfalls in die Konfiguration übernommen werden.

- HAT_AUSPRAEGUNG

  Typnotation: TYPE t STRUCT [+ (t1, t2, . . ., tn)];

  Für alle Objekte o_t vom Typ t muß gelten:
  - o_t kann beliebig viele Nachfolger der Typen t1 bis tn besitzen.
  - In einem vollständigen Objekt muß o_t mindestens einen Nachfolger besitzen.
  - Wird o_t in eine Konfiguration aufgenommen, so muß genau ein direkter Nachfolger ebenfalls in die Konfiguration übernommen werden.

- HAT_REPRAESENTATION

  Typnotation: TYPE t STRUCT [/ (t1, t2, . . ., tn)];

  Für alle Objekte o_t vom Typ t muß gelten:
  - o_t kann maximal einen Nachfolger pro Typ ti besitzen.
  - In einem vollständigen Objekt muß o_t genau einen Nachfolger je Typ ti besitzen.
  - Wird o_t in eine Konfiguration aufgenommen, so muß mindestens ein direkter Nachfolger ebenfalls in die Konfiguration übernommen werden.

- HAT_ELEMENT

  Typnotation: TYPE t STRUCT [! (t1, t2, . . ., tn)];

  Für alle Objekte o_t vom Typ t muß gelten:

  - o_t kann beliebig viele Nachfolger der Typen t1 bis tn besitzen.
  - In einem vollständigen Objekt muß o_t mindestens einen Nachfolger je Typ ti besitzen.
  - Wird o_t in eine Konfiguration übernommen, so muß mindestens ein direkter Nachfolger ebenfalls in die Konfiguration übernommen werden.

Die genannten Konsistenzregeln werden sichergestellt durch die Operatoren:

```
POM_CRED (IN objkey1, IN objkey2: key_type)
```

Erzeuge Kante von Objekt mit Schlüssel **objkey1** zu Objekt mit Schlüssel **objkey2**.

sowie

```
POM_CRECON(IN databasename, IN contypename, IN conname: name_type
           IN objkeylist: <key_type>, OUT conkey: key_type)
```

Erzeuge Konfiguration **conname** vom Typ **contypename** aus den Objekten, die in **objkeylist** angegeben sind. Konfigurationen können nur von vollständigen Objekten gebildet werden, d.h. das erste Objekt in **objkeylist** muß ein vollständiges Anfangsobjekt sein.

Es wird nun ein Datenmodell angenommen, das im Gegensatz zu obigem Modell nur **einen Kantentyp** unterstützt. Dieser wird mit HAT_UNTEROBJEKT bezeichnet. Als Notation hierfür wählen wir

TYPE t STRUCT [→ (t1, t2, . . ., Tn)];

Diese Kantenart trägt nur die Semantik, daß Objekte vom Typ t beliebig viele Nachfolger der Typen t1 bis tn besitzen können.

In einem Schema des vereinfachten Datenmodells sei eine Menge $T=\{t_i\}$ von Typen definiert. Diese Menge besitzt vier disjunkte Teilmengen (die i.a. keine vollständige Partitionierung von T darstellen):

$TK \subseteq T$: Menge der Typen mit Konsistenzanforderungen der Art HAT_KOMPONENTE
$TA \subseteq T$: Menge der Typen mit Konsistenzanforderungen der Art HAT_AUSPRÄGUNG
$TR \subseteq T$: Menge der Typen mit Konsistenzanforderungen der Art HAT_REPRÄSENTATION
$TE \subseteq T$: Menge der Typen mit Konsistenzanforderungen der Art HAT_ELEMENT

Die Operatoren des Datenmodells werden durch Standardereignisse angezeigt. Für die Konsistenzüberwachung sind die beiden Standardereignisse

```
EVENT %POM_CRED (objkey1, objkey2: key_type)
EVENT %POM_CRECON (databasename, contypename, conname: name_type,
                   objkeylist: <key_type>)
```

relevant, die das Einfügen einer Kante bzw. das Erzeugen einer Konfiguration signalisieren.

Im folgenden wird ein weiterer Operator des Datenmodells verwendet, der sämtliche direkten Nachfolger eines Objekts **objkey** ermittelt und in **childkeylist** zurückliefert:

```
POM_FACHILDOBJ (IN objkey: key_type, OUT childkeylist: <key_type>)
```

Ferner wird angenommen, daß für ein Objekt die Abfrage seines Typs sowie aller Untertypen des Objekttyps möglich ist. Verwendet werden hierzu die Operatoren

```
TYPE (IN objkey: key_type, OUT objtype: otp_type)
SUBTYPE (IN objkey: key_type, OUT subtypelist: <key_type>)
```

Die Semantik der Kantenarten läßt sich in drei Konsistenzregeln ausdrücken (es wurde hier die prozedurale Formulierung in einer informalen, PASCAL-ähnlichen Notation gewählt):

```
CONSTRAINT unique_representation (objkey, subobjkey: key_type) =
(* Diese Bedingung überwacht die Eindeutigkeit von Unterobjekten mit der *)
(* Semantik von Repräsentationen. Es wird überprüft, ob das Objekt       *)
(* objkey noch kein Unterobjekt vom selben Typ wie subobjkey besitzt.    *)
          VAR childkeylist: <objkey_type>;
              child       : objkey_type;
          BEGIN
             TYPE (objkey, objtype);
             IF objtype ∈ TR
             THEN BEGIN
                pom_fachildobj (objkey1, childkeylist);
                IF ∃ child ∈ childkeylist
                   where TYPE (child) = TYPE(subobjkey)
                THEN RETURN (false)
                ELSE RETURN (true)
             END
             ELSE RETURN (true);
          END;


CONSTRAINT object_completeness (objkey: key_type) =
(* Diese Bedingung überwacht die Vollständigkeit des Objekts objkey.     *)
(* Es wird für alle direkten und indirekten Nachfolger geprüft, ob      *)
(* die Bedingungen für Vollständigkeit erfüllt sind.                    *)
          VAR checklist,
              childkeylist    : <objkey_type>;
              checkobj, child : objkey_type;
          BEGIN
             checklist := objkey;
```

```
      FOR checkobj ∈ checklist WHILE NOT empty (checklist)
      DO BEGIN
         pom_fachildobj (checkobj, childkeylist);
         checklist := checklist - checkobj + childkeylist;
         TYPE (checkobj, objtype);
         objtype ∈
            TK,
            TE: BEGIN
                   SUBTYPE (checkobj, subtypelist);
                   FOR st ∈ subtypelist DO
                      IF NOT ∃ child ∈ childkeylist
                            WHERE TYPE (child) = st
                      THEN RETURN (false);
                 END;
            TA: IF NOT ∃ child ∈ childkeylist
                     THEN RETURN (false);
            TR: BEGIN
                   SUBTYPE (checkobj, subtypelist);
                   FOR st ∈ subtypelist DO
                      IF NOT ∃1 child ∈ childkeylist
                            WHERE ( TYPE (child, childtype);
                                    childtype = st )
                      THEN RETURN (false);
                END;
         END; (* case *)
      END; (* while *)
   END;
```

```
CONSTRAINT configuration_rules (konf_objkeylist: <key_type>) =
(* Diese Bedingung überwacht die Einhaltung aller Regeln zur Bildung      *)
(* von Konfigurationen innerhalb der Objektmenge konf_objkeylist.         *)
   VAR childkeylist      : <objkey_type>;
       checkobj, child   : objkey_type;
   BEGIN
      FOR checkobj ∈ konf_objkeylist DO BEGIN
         pom_fachildobj (checkobj, childkeylist);
         TYPE (checkobj, objtype);
         CASE objtype ∈
            TK: IF ∀ child ∈ childkeylist:
                        child ∈ konf_objkeylist
                THEN RETURN (true)
                ELSE RETURN (false);
```

```
TA: IF ∃₁ child ∈ childkeylist WHERE
          child ∈ konf_objkeylist
    THEN RETURN (true)
    ELSE RETURN (false);
TR,
TE: IF ∃ child ∈ childkeylist WHERE
          child ∈ konf_objkeylist
    THEN RETURN (true)
    ELSE RETURN (false);
otherwise: RETURN (true);
    END; (* case *)
  END; (* for *)
END;
```

Die Konsistenzprüfungen werden durch die jeweiligen Standardereignisse getriggert (siehe auch Abb.8-7):

```
TRIGGER uniq_repr_tr = ON %pom_cred (objkey1, objkey2)
                       DO %check.unique_representation (objkey1, objkey2);
TRIGGER obj_compl_tr = ON %pom_crecon ( . . ., objkeylist, . . .)
                       DO %check.object_completeness (objkeylist[1]);
TRIGGER conf_rule_tr = ON %pom_crecon ( . . ., objkeylist, . . .)
                       DO %check.configuration_rules (objkeylist);
```

Das Zurückweisen fehlerhafter Operationen wird bewirkt durch die Trigger:

```
TRIGGER reject_ur = ON %unique_representation.FAIL
                    DO %reject;
TRIGGER reject_oc = ON %object_completeness.FAIL
                    DO %reject;
TRIGGER reject_cr = ON %configuration_rules.FAIL
                    DO %reject;
```

Bemerkungen:

1. Die drei Konsistenzregeln können statt in prozeduraler auch in deklarativer Form angegeben werden. Voraussetzung dafür ist eine CDL, die dem Datenmodell angepaßt ist. Insbesondere sind zur Formulierung der Vollständigkeitsbedingungen logische Ausdrücke erster Ordnung nicht mehr ausreichend.
2. Die Überprüfung der Konsistenzregeln kann auch losgelöst von den DML-Operatoren angestoßen werden. Zum Beispiel ist es möglich, die Vollständigkeitsprüfung eines Objekts zu beliebigen Zeitpunkten – nicht nur bei Erzeugen einer Konfiguration – auszuführen. Der Trigger `reject_oc` muß hierbei ggf. deaktiviert und durch einen Trigger mit andersartiger Reaktion ersetzt werden.

Wie das Beispiel zeigt, ermöglicht der ETM die Abbildung anwendungsspezifischer, semantisch häufig nur wenig unterschiedlicher Konstrukte auf ein allgemeingültigeres Datenmodell. Der Vorteil gegenüber einem spezialisierten Datenmodell sind die leichte Änderbarkeit und Erweiterbarkeit. Mithilfe des ETM können jederzeit Konstrukte mit neuen semantischen Bedingungen bereitgestellt werden (im Beispiel also neue Kantenarten), ohne daß das Datenmodell geändert werden muß. Auf **ein** allgemeines Datenmodell können verschiedene Anwendungen abgebildet werden, wobei jede Anwendung ihre eigene Menge von semantisch verschiedenen Konstruktionen besitzt.

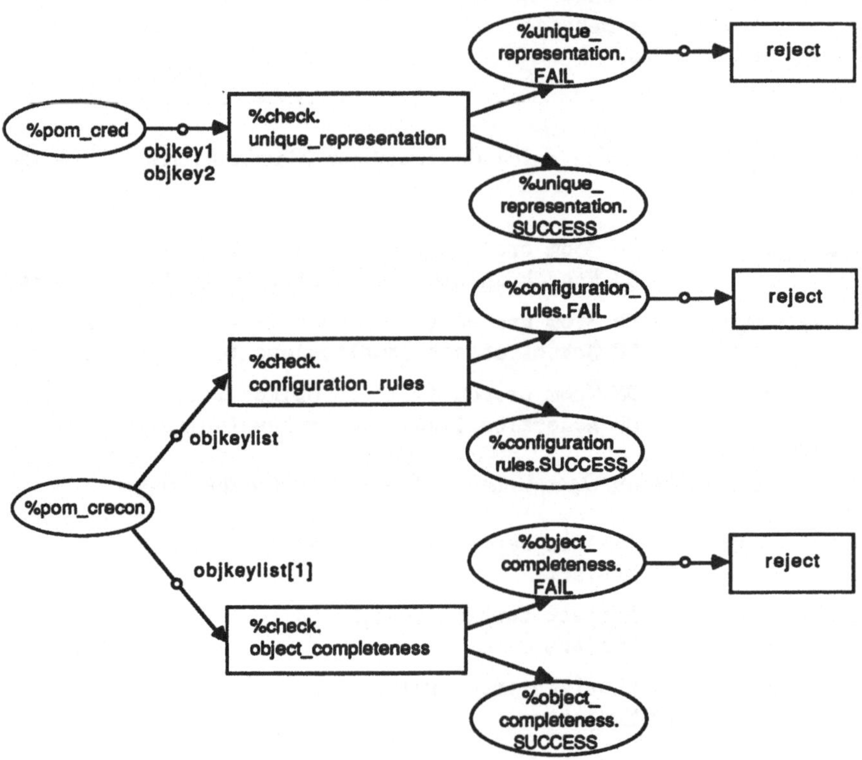

Abb.8-7: Trigger zur Realisierung der Konsistenzregeln in Beispiel 8-4

9. Implementierungsaspekte

9.1 Datenstrukturen und Zugriffsmethoden

In Entwurfsumgebungen wird effizientes Zugriffsverhalten beim Arbeiten auf großen, vielfältig strukturierten Datenbeständen gefordert. Dies bedeutet, daß auch bei der Implementierung des ETM das Schwergewicht auf *Laufzeiteffizienz* gelegt werden muß. Besonders wichtig ist die sehr schnelle Abwicklung der **RAISE**-Operation, da von einer großen Zahl ausgelöster Ereignisse ausgegangen werden muß. Sowohl Standardereignisse als auch benutzerdefinierte Ereignisse werden häufig ausgelöst, ohne daß Aktionen über Trigger mit ihnen assoziiert sind. Bei der Implementierung wird darauf Wert gelegt, daß in diesem Fall, d.h. bei der Anwendung des reinen Mechanismus – ohne Ausführung von Aktionen – minimaler Zeitaufwand entsteht. Nennenswerte Kosten entstehen erst, wenn zusätzliche Leistungen durch Aktionen erbracht werden müssen.

In den Rechnerkonfigurationen, die im Entwurfsbereich für die nahe Zukunft zu erwarten und bereits heute in Ansätzen vorhanden sind, stehen *große Hauptspeicherkapazitäten* zur Verfügung. Damit sind sowohl der virtuelle Hauptspeicher, der in der Regel vorhanden ist, als auch wegen weiter sinkender Hardwarekosten der reale Hauptspeicher gemeint. Die Hauptspeicherkapazitäten können genutzt werden, um die jeweils aktuell benötigten Datenbestände vorzuhalten und so durch Einsparen von Sekundärspeicherzugriffen die Zugriffseffizienz drastisch zu erhöhen. Unter dem Schlagwort "Hauptspeicherdatenbanken" werden entsprechende Ansätze in der Literatur behandelt ([Kat85], [DeW84]).

Ein entsprechender Gedanke wird auch bei der Implementierung des ETM zugrundegelegt. Die Beschreibungen und Zugriffsstrukturen der ETM-Konstrukte (mit Ausnahme der Aktionscodes) werden im Primärspeicher bereitgehalten. Die Menge der ETM-Konstrukte, die jeweils aktuell vorhanden sein muß, läßt sich dazu gezielt eingrenzen. Auf einem Arbeitsplatzrechner arbeitet i.d.R. ein Entwerfer mit einem konkreten Entwurfswerkzeug, das von einer bestimmten Repräsentation des Entwurfsobjekts (oft weiter eingeschränkt auf eine Version dieses Objekts) ausgeht und ggf. weitere Repräsentationen erzeugt. Die benötigten ETM-Konstrukte lassen sich entsprechend dieser *lokalen Arbeitsweise* bestimmen. Hierzu leisten die *ETM-Umgebungen*, die in Kap.5 vorgestellt wurden, einen wertvollen Beitrag. Beim Betreten einer ETM-Umgebung werden die zu dieser Umgebung gehörigen Ereignisse, Aktionen und Trigger in den Hauptspeicher geladen, bei Verlassen der Umgebung wieder freigegeben, bzw. neu erzeugte Elemente der Umgebung in die Datenbasis zurückgeschrieben.

Für den schnellen Direktzugriff auf die drei Arten von ETM-Konstrukten werden drei Hashstrukturen vorgesehen:

- die Ereignistabelle ET
- die Aktionstabelle AT
- die Triggertabelle TT

Der Zugriff auf Elemente dieser Datenstrukturen erfolgt über den Identifikator des jeweiligen Konstrukts. Der Aufbau der einzelnen Einträge ist so gewählt, daß sowohl schneller lesender Zugriff als auch schnelles Einfügen und Löschen unterstützt werden. Letzteres ist wegen der hohen Dynamik des Umfelds notwendig, in dem sich die Menge der Ereignisse, Aktionen und Trigger häufig ändert. Schneller Zugriff ist vor allem auf ET notwendig, um die **RAISE**-

Operation zu beschleunigen. Abb.9-1 zeigt schematisch die drei Datenstrukturen und ihre Verbindungen:

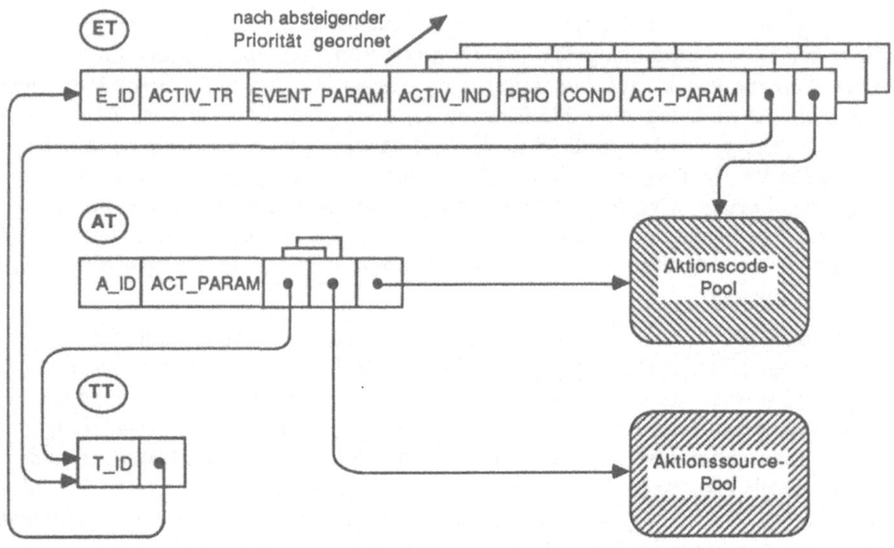

Abb.9-1: Datenstrukturen zur Implementierung des ETM

Erläuterungen zu den ETM-Datenstrukturen:

- **Ereignistabelle ET**
  Alle (aktuell verfügbaren) Ereignisse, einschließlich der Standardereignisse, werden in dieser Tabelle verwaltet. Der Einstieg in die Datenstruktur erfolgt über den eindeutigen Ereignisbezeichner E_ID. In jedem Eintrag ist vermerkt, ob derzeit ein aktivierter Trigger zu diesem Ereignis existiert (Feld ACTIV_TR). Falls ACTIV_TR = FALSE, kann bei einer **RAISE**-Operation die Bearbeitung direkt beendet werden. Der Ereigniseintrag enthält ferner die Beschreibung der formalen Ereignisparameter, soweit zu deren Typüberprüfung erforderlich.

  Ferner sind in einem Ereigniseintrag alle Trigger aufgeführt, die zu dem Ereignis definiert sind (sowohl in aktiviertem als auch in deaktiviertem Zustand). Die Implementierung muß hierbei eine variable Anzahl erlauben, da die Menge der Trigger zu einem Ereignis nicht eingeschränkt ist. Die Trigger sind innerhalb des Ereigniseintrags nach absteigender Priorität angeordnet. Jeder Trigger ist mit einer Aktivierungsanzeige (Feld ACTIV_IND) sowie der Priorität (PRIO) versehen. Die Felder COND und ACT_PARAM enthalten die Ausdrücke **condition**($\{fep_i\}$) bzw. tap_j aus

```
TRIGGER <T> = ON <E> IF condition({fep_i})
              DO <A> (tap_1, . . . , tap_m)
```

in für die Berechnung aufbereiteter Form. Bei einer **RAISE**-Operation wird zunächst überprüft, ob COND auf die aktuellen Ereignisparameter zutrifft. Wenn der Ausdruck zu FALSE ausgewertet wird, braucht die Aktion nicht angestoßen zu werden. Im andern Fall werden die aktuellen Aktionsparameter gemäß ACT_PARAM aus den Ereignisparametern bestimmt und der Aktionscode ausgeführt.

Der ausgeführte Algorithmus besitzt also die Form

```
IF <E_ID> in ET
THEN IF AKT_TR = TRUE
     THEN BEGIN
          <pruefe aktuelle Werte der Ereignisparameter>
          IF <Ereignisparameter korrekt>
          THEN FOR <alle Trigger zu diesem Ereignis> DO
                    IF AKT_IND = TRUE
                    THEN IF COND(aktuelle Ereignisparameter) = TRUE
                         THEN BEGIN
                              <bestimme Aktionsparameter>
                              <führe Aktionscode aus>
                              END
          END;
```

Die Ereignistabelle ist damit so ausgelegt, daß alle bei der Auslösung benötigten Informationen mit einem einzigen Zugriff auf ET (ohne Zugriff auf AT oder TT) verfügbar sind. Speziell wird dafür gesorgt, daß die **RAISE**-Operation zum frühestmöglichen Zeitpunkt beendet werden kann, falls es nicht zur Ausführung einer Aktion kommt.

ET-Einträge werden durch die **EVENT**-Operation erzeugt. Die **TRIGGER**-Operation erweitert den entsprechenden ET-Eintrag um die Triggerbeschreibung. Löschen der Konstrukte hat den umgekehrten Effekt, wobei das Entfernen eines Ereignisses automatisch das Löschen aller zugehörigen Trigger in TT zur Folge hat (die entsprechenden Aktionen in AT bleiben erhalten).

- **Aktionstabelle AT**
  Alle Aktionen werden über AT als Zugriffsstruktur verwaltet. Der Einstieg in die Struktur erfolgt über den Aktionsbezeichner A_ID. Für Aktionen, die direkt in einem Trigger vereinbart wurden und folglich keinen expliziten Bezeichner besitzen, wird ein intern generierter Name vergeben. Der AT-Eintrag enthält die Beschreibung der formalen Parameter der Aktion (ACT_PARAM), soweit für eine Typprüfung bei nicht-getriggerter Ausführung (**EXEC**) notwendig. Ferner wird aus dem AT-Eintrag heraus auf alle zugehörigen Trigger sowie auf den Aktionscode und den Quelltext der Aktion verwiesen. Über die Realisierung des Aktionscodes siehe unten. AT-Einträge werden durch die **ACTION**-Operation erzeugt. Die **TRIGGER**-Operation fügt entsprechende Verweise auf TT-Einträge hinzu. Löschoperationen wirken analog, wobei wiederum beim Entfernen einer Aktion die zugehörigen Trigger ebenfalls gelöscht werden (Auswirkungen auf TT und ET).

- **Triggertabelle TT**
  Die Triggertabelle enthält alle Trigger, zugänglich jeweils über den Triggerbezeichner T_ID. Der TT-Eintrag gewährleistet einen schnellen Einstieg zum (De-)Aktivieren sowie zum Löschen von Triggern. Im übrigen sind alle Informationen über einen Trigger aus TT nach ET verlagert, da damit die **RAISE**-Operation optimal unterstützt wird. In TT wird lediglich der Verweis auf das zugehörige Ereignis geführt. Die **TRIGGER**-Operation erzeugt jeweils einen TT-Eintrag. Durch **ACTIVATE** bzw. **DEACTIVATE** wird über den Ereignisverweis die Aktivierungsanzeige in ET umgeschaltet.

9.2 Verwaltung der Aktionen

Es soll nun die Frage behandelt werden, wie die Aktionen – abgesehen von ihrer Zugriffsstruktur AT – verwaltet werden. Die Quelltexte der Aktionen werden zu Zwecken der Dokumentation und späteren Änderung als Objekte in der Datenbasis verwaltet. Ein schneller Zugriff ist hierfür nicht erforderlich.

Für die Verwaltung des Aktionscodes sind zwei Vorgehensweisen zu unterscheiden:

1. Die *Aktionen* werden übersetzt und *in Form ausführbarer Module als DBMS-Objekte* verwaltet. Die Aktionen werden in eigenen Prozessen ausgeführt, die gesondert vom Datenbankprozeß ablaufen. Der Informationsaustausch zwischen Aktion und Datenbanksystem – d.h. insbesondere der Aufruf von DB-Operationen aus der Aktion heraus – wird über Prozeßkommunikation abgewickelt. Abb.9-2 zeigt, daß in diesem Fall spezielle Kommunikations- und Interpretationskomponenten auf beiden Seiten notwendig sind.

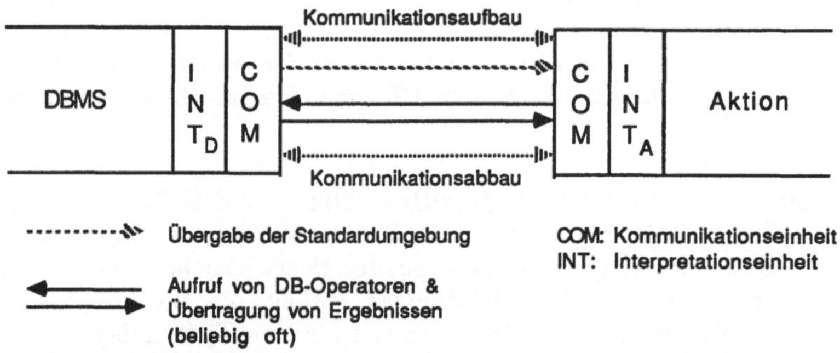

Abb.9-2: Kommunikation zwischen Aktion und DBMS

Vorteile: Aktionen können ohne spezielle Vorkehrungen jederzeit hinzugefügt oder entfernt werden.
Die Kollateralität mehrerer Geschwisteraktionen bzw. die asynchrone Ausführung von Eltern- und Kindaktion (Kap.4.7) sind im Rahmen der Prozeßstruktur einfach realisierbar.

Nachteile: Für Prozeßumschaltung, Prozeßkommunikation und Interpretation der ausgetauschten Nachrichten fällt vergleichsweise hoher Aufwand an. Die Aktionsausführung ist daher entsprechend verlangsamt, speziell wenn häufig Aufrufe von DB-Operationen aus der Aktion heraus stattfinden.

2. Die *Aktionen* werden *als Teile des DBMS eingebunden* (linked in-Version) und im selben Prozeß wie das DBMS selbst ausgeführt.

   Vorteile: Die Aktionsausführung ist **sehr schnell**, da Prozeßumschaltung und Prozeßkommunikation entfallen (wegen der hohen Bedeutung der Laufzeiteffizienz ist dies ein zentrales Argument!).

   Nachteile: Für das Einbringen und Entfernen von Aktionen wird ein leistungsfähiger dynamischer Binder benötigt, der in gegenwärtigen Systemen i.d.R. nicht verfügbar ist. Umfangreiche Aktionen führen zu einer unverhältnismäßigen Vergrößerung des DBMS-Codes. Getrenntes Backout einzelner Aktionen (bei Nichtterminierung u.ä.) ist problematisch. Parallelausführung von Aktionen in herkömmlichen Sprachumgebungen nicht realisierbar.

In einer konkreten Implementierung wird daher i.d.R. eine Kombination beider Techniken anzuwenden sein. Der **Aktionspool** besteht aus zwei Anteilen, einem Anteil eingebundener Aktionen und einem Anteil getrennt ausführbarer Aktionen. In den entsprechenden Verweisen aus ET bzw. AT wird eine Unterscheidung der beiden Teile des Aktionspools getroffen. Die Entscheidung, welche Aktionen in welche Teilmenge des Aktionspools einzuordnen sind, ist abhängig davon, ob ein dynamischer Binder im System verfügbar ist. Dieser Binder muß es insbesondere auch erlauben, eingebundene Programmteile dynamisch wieder aus dem Code zu entfernen. Im folgenden wird das Vorgehen für die beiden möglichen Fälle beschrieben:

- Fall 1: Kein dynamischer Binder vorhanden :

  In diesem Fall werden nur "stabile" Aktionen eingebunden, d.h. solche Aktionen, die über einen langen Zeitraum im System verbleiben (Standardaktionen wie **%reject**; Aktionen aus hierarchisch hoch angesiedelten ETM-Umgebungen, die langfristige Unternehmens- oder Projektvorgaben wiederspiegeln u.ä.). In größeren Zeitabständen kann durch Neubinden des DBMS eine Reorganisation erfolgen. Insbesondere solche Aktionen, die häufig ausgeführt werden und zahlreiche Interaktionen mit dem DBMS erfordern, müssen dabei berücksichtigt werden. Alle übrigen Aktionen werden separat ausgeführt.

- Fall 2: Dynamischer Binder verfügbar:

  In diesem Fall ist zu abzuwägen zwischen den Kosten für den Vorgang des Bindens einerseits und den dadurch eingesparten Kosten für Prozeßumschaltung und -kommunikation andererseits. Letztere sind um so höher, je öfter die Aktion ausgeführt wird und je höher die Anzahl der Kommunikationsvorgänge mit dem DBMS pro Aktionsausführung ist. Ferner müssen etwaige Größenbeschränkungen für ausführbare Programme berücksichtigt werden, die es ggf. verbieten, sehr umfangreiche Aktionen einzubinden. Die Entscheidung muß im Einzelfall entweder vom Benutzer getroffen werden (Angabe bei der Aktionsdefinition) oder wird aufgrund von Zugriffsstatistiken (Häufigkeit der Aktionsaufrufe, Zugriffsverhalten der Aktion) automatisch ermittelt.

Weiter ist zu beachten, daß für eingebundene Aktionen i.a. keine Parallelausführung möglich ist. Sollen Aktionen asynchron ausgeführt werden, so müssen sie entweder als separat ausführbare Einheiten realisiert werden, oder es ist ein geeignetes Sprachsystem mit parallelen Konstrukten zu verwenden. Ferner muß für eingebundene Aktionen der getrennte Abbruch einzelner Programmteile im Laufzeitsystem vorgesehen sein, oder auf die Möglichkeit des separaten Backouts muß für die entsprechenden Aktionen verzichtet werden.

9.3 Durchführung einer konkreten Implementierung

Der ETM wurde im Rahmen eines Prototyp-DBMS für den VLSI-Entwurf (Projekt DAMASCUS am Forschungszentrum Informatik in Karlsruhe [DKM87]) implementiert. Als Hardware in diesem Projekt werden verschiedene Arbeitsplatzrechner – PCS CADMUS, SUN, SIEMENS WS30 (APOLLO) – eingesetzt, so daß die Portabilität der DBMS-Software einen wichtigen Aspekt bei der Implementierung darstellte. Verwendete Programmiersprachen sind PASCAL sowie C für die hardware-nahen Systemteile. Die Implementierung basiert auf dem Betriebssystem UNIX und benutzt die UNIX-Prozeßmechanismen. Ein dynamischer Binder war nicht verfügbar. Eine Beschreibung der Implementierung des Basismechanismus wird in [Sch86] gegeben.

Die Datenstrukturen und Zugriffstechniken wurden entsprechend Kap.9.1 realisiert und haben sich im Systembetrieb für einen schnellen Zugriff als sehr geeignet erwiesen. Besonders die Auslösung von Ereignissen, an die keine weitere Aktion geknüpft ist, ist mit minimalem Laufzeitaufwand durchführbar.

Aktionen werden von Kindprozessen des DBMS-Prozesses ausgeführt. Die Prozeßkommunikation erfolgt aus Portabilitätsgründen über UNIX-Pipes, da dieser Kommunikationsmechanismus auf allen Systemen verfügbar ist. Unter Effizienzgesichtspunkten ist dagegen, wie Leistungsmessungen ergaben, unter UNIX V 'shared memory' zu bevorzugen. Durch die notwendige Prozeßumschaltung und -kommunikation wird die Aktionsausführung entscheidend verlangsamt. Die Verwendung eines dynamischen Binders wäre, falls verfügbar, zumindest für häufig verwendete Aktionen dringend angeraten.

Die durchgeführte Implementierung sieht die synchrone Ausführung getriggerter Aktionen vor. In der jetzigen Systemumgebung und bei den bisher durchgeführten Anwendungen hat sich dies bislang als ausreichend erwiesen. Für die Terminierung von Aktionen sind die derzeit eingesetzten einfachen Laufzeitmechanismen (Aktionsabbruch bei Überschreiten einer Zeitschranke) ebenfalls durchaus praktikabel.

Innerhalb des DAMASCUS-DBMS wurden eine Reihe von Standardereignissen definiert, die im wesentlichen die Durchführung der DML-Operatoren signalisieren. Damit können z.B. Prüf- und Korrekturaktionen direkt an das Erzeugen oder Modifizieren von Objekten geknüpft werden.

Aufbauend auf dem Event-/Trigger-Basismechanismus wurden ein EDL- sowie ein CDL-Modul realisiert [Her88]. Dabei wurden ausgehend von dem in Kap.6 und Kap.7 vorgestellten Rahmen Sprachformalismen entwickelt, die das interne Objekt-Datenmodell (iODM) des DAMASCUS-Kerndatenbanksystems zugrunde legen. Im Rahmen der EDL/CDL können frei definierbare Prädikate und Funktionen in der Sprache PASCAL eingebracht werden. Überlegungen hinsichtlich der Verwendung von PROLOG wurden in diesem Zusammenhang ebenfalls angestellt und sollen in einer künftig geplanten Systemumgebung weiterverfolgt werden.

Anhand von Beispielen wurde die praktische Einsetzbarkeit des Mechanismus nachgewiesen. Dabei wurden insbesondere Beispiele aus dem Projektumfeld, also dem VLSI-Entwurfsprozeß, herangezogen. Bei der Verwendung des ETM hat sich besonders das Konzept der Parametrisierung von Ereignissen als sehr wichtig erwiesen. Nach den bisherigen Erfahrungen werden die benutzerspezifischen (also extern definierten und explizit ausgelösten) Ereignisse in den untersuchten Entwurfsanwendungen besonders intensiv genutzt.

10. Wertung und Ausblick

Der ETM wurde als ein allgemeiner Ablaufsteuerungsmechanismus mit loser Kopplung zwischen auslösender Situation und angestoßener Reaktion eingeführt. Er stellt eine Verallgemeinerung von speziellen Triggermechanismen in Datenbanksystemen dar. In einem umfassenderen Kontext ist er dem Bereich der Ausnahmebehandlung und der Kommunikation verteilt kooperierender Prozesse zuzuordnen und besitzt ferner Bezüge zum KI-Konzept der Dämonen. Er geht damit über die Funktion als reiner Datenbankmechanismus weit hinaus. Der Grundmechanismus kann mit wenigen Konzepten und einem überschaubaren Satz von Operatoren beschrieben werden. Für die Problemkreise, die bei der Ausgestaltung des Grundmechanismus auftreten (Kontexteinbindung, Kooperation und Konkurrenz, Ablauforganisation, Terminierung und Gültigkeit), konnten geeignete Lösungen angegeben werden.

Entsprechend seiner über das DBMS hinausgreifenden Stellung, wurde die Einordnung des ETM im Rahmen der Systemarchitektur in Form einer eigenständigen Komponente vorgenommen. Er steht dabei dem DBMS als einem von vielen potentiellen Anwendern im System zur Verfügung. Für den Einsatz im Zusammenspiel zwischen Benutzer(-programm), DBMS und ETM wurden der Begriff des Standardereignisses sowie die (vom ETM unabhängigen, DBMS-spezifischen) EDL-/CDL-Komponenten eingeführt.

Motiviert wurde die Idee des Mechanismus ursprünglich durch die Anforderungen der Konsistenzsicherung in EDBMS. Wie in den vorangegangenen Kapiteln gezeigt, stellt der Mechanismus eine geeignete Grundlage für die Konsistenzwahrung dar. In seiner allgemeinen Form eignet sich der ETM daneben jedoch für eine Anzahl weiterer Aufgaben im DBMS und darüber hinaus in einem umfassenderen System.

Im folgenden wird ein Überblick über das mögliche Leistungsspektrum gegeben, wobei die Liste der genannten Leistungen nicht als abgeschlossen zu betrachten ist.

- *Berechnung virtueller Attribute*
  Virtuelle oder funktionswertige Attribute werden erst dann berechnet, wenn auf das betreffende DB-Objekt zugegriffen wird. Dadurch ist zum einen kein Speicherplatz für die Extension des Attributs erforderlich, Aufwand für die Berechnung fällt nur im Bedarfsfall an und die Konsistenz des Attributs wird per Konstruktion sichergestellt. Unter Einsatz des ETM läßt sich die Auswertung der Funktionsausdrücke für virtuelle Attribute durch das Standardereignis beim lesenden Zugriff auf das entsprechende DB-Objekt triggern.

- *Snapshots*
  Sogenannte Snapshots stellen materialisierte Views auf die Datenbasis dar. Sie sind speziell für den schnellen lesenden Zugriff geeignet, wenn auf höchste Aktualität der Daten verzichtet werden kann. Die Errechnung von Snapshots kann z.B. periodisch oder auf explizite Anforderung hin geschehen. Eine Auslösung der Routine zur Materialisierung der Sicht läßt sich durch entsprechende Ereignisse triggern.

- *Abbildung Subschema → Schema*
  Beim Arbeiten auf der Datenbasis über ein Subschema müssen die Operatoren auf Subschemastrukturen abgebildet werden auf Operatoren, die auf den Daten gemäß Schemabeschreibung arbeiten. Die Ausführung von Operationen auf Schemastrukturen

kann durch die Standardereignisse getriggert werden, die mit den Operationen auf Subschemastrukturen gekoppelt ausgelöst werden.

- *Zugriffsstatistiken*
  Während des Datenbankbetriebs ist es aus verschiedenen Gründen notwendig, statistische Informationen über Datenvolumen, Zugriffshäufigkeiten u.ä. zu sammeln, zu komprimieren und ggf. für Zwecke der Zugriffsoptimierung automatisch auszuwerten. Neben rein statistischen Werten kann es sich auch um spezielle Informationen zur Projektüberwachung handeln, z.B. Aufzeichnen von Zustandsübergängen in bestimmten Datenwerten (Übergang vom Zustand 'unvollständig' in den Zustand 'freigegeben' u.ä.). Die Aufzeichnung derartiger Informationen läßt sich auf natürliche Weise durch Triggerung anstoßen, ebenso die Komprimierung und Auswertung der Daten in periodischen Abständen oder auf Verlangen.

- *Zugriffsüberwachung*
  Bei Datenbankzugriffen muß im Sinne des Datenschutzes sichergestellt sein, daß nur autorisierte Benutzer Zugang erhalten. Differenzierte Schutzkonzepte erlauben eine Zugangskontrolle für einzelne Objekte, evtl. weiter eingeschränkt auf die Anwendung ganz bestimmter Operatoren. Andere Vorgehensweisen erreichen Schutz durch Modifikation von Anfragen per logischer Verknüpfung mit der zulässigen Menge. In beiden Schutzkonzepten läßt sich der ETM zur Zugriffskontrolle einsetzen, indem durch das Standardereignis zu Beginn einer DML-Operation die schutzrelevanten Kontrollen bzw. Modifikationen angestoßen werden.

- *Reorganisation*
  Die Reorganisation von Primär- oder Sekundärdaten ist eine in Datenbanksystemen übliche Maßnahme, um den Normalbetrieb zu beschleunigen. Im laufenden Betrieb wird auf eine ständige optimale Organisation der Daten verzichtet. Stattdessen wird in größeren Zeitabständen eine umfassende Umorganisation vorgenommen, wenn das Leistungsverhalten sich zu stark verschlechtert hat. Die Reorganisation kann in regelmäßigen Zeitabständen, nach einer vorgegebenen Anzahl von Zugriffen, auf Benutzeranforderung usw. angestoßen werden. Der ETM ist folglich für diesen Zweck ebenfalls geeignet.

- *Mitführen von Sekundärdaten*
  Als Folge der Änderungen an Primärdaten sind häufig Sekundärdaten (Zugriffspfade, zentrale Verwaltungsdaten ...) konsistent mitzuführen. Die hierfür durchzuführende Aktionsmenge ist zum Teil veränderlich, je nachdem welche Zugriffpfade eingerichtet sind, auf welche Zugriffspfade eine Operation Einfluß hat usw. Durch den ETM besteht hier die Möglichkeit, an eine Änderung der Primärdaten variabel Folgeaktionen auf Sekundärdaten zu binden.

- *Datensicherheit*
  In herkömmlichen DBMS werden Recoverymaßnahmen ebenso wie die Datenkonsistenz unmittelbar mit dem Transaktionskonzept verknüpft. Transaktionen werden als Einheiten der Permanenz aufgefaßt, d.h. die Ergebnisse vollständig ausgeführter Transaktionen werden als dauerhaft auf der Datenbasis garantiert, während dies für Daten unvollständiger Transaktionen nicht gewährleistet wird. Im Umfeld der Entwurfsanwendung ist dieses Vorgehen aufgrund der typischen langen Transaktionsdauer nicht haltbar. Arbeitsergebnisse müssen auch während einer Transaktion gesichert werden können, um im

Fehlerfall nicht alle Ergebnisse seit Transaktionsbeginn zu verlieren. Entsprechende Checkpoints können in regelmäßigen Abständen automatisch oder auf Anforderung durch den Anwender hin gesetzt werden. Unter Verwendung des ETM läßt sich das Setzen von Sicherungspunkten als Auslösung eines Ereignisses realisieren, das als Aktion die Datensicherung triggert.

- *Alarme*
  In sicherheitskritischen Anwendungen, z.B. der Prozeßüberwachung und -steuerung, müssen Alarmsituationen aufgrund in der Datenbasis eingetroffener Daten erkannt werden. Aufgrund derartiger Alarme sind Aktionen (Meldung an Prozeßleitwarte, automatischer Eingriff in den laufenden Prozeß ...) auszulösen. Trigger sind für diesen Bereich als geeignetes Konzept bereits vorgeschlagen worden [FLL85].

- *DBMS mit Anwendungswissen*
  Hier sind als wichtiger Bereich die deduktiven DBMSe zu nennen. In deduktiven DBMSen werden sowohl extensionale Daten als auch intensionales Wissen zur Herleitung weiterer Daten – z.B. in Form von Regeln – verwaltet. Der ETM sowie die EDL zur Definition von Dämonen lassen sich im Rahmen der regelgesteuerten Herleitung von Daten einsetzen.

  Regelbasierte deduktive DBMS sind jedoch nicht das einzige Beispiel für DBMSe mit integriertem Anwendungswissen. Als Illustration dient das folgende Beispiel aus dem Bereich der Verwaltung von Werkstattdaten. Der Fluß von Werkstücken durch eine Werkstatt mit Werkzeugmaschinen soll durch ein Petri-Netz simuliert werden. Transitionen können schalten, wenn sich auf einer Stelle eine bestimmte, möglicherweise sehr hohe Anzahl von Objekten mit bestimmten Eigenschaften befindet. Legt man der Simulation eine Datenbank ohne Triggermechanismus zugrunde, so muß zur Entscheidung, ob bestimmte Transitionen schalten können, ein großer Datenbestand kontinuierlich abgefragt werden. Dagegen erlaubt der ETM zusammen mit der Event-Definitionssprache die Spezifikation bestimmter Bedingungen über DB-Objekten (Anzahl, Eigenschaften), bei denen ein Ereignis ausgelöst soll. Als Aktion kann zu diesem Ereignis dann die Ausführung der entsprechenden Transition getriggert werden.

- *Verteilte DBMS*
  In verteilten DBMSen hat die Ausführung einer Operation auf einem Systemknoten häufig zur Folge, daß auch auf anderen Knoten Aktionen angestoßen werden müssen. Dies ist z.B. nötig, wenn die angesprochenen Daten auf mehreren Knoten verteilt liegen und zunächst zusammengeführt werden müssen, oder wenn mehrfach gehaltene Kopien auf mehreren Knoten bei Änderungen konsistent gehalten werden sollen. Die Auslösung der entsprechenden Teiloperationen auf verschiedenen Knoten kann mithilfe von Ereignissen getriggert werden.

- *Integration der Komponenten einer CIM-Umgebung*
  Nach [Sch87] können Triggerkonzepte innerhalb einer CIM-Umgebung dazu verwendet werden, um "nach einer Datenbearbeitung in einem System automatisch Daten an andere betriebliche Stellen abzusenden und dort weitere Bearbeitungen zu initiieren". Der ETM bietet dabei ein besonders flexibles Konzept, diese Vorgänge benutzergesteuert oder aufgrund von Zuständen im Datenbanksystem anzustoßen.

- *Konstrollstruktur in Betriebssystemen*
  Eine neue Klasse von Betriebssystemen beruht auf einem erweiterten Datenbankansatz als Basis der Intermodul-Kommunikation [Bal87]. Als Kontrollparadigma werden hierbei Dämonen angesehen, die zur Realisierung von Koordinations- und Automatisierungsregeln verwendet werden. Der ETM ist im Rahmen einer entsprechend angepaßten EDL hierfür als Basis einsetzbar.

- *ETM als Kommunikationsmechanimus*
  Der ETM kann schließlich ganz allgemein als Kommunikationsmechanismus betrachtet werden, bei dem die Kommunikationspartner eine Menge von Ereignissen vereinbaren. Wenn ein Kommunikationpartner ein entsprechendes Ereignis auslöst, werden die dazu von den andern Partnern definierten Trigger ausgeführt. Ein Konsens darüber, daß keine unerwünschten Aktionen ausgeführt werden, ist dazu selbstverständlich notwendig.

- *Experimentelle Modellierung*
  Der Steuerungsmechanismus ist gut geeignet für die Prototypentwicklung bzw. eine stark experimentelle Arbeitsweise. Gerade in Entwurfssystemen, wo intellektuelle Modelle entwickelt und manipuliert werden, kann es sinnvoll sein, die dynamische Entwicklung solcher Modelle unter verschiedenen Randbedingungen und Einschränkungen zu erproben. Der Mechanismus kann dabei so eingesetzt werden, daß den Ereignissen nacheinander verschiedene Aktionsmengen zugeordnet werden, deren Verhalten beobachtet werden kann und die ggf. solange modifiziert werden, bis ein erwünschter Ablauf erreicht ist.

  Auf diese Weise kann man z.B. auch von einem unvollständigen, noch widersprüchlichen System von Konsistenzprüfungen über schrittweise Eliminierung der Widersprüche zu einem geschlossenen widerspruchsfreien System gelangen. Dies ist dann brauchbar, wenn eine Analyse aller Konsistenzbedingungen auf Widerspruchsfreiheit hin nicht möglich ist (speziell bei algorithmisch vorliegenden Konsistenzregeln).

Ferner lassen sich Verfahren der Ausnahmebehandlung und der Kommunikation verteilt kooperierender Prozesse mit dem ETM als allgemeinem Grundmechanismus nachbilden bzw. implementieren. In einem System, in dem der ETM ohnehin als Werkzeug der Konsistenzsicherung vorhanden ist, kann er auch für andere Leistungen des DBMS und darüber hinaus eingesetzt werden, so daß hierfür keine weiteren Spezialmechanismen vorgesehen werden müssen **(Minimalität der Mechanismen!)**. In Kap.9 wurde gezeigt, daß der ETM auf effiziente Weise implementiert werden kann und daher in weiten Bereichen zu anderen Implementierungen für gleiche funktionale Leistungen konkurrenzfähig ist. Es muß Gegenstand weiterer Forschungen sein, die Verwendbarkeit des Mechanismus für die genannten Leistungen zu untersuchen und nachzuweisen.

Literaturverzeichnis

[Atw85] T.A. Atwood: *An Object-Oriented DBMS for Design Support Applications.* Proc. COMPINT 1985, pp.299-307.

[BCV86] A.P. Buchmann; R.S. Carrera; M.A. Vazquez-Galindo: *A Generalized Constraint and Exception Handler for an Object-Oriented CAD-DBMS.* in [DD86], pp.38-49.

[BD83a] B.G. Buchanan; R.O. Duda: *Principles of Rule-Based Expert Systems.* Advances in Computers, Vol.22, 1983, pp.163-216.

[BKK85] F. Bancilhon; W. Kim; H.F. Korth: *A Model of CAD Transactions.* Proc. 11th Int. Conf. on VLDB, 1985, pp.25-33.

[BP84] G. Bracchi; B. Pernici: *SOS: A Conceptual Model for Office Information Systems.* Data Base, Winter 1984.

[Bal87] R.M. Balzer: *Living the Next-Generation Operating System.* IEEE Software, Nov.1987, pp.77-85.

[Bat87] T. Batz: *Versionsverwaltung im Datenhaltungssystem PRODAT des Systementwicklungssystems PROSYT.* GI Sofwaretechnik-Trends, Heft 7-2, Okt.1987, pp.22-50.

[Bay87] R. Bayer et al.: *Deduktions- und Datenbankunterstützung für Expertensysteme.* GI-Fachtagung "Datenbanksysteme für Büro, Technik und Wissenschaft", Darmstadt 1987. Informatik-Fachbericht 136, Springer Verlag 1987, pp.1-16.

[Bou88] R.T. Boute: *Systems Semantics: Principles, Applications, and Implementation.* ACM Transact. on Programming Languages and Systems, Vol.10, No.1, Jan.1988, pp.118-155.

[Bra79] R.J. Brachman: *On the Epistemological Status of Semantic Networks.* in: N.V. Findler (ed.): Associative Networks. Academic Press 1979, pp.3-50.

[Cha76] D.D. Chamberlin et al.: *SEQUEL 2: A Unified Approach to Data Definition, Manipulation and Control.* IBM Journal of Res. and Dev., Nov.1976, pp.561-575.

[Che86] Q. Chen: *A Rule-Based Object/Task Modelling Approach.* Proc. ACM SIGMOD Int. Conf. on the Management of Data, 1986, pp.281-292.

[DD86] K.R. Dittrich; U. Dayal (eds.): *Proc. Int. Workshop on Object-Oriented Database Systems.* Pacific Grove, Sept.1986, IEEE Computer Society Press 1986.

[DKL86] N. Derrett; W. Kent; P. Lyngbaek: *Some Aspects of Operations in an Object-Oriented Database System.* IEEE Database Engineering, Vol.8, No.4, 1985, pp.66-74.

[DKM85] K.R. Dittrich; A.M. Kotz; J.A. Mülle: *A Multilevel Approach to Design Database Systems and its Basic Mechanisms.* Proc. IEEE COMPINT, Montreal 1985.

[DKM85a] K.R. Dittrich; A.M. Kotz; J.A. Mülle: *An Event/Trigger Mechanism to Enforce Complex Consistency Constraints in Design Databases.* ACM SIGMOD RECORD 15, No.3, 1986, pp.22-36.

[DKM85b] K.R. Dittrich; A.M. Kotz; J.A. Mülle: *Das interne Objekt-Datenmodell (iODM) des Datenhaltungssystems DAMASCUS.* Research Report, Forschungszentrum Informatik an der Universität Karlsruhe, W. Germany, 1985.

[DKM87] K.R. Dittrich; A.M. Kotz; J.A. Mülle: *Database Support for VLSI Design: The DAMASCUS System.* In: M.H. Ungerer (ed.): CAD-Schnittstellen und Datentransferformate im Elektronik-Bereich, Springer Verlag 1987, pp.62-81.

[Dat87] C.J. Date: *The SQL Standard.* Addison-Wesley Publ.Comp. 1987.

[DeW84] D.J. DeWitt et al.: *Implementation Techniques for Main Memory Database Systems.* Proc. ACM SIGMOD Int. Conf. on the Management of Data, 1984.

[Dit83] K.R. Dittrich: *Ein Universelles Konzept zum flexiblen Informationsschutz in und mit Rechensystemen.* Springer Verlag 1983.

[Dit87] K.R. Dittrich: *Controlled Cooperation in Engineering Database Systems.* Proc. 3rd Int. Conf. on Data Engineering, Los Angeles, Febr.1987, pp.510-515.

[Dit87a] K.R. Dittrich: *Object-Oriented Database Systems.* in: S. Spaccapietra: Entity-Relationship Approach. ERI (North Holland) 1987, pp.51-66.

[EL82] C. Eastman; G. Lafue: *Semantic Integrity Transactions in Design Databases.* In J. Encarnacao, F.-L. Krause (eds.): File Structures and Databases for CAD, North Holland Publ. Comp. 1982, pp. 45-54.

[Esw76] K.P. Eswaran et al.: *The Notions of Consistency and Predicate Locks in a Database System.* Commun. ACM, Vol.9, No.11, Nov.1976, pp.624-633.

[FLL85] B. Ferkinghoff; R.-P. Liedtke; P.C. Lockemann: *Konzepte für die funktionale Schnittstelle eines Datenbankrechners.* GI-Fachtagung "Datenbanksysteme für Büro, Technik und Wissenschaft", Karlsruhe 1985. Informatik-Fachbericht 94, Springer Verlag 1985, pp.101-120.

[FV82] J. Foisseau; F.R. Valette: *A Computer Aided Design Data Model: FLOREAL.* in: J. Encarnacao, F.-J. Krause (eds.): File Structures and Databases for CAD, North Holland Publ. Comp. 1982.

[Fis83] W.E. Fischer: *Datenbanksystem für CAD-Arbeitsplätze.* Informatik-Fachbericht 70, Springer Verlag 1983.

[Fro86] R. Frost: *Introduction to Knowledge Base Systems.* MacMillan Publishing Company 1986.

[GMN84] H. Gallaire; J. Minker; J.-M. Nicolas: *Logic and Databases: A Deductive Approach.* Computing Surveys, Vol.16, No.2, 1984.

[GS87] H. Garcia-Molina; K. Salem: *Sagas.* Proc. ACM SIGMOD Int. Conf. on the Management of Data, 1987.

[GT83] S. Gibbs; D. Tsichritzis: *A Data Modeling Approach for Office Information Systems.* ACM Transact. on Office Automation Systems, Vol.1, No.4, Oct.1983, pp.299-319.

[Goo75] J.B. Goodenough: *Exception Handling: Issues and a Proposed Notation.* Commun. ACM, Vol.18, No.12, Dec.1975, pp.683-696.

[Gra78] J. Gray: *Notes on Database Operating Systems.* in: R. Bayer, R.M. Graham, G. Seegmüller (eds.): Operating Systems: an Advanced Course. Lecture Notes on Comp. Science, Bd.60, Springer Verlag 1978.

[HK86] S.E. Hudson; R. King: *CACTIS: A Database System for Specifying Functionally-Defined Data.* in [DD86], pp.26-37.

[HL82] R.L. Haskin; R.A. Lorie: *On Extending the Functions of a Relational Database System.* Proc. ACM SIGMOD Int. Conf. on the Management of Data, 1982, pp.207-212.

[HR87] T. Härder; K. Rothermel: *Concepts for Transaction Recovery in Nested Transactions.* Proc. ACM SIGMOD Int. Conf. on the Management of Data, 1987, pp.239-248.

[Hay81] M.N. Haynie: *The Relational/Network Hybrid Data Model for Design Automation Databases.* Proc. 18th Design Automation Conf. 1981, pp.646-652.

[Her88] U. Hermjakob: *Realisierung semantischer Regeln auf Basis eines allgemeinen Event/Trigger-Mechanismus.* Diplomarbeit, Universität Karlsruhe, Fak. für Informatik, Jan.1988.

[Hoa78] C.A.R. Hoare: *Communicating Sequential Processes.* Commun. ACM, Vol.21, No.8, Aug.1978, pp.666-677.

[Hor83] E. Horowitz: *Fundamentals of Programming Languages.* Springer Verlag, 1983.

[JSW83] H.R. Johnson; J.E. Schweitzer; E.R. Warkentine: *A DBMS Facility for Handling Structured Engineering Entities.* Engineering Design Applications Proc. Data Base Week 1983, IEEE Comp. Soc. Press.

[Jac86] P. Jackson: *Introduction to Expert Systems.* Addison-Wesley Publ.Comp. 1986.

[KE83] A.R. Kutay; C.M. Eastman: *Transaction Management in Engineering Databases.* Proc. Database Week 1983, IEEE Computer Society Press, pp.73-80.

[KM85] R. King; D. McLeod: *Semantic Data Models.* in: S.B. Yao (ed.): Principles of Database Design, Vol.1: Logical Organizations. Prentice Hall 1985, pp.115-150.

[Kat83] R.H. Katz: *Managing the Chip Design Database.* Computer, Vol.16, No.12, Dec.1983.

[Kat85] R.H. Katz: *Information Management for Engineering Design.* Springer Verlag 1985.

[LM86] N. Lynch; M. Merritt: *Introduction to the Theory of Nested Transactions.* Proc. Int. Conf. on DB Theory, Rom 1986.

[LS83] W. Lamersdorf; J.W. Schmidt: *Rekursive Datenmodelle.* in: Informatik-Fachberichte 72, Springer Verlag 1983.

[LS84] L. Lamport; F.B. Schneider: *The "Hoare Logic" of CSP, and All That.* ACM Transact. on Programming Languages and Systems, Vol.6, No.2, April 1984, pp.281-296.

[LS87] P. C. Lockemann; J. Schmidt: *Datenbankhandbuch.* Springer Verlag 1987.

[LZ74] B. Liskov; S. Zilles: *Programming with Abstract Data Types.* Proc. ACM SIGPLAN, Conf. on Very High Programming Language, SIGPLAN Notices, Vol.9, No.4, April 1974, pp.50-59.

[Lam85] W. Lamersdorf: *Semantische Repräsentation komplexer Objektstrukturen.* Informatik-Fachbericht 100, Springer Verlag 1985.

[Loc85] P.C. Lockemann et al.: *Anforderungen technischer Anwendungen an Datenbanksysteme.* in GI-Fachtagung "Datenbanksysteme in Büro, Technik und Wissenschaft", Karlsruhe 1985, Informatik-Fachbericht 94, Springer Verlag, pp.1-26.

[Lor82] R.A. Lorie: *Issues in Databases for Design Applications.* in: J. Encarnacao, F.-L. Krause (eds.): File Structures and Data Bases for CAD, North Holland Publ. Comp. 1982

[MC81] J. Misra; K.M. Chandy: *Proofs of Networks on Processes.* IEEE Transact. Software Engineering SE-7, 4, July 1981, pp.417-426.

[MC83] M.A. Melkanoff; Q. Chen: *An Experimental Database which combines Static and Dynamic Capabilities.* Engineering Design Applications, Proc. Data Base Week 1983, IEEE Computer Society Press, pp.53-61.

[MD86] F. Manola; U. Dayal: *PDM: An Object-Oriented Data Model.* in [DD86], pp.18-25.

[MNB83] D. McLeod; K. Narayanaswamy; K.V. Bapa Rao: *An Approach to Information Management for CAD/VLSI Applications.* Proc. ACM SIGMOD Int. Conf. on the Management of Data, 1983.

[Mos82] J.E.B. Moss: *Nested Transactions and Reliable Distributed Computing.* Proc. 2nd Symp. on Reliability of Distributed Software and Database Systems, 1982, pp.33-39.

[Mos87] J.E.B. Moss: *Log-Based Recovery for Nested Transactions.* Proc. 13th Int. Conf. on VLDB, Brighton 1987, pp.427-432.

[NH82] T. Neumann; C. Hornung: *Consistency and Transactions in CAD Databases.* Proc. 8th Int. Conf. on VLDB, Sept.1982, pp.181-188.

[NY78] J.-M. Nicolas; K. Yazdanian: *Integrity Checking in Deductive Data Bases.* in H. Gallaire, J. Minker (eds.): Logic and Data Bases, Plenum Press, New York 1978, pp.325-344.

[Neu83] T. Neumann: *On Representing the Design Information in a Common Database.* Engineering Design Applications, Proc. Database Week 1983, IEEE Computer Society Press, pp.81-87.

[PHH83] P. Pistor; B. Hansen; M. Hansen: *Eine sequelartige Sprachschnittstelle für das* NF^2*-Modell.* in: Informatik-Fachbericht 72, Springer Verlag 1983.

[Reu87] A. Reuter: *Maßnahmen zur Wahrung von Sicherheits- und Integritätsbedingungen.* In [LS87], Kap.4.

[SE87] S.C. Shapiro; D. Eckroth: *Encyclopedia of Artificial Intelligence.* Wiley-Interscience Publ. 1987.

[SK84] G. Spur; F.-L. Krause: *CAD-Technik.* Hanser Verlag 1984.

[SRG83] M. Stonebraker; B. Rubenstein; A. Guttman: *Application of Abstract Data Types and Abstract Indices to CAD Data Bases.* Engineering Design Applications, Proc. Data Base Week 1983, IEEE Computer Society Press.

[SS83] H.-J. Schek; M. Scholl: *Die* NF^2*-Relationenalgebra zur einheitlichen Manipulation externer, konzeptueller und interner Datenstrukturen.* in: Informatik-Fachbericht 72, Okt.1983, Springer Verlag 1983.

[SS83a] G. Schlageter; W. Stucky: *Datenbanksysteme: Konzepte und Modelle.* Teubner Verlag, Stuttgart 1983.

[SW85] D. Steinbauer; H. Wedekind: *Integritätsaspekte in Datenbanksystemen.* Informatik-Spektrum, Vol.8, No.2, April 1985, pp.60-68.

[SYB88] *SYBASE – DataServer.* Produktinformation, SYBASE Inc., Berkeley, 1988.

[Sch86] K.-H. Schneider: *Realisierung des Event-Trigger-Mechanismus zur Konsistenzsicherung in Entwurfsdatenbanksystemen* Diplomarbeit, Univ. Karlsruhe, Fak. für Informatik, Juli 1986.

[Sch87] A.-W. Scheer: *CIM - Der computergesteuerte Industriebetrieb.* Springer Verlag 1987.

[Sid80] T.W. Sidle: *Weaknesses of Commercial Data Base Management Systems in Engineering Applications.* Proc. Design Automation Conf., Vol.17, Minneapolis, June 1980, pp.57-61.

[Sto86] M. Stonebraker: *Object Management in POSTGRES using Procedures.* in [DD86], pp.66-72.

[Sto86a] M. Stonebraker: *Triggers and Inference in Database Systems.* in: M.L. Brodie, J. Mylopoulos (eds.): On Knowledge Base Management Systems. Springer Verlag 1986, pp.297-314.

[Wal84] B. Walter: *Nested Transactions with Multiple Commit Points: an Approach to the Structuring of Advanced Database Applications.* Proc 10th Int. Conf. on VLDB, Singapore 1984, pp.161-171.

[Wet78] H. Wettstein: *Aufbau und Struktur von Betriebssystemen.* Hanser Verlag 1978.

[Win84] P.H. Winston: *Artificial Intelligence.* Addison-Wesley Publ.Comp., 2nd edition, 1984.

[ZW86] S.B. Zdonik; P. Wegner: *Language and Methodology for Object-Oriented Database Environments.* Proc. 19th Annual Hawaii Int. Conf. on System Sciences, 1986, pp.378-387.

[Zdo85] S.B. Zdonik: *Object Management Systems for Design Environments.* IEEE Database Engineering, Vol.8, No.4, 1985, pp.23-30.